終結
黑白思考

英國心理學界的特種部隊 凱文‧達頓（Kevin Dutton）──著

陳佳伶──譯

Black
and
White
Thinking

suncolor
三采文化

起初，神創造天地。地是空虛混沌，淵面黑暗；神的靈運行在水面上。神說：「要有光」，就有了光。神看光是好的，就把光暗分開了。神稱光為「晝」，稱暗為「夜」。有晚上，有早晨，這是頭一日。

———《創世紀》（1:1-5）

分類本能讓人類得以用可預測、有秩序的方式行經世界，
使我們的人生不只是一連串隨機、無意義的互動，而是由計畫和目標組成。

我們劃線來創造對比。藉由鮮明的對比並置，我們才能「看見」；
但反差越大，我們看見的細節就越少。

人類的腦袋可能很強大，得以隨時代演變進行全面革新，
但它卻有一個十分侷限的類別限額。

人類生來就會分類和歸檔。類別分對了，我們就可能創造奇蹟；
分錯了，就可能做出極度輕率的錯誤判斷。

前言

> 他就像一個人拿著叉子，面對湯一樣的世界。
>
> ——諾爾·蓋勒格（Noel Gallagher）

一張紙寫著「現實生活」，另一張紙上寫了「幻想」這個詞。兩張紙都用膠帶貼在一個果醬罐上，擺在收銀機旁，中間放著一張弗萊迪·墨裘瑞（Freddie Mercury，皇后合唱團主唱）的照片。罐子裡的硬幣和紙鈔有四分之三滿——這並沒有花多久就積累到目前的數量。我吃完主菜時，收銀機旁的兩個罐子已經被清空、換上新的標籤，一個是「小貓」，另一個是「小狗」。這和正在播放的〈波西米亞狂想曲〉（*Bohemian Rhapsody*）歌詞也許不是太搭軋，但是效果卻很好，硬幣撞擊玻璃的聲音鏗鏘有力地持續響起。

我突然有點好奇。

我正坐在舊金山的一家咖啡廳裡。我才剛花兩個星期的時間，與三位世界頂尖的「黑白思考——二元大腦的淺層次思考」專家進行交流。在回牛津之前，我還有點時間可以打發，於是冒險來到咖啡廳思考問題。我點了一些玉米餅，決定問問女服務生，那些罐子到底葫蘆裡賣什麼藥。她聽完後笑了。

「我們一直更換標籤。」她告訴我。「一天換五、六次。以前，我們只放一個小費罐，客人沒得選，小費累積得很慢；但是如果你給顧客選擇的權力——小貓或小狗——他們就會給得很大方。不知道為什麼。我猜，他們可能只是想從中獲得一些樂趣。」

是這樣嗎？我不太確定。

臨走前，我在收銀臺附近徘徊，等待觀察對象走近。兩個 20 出頭的女人猶豫了一下，咯咯笑了起來，然後將錢投進罐子裡。一個選擇「小貓」，另一個選「小狗」。

為什麼？我問道。

「貓不需要你。」其中一個女人說。「小狗才需要你。」

她朋友搖搖頭。「這正是我喜歡貓的原因！你從來不需要帶貓去散步，但是你不能不遛狗。天冷、黑夜和下雨的時候，遛狗有什麼好玩呢？」

愛狗女士打斷她。她不會放過這個辯論機會。「這就是為什麼養狗的人比較友善。」她抗議道。「當你帶狗出去散步的時候，會遇到其他遛狗的人，你們就可以互相交流。」

你來我往一會兒之後，她們走出去，一邊吵了起來。女服務生走過來，又收了一筆帳。「看到了吧？」她說。「我就說，人們喜歡做選擇。而且，有了這個過程，他們會很開心地離開。」

我點點頭。但我不禁想知道其他選擇有哪些；顧客來結帳時，他們還有什麼選項？

她聳聳肩說：「蘋果或微軟，春天或秋天，泡澡還是淋浴……」

　　她飛快地跑去服務另一桌客人，聲音漸漸變遠。但我猜，這張選擇清單是無止境的。因為，實際上，你可以用無數的二分法來區分人類。你可以從人們所有綜合性的認同項目中，形成無數種對立偏好。

　　我想起曾在當地報紙《紀事報》（*Chronicle*）上看到的文章：Facebook 目前針對性別認同就有 70 多種分類；在 Spotify 上，有大約 4,000 種不同的音樂類別。在一個分界模糊的世界裡，劃界愛好者不斷增加。我們躍躍欲試、無條件將自己歸類，把自己所屬的顏色明確地公諸於眾——尤其是那些純淨的、毫無爭議的、不會引發心理不適的顏色。

　　正如小費罐的例子，我們甚至會為這種特權付費。

　　我們生活在一個分裂的世界，目光所及之處都有界線。最明顯的是，國與國之間有國界，一邊是「我們」，另一邊是「他們」；城市則是劃分為區和鄰里。在日常生活中，我們會劃下無數界線：基於性別劃線、依據種族劃線。在英國，人們甚至根據是否屬歐洲大陸來劃線。

　　人類大腦配備一種格式化的調色盤，使我們天生就能根據自身豐富的進化史來分類，但我們如何能確保自己劃的線是正確的，又如何知道該把線設置在哪裡？答案很簡單，就是：沒有辦法。我們不會知道，也無法確定我們所劃的線是真確的，但我們還是

不得不這麼做。因為這世界是一個複雜的地方，**劃線讓事情變得簡單、可行**，而「可行」正是每個人所追求的。

以學生的學業平均成績（GPA）為例。在學術界，學位的授予是根據學生最後一年在預設分數等級範圍中的平均分落而定。一方面看來，這件事情非常合理，但另一方面，這在統計學上則是流於印象派。如果一個學生的平均分數是 70 分，另一個學生的平均分數是 69 分，那麼說一個學生有「一流頭腦」，另一個學生沒有，這真的有意義嗎？

這個問題不僅帶有哲學吸引力，也具有實際意義。對於擁有一級和二級以上學位的學生來說，他們能有較低班級學生所不具備的機會。在分級界線上多一分或少一分，便可能造成繼續升學或學業終結的差別；夢想可能破滅，事業展望因而全毀。前方是康莊大道或死胡同，取決於我們在哪裡劃線。2020 年 3 月，英國政府為了防止新型冠狀病毒傳播，呼籲所有 70 歲以上的老年人待在家中，以保護自己免受疫病侵害。「70」這個數字若放到考試中，通往未來的大門就可能敞開；但當涉及疫情時，「70」就成了須緊閉大門的標準。

正如前文所說，我們必須「劃清界線」。暴風雨、毒品、監獄、恐怖威脅、疫情[1]……你能想到的事物，我們都能分類──用

---

[1] 構思本書時，新冠肺炎（COVID-19）占據各大新聞頭條。對此，英國公共衛生局根據感染風險，將那些對返英國人或旅英遊客有影響的國家分為兩類。第一類：旅客應自我隔離，即便沒有出現症狀，仍須撥打NHS 111

數字、字母、顏色等任何標準。因為劃一條線就等於做一個決定，而生活中充滿了決定。

《終結黑白思考》是一本關於秩序的書，或者說，是關於秩序的錯覺。如同在牢不可破的現實沙漠中劃下一條線，那條線就像認知的海市蜃樓，越靠近其虛幻、短暫的形體，它就越快蒸發。在史前時代，人類大腦是純粹的初始狀態，運作平順、效率高，而且能精確地符合當時的生存目的。當遠古祖先偶然在岩石下發現了一條蛇，「此生物是否具有危險性」的判斷根本不適用，他們只會儘快離開那裡。同樣的情境也可以套用至灌木叢中的老虎，或是藏身蘆葦的鱷魚；有時可能只是風吹引發草動，但最佳上策還是保持安全、舒適的距離，遠離那些鋒利、尖銳或有毒的事物。

換句話說，我們的祖先在日常生活中做的多數決定可能都是二元的。黑與白、非此即彼，而且他們的決策都有充分理由，做出的決定往往攸關生死。山洪暴發、龍捲風、閃電雷擊、山崩、雪崩、樹木倒塌……這些事情都迅雷不及掩耳，眨眼之間就發生，習慣慢思慎想的人通常不會活太久。

然而，時至今日，遊戲規則已全盤改變。那些讓先人存活於長遠演化曲線中的心理捷徑，如同幫助人類進化的蛇和老虎，回過頭來反咬我們一口。證據無所不在，南非女子長跑健將卡斯特

專線告知近期旅遊史，並在家中或指定場所進行隔離。第二類：旅客無須採取任何特別措施，但若是出現症狀，應立即自我隔離，並撥打NHS 111專線。（資料來源：www.gov.uk）

爾‧賽曼亞（Caster Semenya）就屬一例，她因雄性激素自然上升的狀態而備受抨擊；變性的奧運金牌得主凱特琳‧詹納（Caitlyn Jenner）也深受這種性別二分法所害。社會、心理及資訊複雜性的細微差異日益擴大，無盡壓力致使人們索求更大幅的圖紙，渴望用更細緻的縫線，將所有現實縫合得完美交融，不出一條皺褶。昔日笨拙的描圖技巧顯然已不再適用。

　　想知道下達大腦的指令如何演變，我們可以回到一切之初，著眼單細胞生物——變形蟲。所有生物的目的都是生存和繁殖。淺淺的水生光球便是原始有機體的整個宇宙，熱的波動、食物的可得性，以及環境亮度——光和暗、黑和白——構成其生存的三個基本類別。變形蟲外部環境的變化會反映在生物體內的細胞膜，使其能夠向近端食物來源移動（即葡萄糖），或遠離有害刺激。我曾如此形容變形蟲：「在這個池塘裡不需要『調光器』，夥計。浪漫的燭光夜晚並非我們的菜。如果周圍突然變黑了，意味著有什麼東西在空中，那我們就會讓自己變小。我們非常享受極簡生活。」

　　這是一種高貴的斯巴達哲學。

　　但是「極簡」並非每個人都適用。在天擇的淘汰機制下，企業、創新和新興科技問世。多細胞生物體的出現，宣告世上第一個神經系統到來，其形態是原始神經網絡或神經節——也就是糾結成團的神經細胞群。正如其單細胞原型，這套神經系統的目的和功能很簡單：進行細胞外刺激物的檢測。只是在十幾億年後的如今，是透過更快、更有效的工具。

目光轉回今日，人類歷經艱辛的心理和生理改造已趨完成。我們現在具備至少六種主要感官，可能還有更多；其中五種用來感測外部世界——視覺、觸覺、嗅覺、味覺、聽覺，而「本體感覺」則須協調動作和姿勢持續釋放的神經壓力，以維持內部平衡。

在這六種基本感官中，視覺顯然是最重要的，占人類所有感官輸入約 70%。這當中的理由很充分。在人類進化過程中，正確判讀事物的大小、顏色、形狀和動作，對提升存活率至關重要——正如變形蟲之於亮度和對比敏感度。對於我們的史前祖先而言，在洞穴岩壁上、在水域表面，或在一片乾涸、被太陽曬得發白的空曠草原上突然出現的陰影，會引發兩種基本思考。第一種：這是可以當飯吃的東西嗎？第二種：這是不是某個巨大、強壯、厲害的東西，要把我當飯吃？

光與暗。黑與白。從變形蟲到尼安德塔人的過程，花了 35 億年。仔細想來，這個變化量並不算誇張。

當然，後來一切都改變了。就古生物學的時間尺度來看，差不多在一夜之間，隨著意識、語言和文化出現，人類進步的幅度並不只是移動一些，而是在一個截然不同的進化競技場上重新組合。突然間，黑與白——光與暗——成了昨日的舊聞，灰色才是思考的顏色。「調光器」成為不可或缺的工具，是神經生理學工具箱中的基本配備，幫助我們用色調和陰影進行推理，而不是用二元單色調來假設。

除了一個重大問題：所謂的「調光器」根本就不存在。它們可能是下一個當紅炸子雞，也可能是新的危機或轉機。但是市場

瞬息萬變，以致於被天擇淘汰的笨蛋還沒來得及製造它們。事實上，迄今仍未出現所謂的「調光器」。

這讓我們陷入困境。要從灰色的小溪往上溯，卻只能靠最簡易的黑白槳。我們分組、貼標籤、走岔路，做出非理性的次級決策，這都是因為大腦成長得太大、太迅速了，人類太快、也太早變得聰明。我們偏好分類，而不是分級；選擇兩極化，而不是整合；我們誇大、譏諷變化，而不是強調、突出相似性。

以葡萄酒為例。很多人都能在盲測中區分紅酒與白酒，還有一些人，也許可以分辨卡本內蘇維儂（Cabernet Sauvignon）與黑皮諾（Pinot Noir）酒莊的葡萄酒。但你如何在兩瓶稀有、優雅且高度複雜的波爾多（Bordeaux）葡萄酒之間進行一場決選：比如拉菲酒莊 1982 年期酒（Château Lafite Rothschild En Primeur）和木桐酒莊 1995 年期酒（Château Mouton Rothschild En Primeur）？嗯，大概不行。當然，更令人擔憂的是，我們對人與人之間差異的盲目性。將拉菲酒莊 1982 年期酒歸為「紅葡萄酒」，或將賈其皮耶酒莊蒙哈榭特級園（Jacques Prieur Montrachet Grand Cru）產的酒歸為「白葡萄酒」，這都不會引發世界末日，但是，將所有穆斯林視為支持伊斯蘭國（ISIS）的激進分子卻可能如此。

我們迷失在致命的達爾文式諷刺，實是後果自負。二元認知遠非生存的必要條件，反而有朝一日會決定人類的命運。諸如前述伊斯蘭國恐怖分子的兩極化策略，或經常被川普政府兜售的政治基本教義派民粹主義品牌，若類似情事繼續踐踏人類的感知和理性，則消亡會來得更快。

然而，每個人不都得負相同的責任嗎？無論所處環境為何，棋盤式思維都會使我們產生分歧，在社群媒體當道這個瞬息萬變、讚後不理的世道更是如此。如果有人提出一項我們並不完全贊同的主張或信念，我們的第一反應會是什麼？想必會很自然地傾向爭論極端對立的問題吧！（見表 0.1。）

在接下來幾章中，我們首先要認知類別和分類的重要性——人類在日常生活中用來組合及建構現實的認知樂高積木——並進行反思。如果沒有這些認知積木，我們可能連最簡單的決定都做不出來。隨著本書觀點逐漸成形，我們將發掘人類是如何從小就開始劃線，分類能力又是怎樣的一種本能——就像語言和行走，是一種埋藏在大腦深處的進化適應力，而不是完全從零習得的技能。我們將探索此背後的原因：這種強加式的「假清晰」認知，如何滿足人類對於秩序的原始需要、對簡單和「可行性」的深度渴望，以及對歸類和界線的需求。然而，當我們劃線區分的對象是人與人之間的關係，而不是圖像，那麼二元分類很快就會形成分裂、歧視和衝突。

以黑與白本身在文化上的意義為例。

試想一下，如果讓世界上所有膚色的人排成一列，而我們從膚色最深的一端，沿線走到最淺的一端。當我們在商討整列隊伍的長度時，沒有任何一個明確的點能夠界定出哪裡開始是黑人，哪裡開始是棕色的人，或者哪裡是棕色人種的結束，哪裡開始又是褐色的人。從膚色上來看，那些肩並肩站在一起的人其實是完

	黑	白	灰
體育	只有奧運金牌才應該慶祝，銀牌和銅牌就是輸家。	所有奧運獎牌都值得慶賀。任何頒獎臺上的成績都是一種成就。	在某些場合，低名次獎牌是值得慶祝的，在其他則否。一個因注意力不集中而落到銀牌的熱門奪金選手，可能就是後者；一個表現遠超預期的排名局外人，可能就是前者的情況。
英國脫歐後的認同危機	我是英國人。	我是歐洲人。	你可以兩者都是。你不需要為了成為歐洲人而放棄英國認同，反之亦然。身分取決於背景脈絡。當英國對陣其他歐洲國家的足球隊時，英國球迷會覺得自己是「英國人」。但如果這位球迷身處另一塊大陸的偏遠地區，可能就會深覺自己是「歐洲人」。
政治和國家安全	恐怖主義分子瘋了。	恐怖主義分子是神智正常的。	許多心智健全的恐怖分子，也會做出「瘋狂」的舉動。兩個人可能基於截然不同的理由，而採取相同行動。激進化的過程可以把一個正常人變失常，使他們從理性角度做出瘋狂行為。

▲表 0.1：英國媒體報導的三個黑白（二元）爭論範例及其灰色地帶。

全一樣的，我們目光所及會是連續的模糊中間地帶。黑與白，在人種或族群性的意義上，將完全不存在[2]。

---

2 這並不是指種族和族群性僅由膚色定義，而是說膚色不僅在種族身分中扮演關鍵角色，且在種族認同中也具有重要作用。

然而種族卻是當今討論度最高的話題之一。

當我們繼續探究大腦與生俱來的、包羅萬象的分類本能，偶爾也會發現其他風險。弗萊迪・墨裘瑞顯然很喜歡斷言——當他沒有沉浸在思考現實生活和幻想間的差異時——**如果一件事值得做，就值得過度去做**。我根本不想和弗萊迪爭論舉辦演出時的注意事項，但若要談如何分類，他實在錯得離譜。太多選擇只會讓大腦不知道該往哪裡走；太少選擇，又會讓人進入好戰姿態。

以電影為例。Netflix 目前列出了超過 76,000 個精心策劃的電影子類型，從「神經瘋婆子」（Psycho-Biddy）（在鬧鬼的房子裡，婆婆之間勾心鬥角的恩怨情仇），到「海洋生物玩運動」（從事各種體育活動的變種海洋生物，例如《螃蟹守門員》（*Kani Goalkeeper*）中擔任足球守門員的大螃蟹；一隻大魷魚在《烏賊摔角手》（*The Calamari Wrestler*）中扮演摔角手）。

以伊斯蘭國為例。「灰色地帶」是該組織特別想出的術語，用來描述穆斯林和非穆斯林可能共同生活的世界。它是一個可憎的想法，是對殘酷的二元分界的褻瀆，企圖模糊這條劃定兩個巨大超類別的界線：伊斯蘭國成員和懷疑論者、正義和不正義、一和零、乞丐和英雄。難怪他們的國旗只有兩種顏色：黑色和白色[3]。這並不是巧合。也難怪像倫敦這樣的城市（確切來說應該是任何城市），會令伊斯蘭國成員心生厭惡。城市就是匯集處：希望和夢想、熱情和訝異、膚色和信條、泥水和淨水。現代化的繁華大都市裡充滿多樣信仰、泛意識形態的心跳聲，無論是倫敦、巴黎、紐約還是貝魯特，都大大震撼了伊斯蘭國（以及其他類似組織）。

因為這表明，人類能夠一起努力、和平共處。穆斯林的人，和不是穆斯林的人，都能在同一個市場購物，觀賞同一部電影，在同樣的公園和遊樂場裡遛狗，和孩子們一起玩耍。

但狂熱主義者無法忍受絲毫模糊地帶，他們對於任何模稜兩可採取迅速、徹底的抵抗。對伊斯蘭國而言，任何教派的跨意識形態都代表著頹廢、墮落和毀滅世界的無神論。必須只能擇其一，非此即彼。

解決辦法絕對是位於兩極中間的某處。我們會發現一邊是螃蟹守門員和烏賊摔角手，另一邊是奧薩瑪·賓拉登（Osama bin Laden）和阿布·貝克爾·巴格達迪（Abu Bakr a-Baghdadi）。兩者之間存在一個最佳分類標準，而這完全取決於我們試圖分類的內容。同理，當我們劃的線涉及他人時——不只是**我們自己**如何**產生**類別，而是我們如何**利用**類別來為**他人**定義現實的時候——最佳分類標準的規則也同樣適用。

3　黑旗或黑標旗是穆斯林傳統中，穆罕默德懸掛的制式黑色背景旗幟，它也包含伊斯蘭末世論中的重要象徵，預示著馬赫迪（Mahdi，意指「被引領者」）的到來。根據部分伊斯蘭教的傳統，在審判日來臨前，他將為地球除盡罪惡。近代以來，將白色沙哈達（shahada，字面意思是「見證」：構成伊斯蘭教五大信條支柱之一）納入軍旗的設計——此一傳統最初源自18世紀阿富汗吉爾吉普什圖人的霍塔克王朝（Hotak dynasty of the Afghan Ghilji Pashtuns）——現已被包括塔利班、蓋達組織、索馬利亞青年黨（al-Shebaab）和伊斯蘭國組織在內的伊斯蘭聖戰組織採用。

　　事實上，從進化史中找尋黑白思考的起源時，我們發現，當涉及形塑言論、改變思想和贏得他人支持，三是一個神奇的數字。在黑暗的、達爾文式的過往迷霧深處，我們揭開了一個神祕金三角，也就是先人的二元超類別。直到今天，它仍然對人類易受影響的大腦發揮深遠而強大的力量。當那些意欲謀利的人戰略性地運用這種思維，試圖說服他人、讓人選邊站時，我們很容易就落入圈套。**戰鬥或逃跑，我們或他們，正確或錯誤**。在賓拉登或希特勒的手中，這些分類可能會導致數百萬人喪生。但是，如果將其明智地運用在共同利益上，就能產生影響深遠的奇蹟。

　　舉一個例子：2012 年倫敦奧運會開幕式彩排，共有 62,000 人參加，只有少數參與者在社群媒體上洩露節目內容。這是相當驚人的結果——在現代分享文化的壓力、期望和誘惑之下尤其如此。關於此情況的猜測紛紛出籠，其中一種理論特別耐人尋味。2012年的盛典之夜，幸運觀眾聚集在斯特拉福奧林匹克公園內的奧林匹克體育場，倫敦奧運藝術總監丹尼‧鮑伊（Danny Boyle）發表致詞時，不是請求參與者「保守祕密」，而是「保留驚喜」。改變措辭感覺只是個微不足道、無關緊要的細節嗎？就最初的想法而言，的確如此；但仔細檢視後——如果這件事是真的——我認為他根本就是個遊說天才。

　　我們來看看這當中的運作法則。在「遊說天才」的吸睛大標下，隱藏了人類進化的痕跡。根據長久以來的二元超類別，解析如下：

戰鬥或逃跑──抵制誘惑，不要把事情說出去。對人性的低語充耳不聞。我們都喜歡分享祕密，但沒有人喜歡破壞驚喜。

我們或他們──在大揭祕之前，我們先不要說出來，好嗎？我們是有特權的內部人士，不想太早讓外人加入，對吧？

正確或錯誤──如果說出去的話，不僅會毀了開幕當天的驚喜感，還會抹除所有人在背後付出的努力和辛勞，你確定要這麼做嗎？

就只是單純地抽換詞面──「祕密」換成「驚喜」；只是簡單地改變分類──從「分享」到「破壞」──就造成完全不同的結果。

事實上，我們可以發現，語言幾乎是啟動任何一種分類的關鍵，不僅僅是上述三種不可抗拒的、武器級的進化超類別。如果沒有語言，事實上就什麼都不會有。語言功能其實是非常基本的，從根本上來說，就是為了區分「這個」和「那個」，並將「這個」和「那個」貼上標籤。

而語言的盡頭會由說服力接掌。如果語言的功能是區分「這個」和「那個」，那麼影響力的作用也是同樣地清楚明白，就是**讓我的**（這個）成為**你的**（那個）。

我的「破壞驚喜」變成你的「共享祕密」。

如果我們想要處處得心應手，這一招是每個人都必須掌握的，而且它是直接產生自人類大腦的原始偏好，也就是喜歡用黑與白的二分法來看待事物。但是想要發揮其效果，仍然有先決條件，

有要遵守的規則。我們必須知道它如何運作，為什麼會有效，以及何時有效。最重要的是，如何在別人想利用它來對付我們時保持警醒。

隨著探究影響力核心的旅程繼續前進，我們發現，正如大腦創造了簡略、粗糙、原始的現實投射，大腦本身就是一張地圖，一張古老、過時、飽經風霜的地圖，沿著三條主要的皺褶摺疊──**戰鬥或逃跑、我們或他們、正確或錯誤**──而擁有這些摺痕以及懂得運用地圖的知識，會使我們的人生航程比參照隨意打開的地圖更加順遂。

大腦對世界「非此即彼」的預設二元分類模式，貫穿人類生活的各個面向，適用於我們做的每一個判斷或決定，並標誌先人遺傳下來的優異認知功能，助人類英勇奮鬥以戰勝困難，在史前時代的殘酷割喉戰場中生存下來。本書見解汲取自鑑識科學、社會及認知神經科學、跨族群動態權力，一直到橫跨語言、注意力和思想，引發熱烈爭議的模糊地帶，並提出一套對認知科學、進化科學和信念科學獨特的、突破性的綜述。

簡而言之，本書提供了一種全新的社會影響力理論，我稱之為**超級說服力理論**。這套理論透過四個現代最具主導性的全球議題，在文化和政治鍋爐中，經歷了相當高度的概念精緻化。

英國脫歐、前總統川普、新冠肺炎，以及伊斯蘭基本教義派的崛起。

一切「外在」的事物都位於一個連續體上。分數、膚色，甚至就算沒有小費罐的二元投票，我們也存有對貓或狗的偏愛。世

上一切都是灰色的。但是為了更理解現實，為了搞清楚眾多元素是如何相互關聯與作用，我們必須剖析那無形的、非結構化的連續體，將其分為更小、更清晰、自成一體、容易消化的小片段。我們必須在無止境的灰色段距中劃線，創造出虛幻的棋盤表面。我們可以在棋盤上移動、感知、推理，就像具理性、會思考的棋子一樣，以有秩序、可預測和有規則可循的方式運作。正如數學家和哲學家阿爾弗雷德·諾斯·懷海德（Alfred North Whitehead）曾經說過的那樣，我們需要創造「具體錯置謬誤」。

西洋棋的規則構成，是基於黑白兩色的棋盤；生活也是如此，因為人的大腦也是黑白分明的。但是智慧存現於對灰色的認知，在於更深刻地理解到，雖然我們已是認知大師，但都註定要加入這局棋，而棋盤上的方格，也就是棋盤本身，其實並不存在。

刻蝕在黑白之上的是最古老、最簡單，也最有力的真理。弗萊迪錯過了這個真理。幻想**就是**現實。因為**所有事情**都有其重大意義；一切於我都有重大意義。

第 1 章

與生俱來的
分類本能

進步是人類把簡單複雜化的能力。
——托爾‧海爾達爾（Thor Heyerdahl）

2003 年一個晴朗的夏日清晨，當琳恩・金賽（Lynn Kimsey）踏進辦公室時，她並不知道即將發生的事，會讓她接下來四年的生活變成一部陰險、曲折、慘澹的心理驚悚片。當天晚上，為檢察總長工作的她做完簡報、準備充分，正要開車走高速公路回家，就像電影《沉默的羔羊》（*Silence of the Lambs*）中的鬥雞眼「蟲子」皮爾卻博士（Dr. Pilcher）那樣。

2003 年 7 月 6 日星期日上午，瓊妮・哈潑（Joanie Harper）和她的三個孩子以及母親恩妮絲汀・哈潑（Earnestine Harper）參加了位於加州貝克斯菲爾德的一場小型教會禮拜。對這個家庭來說，這是一個重要的日子。瓊妮最小的孩子、六週大的馬歇爾（Marshall）是第一次去教堂。禮拜結束後，一家人去當地的餐館吃午餐。接著，他們決定回家小睡片刻，之後再回教堂參加晚上的禮拜。瓊妮和孩子們睡在房子後側的臥室，她的母親睡在另一頭的房間。

計畫本來是這樣的。但那天晚上，哈潑一家並沒有出現。

週二早上，這家人的朋友凱西・斯潘（Kelsey Spann）決定去看看瓊妮。這家人不只週日晚上沒有前往教堂，之後也沒有人再看到或聽聞他們的消息，而且還沒人接電話。也許是出了什麼事。

凱西拿著瓊妮讓她保管的鑰匙，想從側門進屋，但是門卻打不開。鑰匙在鎖孔轉了一圈，另一邊似乎有什麼東西擋住了門。

她走到屋後，嘗試拉開玻璃門。令她驚訝的是，門竟然滑開了。這真是太奇怪了，瓊妮總會檢查那扇門，確認它有鎖上。凱西進了屋，走到瓊妮的臥室。

　　週二早上 7 點，貝克斯菲爾德警方接到一通報案電話。電話是從第三街 901 號打過來的，也就是瓊妮家的地址。當警方趕到時，他們眼前的場面，即便是最有經驗的執法人員都深感震驚。

　　瓊妮臉部朝下趴在床上。她的頭被一把 .22 口徑的手槍擊中三次，手臂有兩處槍傷，身上還被刺了七刀。

　　同樣在床上的還有 4 歲的馬克斯・哈潑（Marques Harper）。他眼睛圓睜，頭部右側有一處槍傷，右手指尖被啃咬到見骨。調查人員認為，這是一種恐懼反應。馬克斯一定是看到了凶手，本能地把手指插進嘴裡。

　　琳賽・哈潑（Lyndsey Harper）只有 2 歲，在床角被發現，還穿著她去教堂時穿的藍色小洋裝。她從背部被一槍擊斃。

　　警方在走廊上發現瓊妮的母親恩妮絲汀。她臉上有兩個彈孔，明顯是被近距離槍殺。此外，她的身邊還放著一把手槍。不管入侵者是誰，她顯然是想決一死戰。

　　最後，瓊妮六週大的兒子馬歇爾——警方最初以為他失蹤了——被發現躺在母親身邊、藏匿在枕頭下。和姊姊琳賽一樣，他也是從背部被一槍打死的。

　　警方立即展開對謀殺案的調查。沒多久，一名主要嫌疑人就出現了。他是 41 歲的文森・布拉得（Vincent Brothers），瓊妮・哈潑已分居的丈夫，同時也是貝克斯菲爾德社區的話題人物。布

拉得是一個有家庭的男人，擁有諾福克州立大學學士和加州州立大學教育碩士學位，1987 年初進入當地一所小學工作，經過八年努力，最後升任為副校長。

但布拉得有黑暗的一面。雖然瓊妮確實愛過他，並努力維持他們之間的平衡，但兩人的關係始終跌宕起伏，2000 年時已經跌到谷底。當時，他們結婚不到一個月。同年年尾，瓊妮生下琳賽，他們的第二個孩子，就像他們的第一個孩子馬克斯一樣——幾年前他出生時，布拉得並沒有在場。2001 年，布拉得以無法和解的歧異為由，瓊妮則以欺詐為由，兩人走上法庭，這段婚姻最終被法院宣判無效。據說，在結婚時，她一直不知道布拉得之前有過兩任妻子。

事後看來，如果早點知道這些事實，很可能會救她一命。1988 年，布拉得曾因虐待第一任妻子被判入獄六天，並判處緩刑。1992 年，他再次結婚。隔年，他的第二任妻子訴請離婚，理由是他有暴力傾向，且威脅要殺死她。接著，1996 年，布拉得在家中對一名學校女職員性騷擾，他在前一年才剛當上副校長。根據當地警方的紀錄，該名女子聲稱布拉得把她拖進臥室，毆打她並且拍照。雖然她向地方當局報告這起事件，但警方勸她不要提告，因為他們知道布拉得終究會毫髮無傷。

2003 年 1 月，瓊妮和布拉得在拉斯維加斯第二次辦理結婚登記。但到了 4 月，布拉得又再次搬出去住，因為他和瓊妮的母親恩妮絲汀之間發生摩擦。5 月，小馬歇爾出生了。六個星期後的今天，他死了。當這起案件終於在 2007 年 2 月引發關注，檢方顯然

認為起因是一段不穩定的關係，和一名不僅有暴力傾向還通姦的男人。事實上，布拉得疑似有一連串婚外情，這才構成檢方起訴他的主因。殺人的主要動機，檢方推測是貪婪：布拉得想減輕自己的負擔，擺脫他日益沉重的家庭經濟重擔。

布拉得於 2004 年 4 月被捕。他遭控五項一級謀殺罪的罪名，然而，在審判中，他辯稱自己無罪。

布拉得有地理位置上的不在場證明。在謀殺案發生時，他的辯護人聲稱他在 2,000 多英里外的俄亥俄州哥倫布市度假，並順道拜訪弟弟馬文——這位弟弟和他已經十年沒有見面。除此之外，布拉得持有一份道奇霓虹的租車合約（後來被警探查扣，以資證明），加上兩張信用卡收據，是謀殺案當天在北卡羅萊納州某間商店購物的證明。確實，警方就是在北卡羅萊納州、布拉得母親的房子裡抓到他，同時將可怕的命案消息告訴他們。

但事情逐漸變得撲朔迷離。隨著檢方詳細調查信用卡收據，並對該商店拍攝到的監控錄影進行分析後，發現購物者其實是馬文，他盜用哥哥的卡，並偽造他的簽名。

此外，詳細調查出租車後證實，雖然布拉得確實是在俄亥俄州租下道奇車，但是他的里程數總計有 5,400 英里。雖然在正常情況下，這樣的行程不可能在三天內完成，但檢方認為，這段距離已經足夠讓他開車來回貝克斯菲爾德了。

然而，種種調查結果雖然令人信服，卻仍只是間接證據。辯方反駁說，布拉得雖然有通姦嫌疑，但並不能因此將他判定為殺人犯。若標準為此，那麼從統計學觀點來看，至少有三分之一的

陪審團成員都需要接受審判。此外，馬文在商店使用哥哥的信用
卡這個事實，並不表示布拉得正在國家的另一端槍殺家人。相反
的，他可能跟弟弟同行，只是人在外面的停車場等待。5,400英里
的里程數也無法指出布拉得曾開車到加州，而是可能在前往任何
地方時累積，甚至並非一定要越過俄亥俄州的州界才能跑出那些
里程數。

　　人們需要的是事實，不是推論、假設或猜測，而是確鑿的、
無可辯駁的證據。

　　接著，當局開始有了新進展。一名貝克斯菲爾德的住戶聲稱
自己曾在謀殺案當天看到布拉得在哈潑家附近。那名住戶看到的
究竟是不是布拉得？有人能百分之百確認那是他嗎？這個案子讓
人急得跳腳；所有線索都指向同一個人，但缺乏鑑識判定的關鍵
證據，案子始終無法解決。

　　關鍵在於那輛租來的道奇車和累積里程數。一定有辦法能把
布拉得、謀殺案和這兩個線索連結在一起。

　　但，有什麼辦法呢？

自然界的監控裝置

　　2003年7月25日，兩名聯邦調查局探員和一名貝克斯菲爾
德警官穿過加州大學戴維斯分校的博哈特昆蟲學博物館（Bohart
Museum of Entomology）大門，手裡拿著一個汽車散熱器。散熱器

的格柵上濺滿了蟲子，他們想知道那些是什麼。並不是說這些蟲本身有什麼特別的地方（至少在加州中部來說是如此），但是否有不尋常之處，就要視前後文而定了。蟲子在加州可能不算少見，但在其他地方呢？警官們想知道的便是這一點：牠們會出現在俄亥俄州或是北卡羅萊納州嗎？

　　一名身材微胖、看起來很勤奮的女人，有著一雙犀利的褐色眼睛，頂著一頭大膽、乾脆俐落的短髮，迎接他們三人的到來。她是 40 多歲的琳恩・金賽，不僅身為加州大學戴維斯分校的昆蟲學教授，也是博物館館長。她對昆蟲的生物地理學特別感興趣──尤其是加州的昆蟲──沒人比她更有資格回答警員的問題。如果那個散熱器曾出現在洛磯山脈以西的任何地方，金賽都能看出來。她就像活體生態 X 光一樣辨識這些昆蟲。她初步檢查格柵後，便決定留下它做進一步分析。

　　去年，我前往戴維斯分校拜訪金賽，並跟她聊到這個案子。將近 20 年過去，她仍然記憶猶新。「當時我完全不知道自己是在參與一樁謀殺案的調查。」當我們在博物館深處的林奈（Carl Linnaeus，卡爾・林奈，現代生物分類學之父）迷宮中漫步時，她告訴我：「他們沒有事先告知事實，我其實可以理解。科學調查最好是盲目進行，讓研究者不知道他們正要解決的難題，這樣就不會妨礙自己工作，讓期望心態影響他們使用的科學方法。這種心態會造成非常微妙的影響，研究者自身可能毫無察覺。而作為謀殺案的專家證人，些微偏差就可能會有很嚴重的後果。」

　　我的視線落在淺色梧桐木抽屜前排完美對齊的白色標籤列。

「那是康奈爾抽屜。」金賽解釋道。**鱗翅目**：蝴蝶和蛾；**直翅目**：蟋蟀和蚱蜢；**膜翅目**：蜜蜂、螞蟻和黃蜂。昆蟲是地球上唯一一種能在死後完美保存的生物。我們在一個標有「**螞蚱蛾科**」的盤子前停了下來。金賽把抽屜滑開。

「我們在散熱器的各部分發現了三十隻不一樣的昆蟲。」她說。「或者說，昆蟲的部位：翅膀、腿、腹部、腹部區塊、沒有翅膀和腿的頭部和腹部……最後，講出故事的是其中六隻。

「首先，有兩種甲蟲，我們知道牠們只生活在美國東部地區；再來是兩種椿象，紅錐蟲（Neacoryphus Rubicollis）和臂皮椿（Piesma Brachiale），只見於亞利桑那州、猶他州和南加州，我在空氣過濾器上發現牠們。還有一隻少了幾片翅膀和腿的大型金紙黃蜂（Polistes Aurifer），這種昆蟲主要生存於加州，但最遠曾在堪薩斯州東部被發現。然後是這個小傢伙——紅帶柄螞蚱（Xanthippus Corallipes Pantherinus），俗稱紅腳蚱蜢。準確來說，牠只留下部分殘骸，我們從一條後腿辨認出來，裡面的小腿部是正紅色的。」

金賽拿出圓盤，遞給我，我低頭看向玻璃蓋下方。不需要太豐富的想像力就能揣摩這個名字背後的思路；這條腿確實是正紅色的，在斑駁灰暗的身軀下，像火苗一樣閃閃發亮。我把圓盤放回抽屜裡，然後關上它。想不到一隻微小的昆蟲竟然能夠把一個人送進死囚牢房。

「但……紅腳蚱蜢是從哪裡來的？」我們走回鱗翅目——飛蛾和蝴蝶區時，我問道。

「我們知道紅帶柄螞蚱不會在堪薩斯州和德州中部以東的地區外出現。」金賽笑著說。「因此，統整所有線索便能得知，沒錯……那個散熱器所屬的汽車曾經到過美國東部。但同樣的，它也在某個時間點行經科羅拉多州以西。這一點證明符合以下假設：布拉得曾經從俄亥俄州向西行駛，走 70 號或 40 號州際公路。」

一個多星期後，調查員前往學校取回散熱器，同時得知金賽的分析結果。她講的內容對他們來說簡直是天籟，令人欣喜若狂。她的昆蟲學衛星導航儀實在太神了！布拉得租來的道奇車上彷彿被裝了行動追蹤裝置，每隔幾百哩就自動記錄他的行蹤。

這是壓垮布拉得的最後一根稻草，也是調查單位給他的致命一擊。金賽在貝克斯菲爾德高級法院正式提出證據。2007 年 5 月 15 日，陪審團判定布拉得犯下殺害妻子、三個孩子和岳母的謀殺罪。

我們在另一個抽屜前停下。前面的標籤寫著鬼臉天蛾（Acherontia Styx）──就是《沉默的羔羊》電影中的死神之首。金賽打開抽屜，把圓盤遞給我。「法官駁回終身監禁、不得假釋的處刑，宣判布拉得死刑。」她就事論事地說出。「現在，他在聖昆丁監獄等候執行死刑。」

我不禁顫抖了一下。

「妳覺得如何？」我問，同時研究圓盤的內容。「是妳提出的證據把他帶進死囚牢房。」

她聳聳肩。「我沒什麼感覺。我的意思是，是他自己做的事讓他陷入這般處境，我只是做我的工作，做我每天都在做的事，

就是把東西分門別類。」

貓咪分類學問

2005 年，也就是布拉得被捕的第二年，美國發展心理學家麗莎・奧克斯（Lisa Oakes）在愛荷華大學進行了一項研究。這項研究揭示了我們所有人如何──用金賽的話來說──把事物分門別類。奧克斯感興趣的是，這種「分類本能」最早是始於多久以前。是大腦本來就會做的事，如同聽聲、聞味或哭泣，還是這也需要後天學習？

為了找到答案，奧克斯帶著一群四個月大的嬰兒，在她的實驗室裡，用兩個並排的電腦螢幕向他們閃示貓咪的圖片。這些圖片同時成對出現，一個在左邊螢幕，一個在右邊螢幕，每對貓咪都在螢幕上停留 15 秒的時間。觀察者記錄這段時間內，寶寶們觀看每一隻貓的時間長度；嬰兒對刺激物的注意傾向也代表著貓的新奇性衡量標準。

問題很快就浮現。嬰兒們在看了六對貓咪後，已經開始對這些圖片感到熟悉──這一點從他們遞減的觀看時間可以得知──奧克斯旋即偷偷插入一隻之前沒有出現過的貓或狗。

這項實驗的原理很簡單。如果寶寶們觀看狗的時間比新的貓還長，就表示相較已經熟悉的圖片，狗比新貓咪的差異更大。換句話說，這顯示他們的大腦處理狗的資訊與他們處理貓的方式不

同，是將狗歸到一個新的類別。另一方面，如果寶寶們的注意力長度在看狗的圖片時沒有選擇性地增加，那就意味著他們的大腦是把狗和貓看成同一個相容的類別，那就是「動物」。

奧克斯的發現非常重大。這些嬰兒之前與貓和狗的接觸極少，甚至還不懂得這兩種動物的說法。雖然仔細想想，狗和貓其實長相頗為相似——都是四條腿、兩隻眼睛、有毛和尾巴——但是寶寶們看狗的圖片比看新貓咪的圖片時間更長。僅僅才四個月大的人腦，就已經開始將外界分門別類了。

與金賽教授在博哈特昆蟲學博物館共進午餐後，我快步穿過校園，進入對面的心靈與大腦中心（Center for Mind and Brain）。奧克斯在 2006 年離開愛荷華大學後，便至加州大學戴維斯分校擔任心理學系嬰幼兒認知實驗室的主任。我們在接待處見面，她帶我到處參觀。軟質玩具、小塑膠動物、球、鈴鐺、積木跟電極、示波器、眼球追蹤裝置和垂懸著神經生理小辮子的腦波圖頭蓋骨並肩錯落。這個地方看起來就像 3 歲怪胎凌亂不堪的臥室。

我們邊走邊談話，奧克斯向我講解各種小知識。她熱情友好，讓我有賓至如歸的感覺。我告訴她我與金賽的會面，以及昆蟲學分類如何將一名多重謀殺犯繩之以法。她非常驚訝。

她解釋說，這世界是個複雜的地方。當我們初來乍到，它感覺起來就如西方心理學之父威廉・詹姆斯（William James）所說，是一團「盛綻又嘈雜的混沌」，是一個有待解決的問題。而和大多數問題一樣，一旦被「清理」過，處理起來就比較容易，因此我們的大腦開始將大量輸入的資料分類為獨立、較易管理的資料

堆。眼睛、鼻子和嘴巴變成了臉；會吠、會嘶或哞哞叫，而且有四條腿和一條尾巴的，就成了動物。

「試想一下，如果我們的大腦無法分類，這世界會變成什麼樣子。」奧克斯說。「即使是我們認為理所當然的、最簡單的日常，也會構成巨大挑戰。你走進朋友的花園，看見他們裝了新的灑水系統，但是你腦中沒有『澆水設備』這個類別。『在草坪中間的物體是什麼？』、『我沒看過它。它有危險性嗎？它會不會害死我？』你心裡會這麼想。」

「如果我們沒有分類能力，」奧克斯繼續說，「每天早上醒來就會像在一個新的星球上。吹風機：那是什麼？它有危險性嗎？電視機：裡面的人是誰？他們是想和我說話嗎？洗衣機：嗯……我該把頭放進去嗎？」

分類本能讓人類能夠以可預測、有秩序的方式行經這個世界，一一探索各個人、事、物，使我們的人生不只是一連串隨機、新奇、無意義的互動，而是由計畫、掌控和目標組成。

從這個意義上來說，嬰兒幾乎可以說是物種研發部門的得力助手了吧？

奧克斯接著說：「當然，當我們還小的時候，只會用廣泛的類別感知世界，比如『植物』和『動物』。然後隨著時間推移，我們的分類技能有所進步，這些類別就會變得分明。例如花和樹、狗和貓、鳥和魚、大和小、可愛和不可愛。最後，隨著經驗積累和自我發展，我們會做更細微的區分；吉娃娃和拉布拉多、波斯貓和暹羅貓、落葉樹和常綠樹、小紅雀和大型粉紅火鶴、鯊魚和

海豚。」

　　我們又並肩走了一段路，她告訴我，隨著分類能力提升，我們也變得更加挑剔。植物類別開始出現紅松、白松、相思樹和蘭花；鳥類有金鵰、灰雁、知更鳥和麻雀；蝴蝶也能分為赤蛺蝶、帝王紫蛺蝶、端紅蝶和草地褐蝶。成年後，如果進入的是植物學或生物學領域，我們的分類系統就會變得非常精細。有時，這甚至可能激怒一同外出散步的朋友；當他們指著漂亮的花朵時，我們會無法自拔地搬出許多難以理解的行話來。

　　假如你進入的是（讓多重謀殺犯惱火的）昆蟲學領域，當員警出現在你面前，手裡拿著滿是昆蟲和飛蛾殘骸的散熱器，你可能會情不自禁說出一連串難以理解的拉丁學名。

　　無論分類能力級別為何，所有人的目標都是一致的：可預測性、期待值，以及最低不確定性。若說有個原則能適用於分類幼幼班、四個月大的孩子，那它對於琳恩·金賽這種嚴謹的學者而言亦是如此。正如奧克斯所闡釋的，分類有助於我們以秩序和效率探索世界，而這無關乎在何時或何地。

　　這也提出了一個根本性的問題：在日常生活中，哪一種分類級別是最佳、效率最高的？如果人類本能進化的目的是降低複雜度，那對於普遍或常見的人、事、物──比如狗或房子──以像昆蟲學家所使用的分類學魄力進行區分，是否適得其反呢？

　　為了尋求這道問題的解答，我西向 9,000 英里，跨越冰冷的藍色海洋和火熱大陸，向位於西澳大利亞伯斯的默多克大學心理學與運動科學院長邁克·安德森（Mike Anderson）教授[4]求助。他

是全球頂尖的分類感知專家之一,專門研究兒童的分類感知能力發展。

他解釋說,我們把世界分為三個不同層次:上級、基本和下級。這意味著,當我們將某件事物歸類時,可以根據自己的喜好進行概括或明確的歸類。他提示道:「這比喻不是非常貼切,但是可以把它想像成一棵家庭樹,比較總括性的(上級的)分類在最上面,比較明確的(下級的)分類在最下面。」上級分類就像父母,基本級分類是子女,下級分類是孫子女和曾孫。

「我舉一個例子。」安德森說。「想像一下,我正要為你指路。我告訴你在路的盡頭、混凝土方形結構處右轉,那裡有一扇門、四扇窗和一條車道,上面還有一隻會叫的哺乳動物,牠有四條腿,毛茸茸的,在花園裡搖著尾巴。你會認為我很奇怪,幹嘛說這麼多廢話,為什麼不直接要你在有狗的那間房子右轉呢?因為一旦我說出『房子』和『狗』,你的大腦就會自動填入所有細節。

「但是,想像我說:『到那棟雙斜坡屋頂的蟲蝕紋刻工匠式住宅,前面有一隻貝加馬斯卡牧羊犬的地方右轉。』你又會覺得我是個瘋子。但這一次,我不是過於籠統,而是過於具體了。除非你是一位建築師,並且剛好對稀有品種的狗感興趣,才會聽懂我在說什麼。不過那聽起來還是會很怪。」

所以我們選擇快樂的中庸之道。在一般談話中,我們選擇所

4　邁克・安德森在認知心理學領域歷經長期而輝煌的職業生涯後,現已從學術界退休。

謂「基本」層級的分類來傳達、獲取和組織訊息，因為這樣最能節省時間和精力，使我們能夠以最高效率進行溝通。這是人類分類能力進化的最主要原因。

安德森認為，對於日常生活而言，這些基本層次的分類是最理想的。他還指出，這些基本分類具有所謂的「特權」地位。換句話說，在一片無邊無際的分類天空中，它們將是肉眼最可見、比其他類別更耀眼的明星。如果想要規劃教學課程，跟著這些星星走是最保險的。

「比如說，問一個 4 歲的孩子，如果讓一隻小牛在豬的家庭中成長，那牠長大後是否還會哞哞叫，而不是學豬叫。他們會說是。」安德森告訴我。「即便是 4 歲的孩子，也知道幼崽長大後會擁有屬於其類別的動物特徵，這無關乎牠被飼養的環境。同理，如果問一個 5 歲大的孩子，要是箭豬長得和仙人掌一模一樣，那牠還是箭豬嗎？他們會說是。不管外表看起來是什麼樣子，牠仍然是一隻箭豬。」

因此，孩子們從很小的時候開始，在推斷不同動物可能具備的共同特徵時，就會「特別喜歡」基本分類的差異性——牛、豬、箭豬——而不是外表相似性。不僅如此，孩童們似乎也瞭解基本分類層級的固定性；牛就是牛，不管是生長在豬、駱駝或牛羚的家中，牠還是會哞哞叫。

「所以，回答你的問題。日常生活中，是否有最佳、效率最高的分類級別呢？答案是有的。」安德森總結道。「基本層級的分類，既是最有用、也是最自然的，但這也要看你對日常生活的

定義，這對不同人來說意味著不同事物。例如，有一大堆研究證明，我們對某件事情瞭解得越多，在對它進行分類的時候，就越有可能要用更精細的層次。假設某些專家傾向把該領域的事物歸類到無法再細分，那他們之間談話時選擇的最佳詞彙，對外人來說就可能不太容易理解[5]。」

以生物學為例。在生物分類學的體系中，有七個分類層級：界、門、綱、目、科、屬、種。對於生物學家來說，最佳的級別是「屬」（genus，此字源於拉丁語的「類型」），它的下一層分類「種」，可能是多數人認為最方便的層級。

「我們再來講講狗。」安德森說。「『狗』這個字實際上是屬於『種』的層級描述符號——家犬（Canis Familiaris）——指的是犬屬的成員之一。其他『種』級成員包括灰狼（Canis Lupus）或郊狼（Canis Latrans）。所以當我們談及最佳分類層級時，不得不更謹慎些。這完全取決於談話的前後文，更關乎被分類的對象

5　證據顯示，分類專長也可以延伸到我們對自己的瞭解程度。美國認知心理學家麗莎・費德曼・巴瑞特（Lisa Feldman Barrett）創造了「情緒粒度」（emotional granularity）一詞，指的是人類用言語表達情感的能力個別差異，亦即將憤怒、恐懼和快樂等「主要」或「基礎」情緒進行分類。情緒粒度低的人在描述他們對不悅事件的反應時，常會使用「憤怒」、「悲傷」或「害怕」等詞語，並用「快樂」、「興奮」或「平靜」等字彙來形容正面的感受。換句話說，他們的情緒比較不多元。與此相反，情緒粒度高的人在表達感受時，使用的詞彙要來得豐富、細緻許多——他們將情緒歸類在下級，而不是基本或上級層次——因此採用主要情緒的子類別，例如羞愧、內疚、遺憾等。

和整體背景脈絡。」

2003 年，在加州大學戴維斯分校的一個晴朗夏日早晨，聯邦調查局探員來到博哈特昆蟲學博物館，將一個被扣押的福特道奇車散熱器交給分類學專家琳恩・金賽。背後原因正是如此——特殊情況需要特殊的分類能力。而這個奇異的單腿紅腳蚱蜢，成了史上第一隻讓福爾摩斯備感壓力的小蟲。

第 2 章

界線模糊
的爭端

連續體是指可分割為無限可分割體的不可分割體。

──亞里斯多德（Aristotle）

　　2004 年 10 月，保羅・辛頓－休威特（Paul Sinton-Hewitt）
正處在人生低谷。他剛失去一份高薪的行銷工作，而且還受傷了
——不只是因為被裁員而心傷，還有他在倫敦西區街上跑步，為
馬拉松做準備時受的傷。他已經去過醫院，物理治療師認為他的
傷勢並不樂觀。膝關節的傷無法在短期內復原，進一步惡化的可
能性還比較大。就像保羅一直以來的人生，低潮似乎一波接著一
波襲來。他退出馬拉松比賽，進到酒館裡終日沉思。先是丟了工
作，然後失去比賽機會，他覺得自己已經被重重擊垮了，就像一
隻在人生散熱器的格柵中被挖除的小蟲。

　　15 年了，保羅和我待在同一間酒吧，和里奇蒙的慢跑俱樂部
位於同一條路上，我們都是那裡的會員。我去吧檯拿了些酒，我
們一起喝了幾口。

　　「我曾面臨抉擇關頭。」保羅坦然地告訴我。他溫暖、堅強，
帶著些許哀傷，說起話來很溫柔。「我可以耽溺於沮喪，自怨自
艾，做個受害者；或者我也可以重新振作，趁這個機會做一些事
情，回饋社會。在我找尋自己的人生方向時，也為別人的生活帶
來改變。」

　　他選擇了後者，因此造就他的不凡成就－－同時也是全球數
百萬跑友的無上幸運。2004 年 10 月 2 日，13 名身穿萊卡運動服、
未知詳情的先驅者，於寒冷的週六早晨 8 點 45 分，聚集在倫敦西
南區的灌木公園（Bushy Park）。他們以步行、慢跑或全速前進的
方式（取決於個人）行經五公里的距離。結束後，保羅在附近的
一家咖啡廳裡，把參與者的路跑成績整理出來。跑者們都相當享

受這項活動，沒有人需要長跑之王莫‧法拉（Mo Farah）的即刻救援。大夥在活動結束後，還一起去享用英式早餐。

「最初參與的人只有我和一小群朋友。」保羅解釋。「我召集他們去當地的公園跑步，而我則在附近閒逛，拿馬表計時。我不會說我當時有什麼遠見，也完全沒有想到活動的後續演變，但在我的腦海裡，確實想做一些有趣、有社會包容性的事情。而且這是完全免費的——我想鼓勵各年齡層和體能等級的個人參加，規律地運動，擁抱更健康、更積極的生活方式。最重要的是，要能堅持下去。」

歷時 16 年，共計 715 個地點，166,896 次活動，34,853,835 個路跑人次，174,269,175 公里[6]。週六清晨的公園路跑（Parkrun）已經成為許多人——從絕症患者、重病和重傷病康復者，到名人和奧運金牌得主——每週社交行程或是健康與健身計畫的主要項目，最後甚至還成為國際化的活動，從澳大利亞、日本、新加坡到史瓦帝尼等地皆有跑者響應。

公園路跑與臉書在同一年展開。可以說從它們啟動的那一刻起，馬克‧祖克伯（Mark Zuckerberg）和保羅‧辛頓－休威特就註定不再是默默無聞的小人物了。

「很多人透過跑步大賺一筆，但這有時是很不公平的事情。」保羅說。「我想改變這一切。我想丟一把扳手到既有的社會工程

6　這些數據統計至本書撰寫時，且只適用於英國公園路跑（Parkrun UK）。但公園路跑是有彈性的自發性活動，統計數字每一週都不斷增加中。

裡，成為一名制度破壞者。每個人都有權利做自己想做的事，尤其是跑步！所以我想：為什麼要跟他們收費呢？為什麼要他們為這麼簡單、自然的事情付錢呢？」

但在 2007 年，英國西南部布里斯托北郊的一個宿舍村——斯托克吉福德（Stoke Gifford），當地教區議會投票打破公園路跑的傳統，決定向路跑者收費。根據議會主席恩尼斯特‧布朗（Ernest Brown）所說，這項活動在鄰近的小斯托克已進行三年，卻也成為當地發展的阻礙。起初，這項活動非常低調，只有幾十名跑者參加，但接著就像滾雪球般，發展成每週一次的「路跑大會」，每次都有數百名跑者參與。

布朗宣稱，每週六早上都有 300 多隻腳「衝擊路面」，已經造成「額外的磨損」，引起越來越多民眾關注。這顯然讓議會的主事者們別無選擇，只能要求參與者貢獻「一小筆金額」以「用於道路維護」。

布朗開啟一個危險且不必要的先例——威脅要破壞這項活動的創始原則。參加路跑的基本費用只有一英鎊，但那不是問題所在。收取費用不僅僅是擺錯重點，這跟保羅的原意根本就是兩個平行宇宙。輿論譁然。而讓保羅失望的是，這項活動竟然因此停辦了。

「公園路跑的核心，議會似乎完全不明白。活動必須得是免費的。」他告訴我，顯然對這個決定仍然感到困惑。「這完全沒得商量。我的意思是，想想看，如果這裡的跑者要付費，而其他在世界各地的人卻不用，那想參與的人到底要怎麼辦？」

嗯，可能還是有討論空間的，我語帶保留地說。

其他論點和反對意見如雨後春筍般湧現。物理學家得出結論，額外的路面磨損幾乎可以忽略不計。假設每週六早上的人流越來越多，每跑一次將使小斯托克的柏油路面壓縮一公釐的負二十次方，那麼到下一個冰河世紀時，柏油路面下降的總高度將相當於一張瑞茲拉超薄（Rizla Super Thin）菸紙的量。相較於參加者生活品質與健康效益的提升，以及節省國民醫療系統資源的考量，這或許可以視為一點小小的代價？就連前女子馬拉松世界紀錄保持人寶拉‧雷德克里夫（Paula Radcliffe）也被捲入這場爭論，她表示該議會的決定「相當沒有遠見」。

我們拿了菜單，進入酒吧的餐廳區吃點東西。準備就座的時候，我丟出一枚重磅炸彈。我提醒保羅，真正的難處在於**形上學**的原則，而不是物理學。應該在哪裡劃下界線？確切地說，是從哪個時間點開始，參與人次變得超出容忍程度？從路跑鐵粉隨興地在鴨塘邊聚集開始，轉變成一次次聲勢浩大的行軍；參加者有穿吊帶褲裝的貓王、彩虹色的天線寶寶、五花八門的恐龍、超級英雄和皇家海軍陸戰隊……這項活動的門檻在哪？

最初，保羅和 13 名跑者組成的團隊，可能是斯托克吉福德教區的居民和掌權當局可以接受的。然而，一個 400 人的軍團就不見得如此了。這個明顯的差距很容易就可以判斷，但越是深入探討公園路跑的轉變，邏輯也變得越來越模糊。我們很容易就能看出 13 和 400，或 50 和 350 的差異。但是 175 和 225、195 和 205，或是 199 和 201 之間的差別呢？如果，就像我在前言提到的，

我們需要壓按現實的摺痕，以理解周遭的世界──把灰色轉為黑白──那麼，確切地說，我們究竟該從何下手呢？

保羅告訴我，現在**已經有**一個分界線，就是 300 人。但這完全是由跑者自己而非地方當局決定的。從他們收到的回饋來看，當數字接近 300 時，民眾就會開始覺得擁擠。那正是我的觀點。**大約 300 為限**。但是，如果在公園有 301 名跑者，人們會注意到嗎？302 名，或是 303 名呢？保羅聳聳肩，他明白了。但他同時也意識到，這件事必須在某處設立截止點。

我也明白了。劃線是絕對必要的。但當你所處的位置越接近決策的畫布，畫面就被放得越大，因此所見的分類筆觸、清晰度就降得更低，畫面也越分崩離析。

當然，這不是一個嶄新的現象。比方說，幾千年前，《舊約聖經》（*Old Testament Bible*）的《創世紀》（*Genesis*）中有一個故事，裡頭描述的上帝處境，與受人尊敬的斯托克吉福德教區長老們頗為相似。故事中，索多瑪（Sodom）和蛾摩拉（Gomorrah）鄉民的某些行為令上帝震怒，以致於決定給這些偶像崇拜的可憐蟲一些教訓，並用燃燒彈將其殲滅。

亞伯拉罕──顯然比他的老闆更具同理心和情商─ 對於這起干預計畫持慎重的保留態度，並針對燃燒彈攻擊意圖背後的智慧，與他的易怒上級進行了冗長的辯論，更特別強調拋出種族滅絕火球可能帶來的負面公關效應。

但是，一個人有膽量做出如此極端的判斷，也意味著他必須有膽量落實執行它（至少到一定的程度）。你必須準備好劃下界

線。但是要劃在哪裡？劃在哪裡能夠比較有把握呢？

　　聖經經文的發展很有啟發性。神並沒有摧毀整座城市——把「虔誠的」與「邪惡的」人一起殲滅。根據《創世紀》的記載，亞伯拉罕設法說服上帝「做對的事」。只要這個不堅定、墮落的城市裡還存在「一定數量」的善良靈魂，就須給予索多瑪和蛾摩拉的不敬者些許天國的寬宥。經過亞伯拉罕不屈不撓的討價還價，這個「善良靈魂」的限定數量從 50 開始逐漸減少，從 45、40、30、20 再到 10，但即便降低至 10，它也仍是一個任意的截止數，或者，也可能只是亞伯拉罕決定放棄的那一刻。

　　那麼，該在哪裡劃線呢？答案很簡單，就是：沒有辦法。這個問題就像滑溜的、危險的、令人理智分裂的哲學香蕉皮。難道因為民眾在最後一刻才報名路跑活動，導致所有人都必須掏出一英鎊，來換取大夥一起跑步的快樂，就應該否決他的參與資格嗎？難道只因其中一個「善良靈魂」出了城，使得法定人數低於上帝設下的 10 人，我們就應該要目睹一場毀滅兩個文明的燃燒彈大災變嗎？

　　2020 年 3 月 12 日星期四傍晚，隨著新冠肺炎危機加劇，首席顧問多明尼克・卡明斯（Dominic Cummings）據傳在專家策略顧問團（SAGE，Strategic Advisory Group of Experts）會議上見識「多景演示轉換」（Domoscene Conversion）、審查了義大利一連串令

人絕望的事件之後，便放棄提倡所謂的「群體免疫」策略，轉而支持社交距離政策。

提倡群體免疫策略的人，其觀點是疾病應自然發展，以使大部分（年輕的）人口能夠產生抵抗力，從而防止未來災難性的「第二波」大爆發。支持者認為，以這種方式戰略性地控制疫情，可以最大限度地降低經濟損害，讓更多人有機會繼續工作。但無可否認的是，此做法也會致使最脆弱的社會成員——老年人和受原病症所苦的人——承擔更高的死亡與重病風險。

值得注意的是，唐寧街（英國重要內閣官邸）強烈否認關於群體免疫主張轉彎的消息。對於該說法的出處——《星期日泰晤士報》（*Sunday Times*）的一篇文章，政府將其視為「誹謗性的造謠」。但是，讓我們站在卡明斯顧問的立場想一想。假如你的決策，將改變英國整個世代的面貌，那麼在什麼時間點、劃下什麼數值界線，才會是合理的呢？

據文章中引用的某位白廳高層人士所稱，英國首席醫療官克里斯・惠堤（Chris Whitty）教授和首席科學顧問派翠克・法蘭斯爵士（Sir Patrick Vallance）前一週曾被告知，新冠肺炎的死亡人數預計約為 10 萬人。之後突然間，不知從哪裡出現了一個「恍然大悟」的契機，大家開始明白這項估計數值實在保守得太危險。

「實際上，未經刪減的數字，死亡人數是 51 萬。」《星期日泰晤士報》消息人士進一步解釋。「官方給我們的數字是 25 萬人。至少 25 萬人已經不幸殞命，我們居然還收到『不採取進一步行動』的指令。這時我們不禁想問：『進一步行動』的定義究竟是？」

我們都在同一條船上。

但如果死亡人數是 5 萬呢？或是 5 千？或是 5 個人？我們是否應該為了追求經濟穩定，而「放任任何一個人死亡」？

如果是這樣，問題又來了，我們應該在哪裡劃線？

哲學沙塵暴

2012 年 5 月，哲學家拉吉‧瑟蓋爾（Raj Sehgal）博士從曼徹斯特市球場（Manchester City's Etihad Stadium）的看臺上，見證了當時女王公園巡遊者隊（Queens Park Rangers）球員喬伊‧巴頓（Joey Barton）對抗冠軍選手隊的瘋狂一分半鐘。喬伊顯然瞬間成了犯規狂熱者；肘擊卡洛斯‧特維茲（Carlos Tevez）的臉，踢了塞吉歐‧阿圭羅（Sergio Agüero）的腿部後側，然後試圖用頭撞文森‧孔帕尼（Vincent Kompany）──他因為這一連串舉止被趕出賽場，隨後甚至遭禁賽 12 場。

在深感訝異、震驚和好奇之餘，拉吉決定寫信給喬伊。當時的喬伊很喜歡引用尼采的話。拉吉心想，也許加深他對核心哲學原理的認知，可以使他成為一個更好的人；或者至少能在短期內，幫助他理解足球和混合格鬥（Mixed Martial Arts）之間的區別。

令拉吉驚訝的是，喬伊接起了他的電話，表示自己有興趣更進一步瞭解。幾週後，喬伊的身影出現在倫敦西部的羅漢普頓大學校園中。他開始參加若干年前、拉吉創立的系上開設的哲學輔

導課。這個發展實在是超乎想像。喬伊曾被《泰晤士報》（*The Times*）描述為足球界最糟糕的球員；雖然他無法一夕之間成為頂尖人才，但在拉吉的協助下，他已經改變了許多。

我第一次見到拉吉，是在中倫敦某間錄音室的地下室。當時我受邀參與喬伊的播客（Podcast）「邊緣」（The Edge），而拉吉一年多前放棄了他在羅漢普頓大學的哲學教務，轉而擔任該節目的執行製作人，在玻璃後面操控旋鈕和滑桿。他有一種寶萊塢財主的氣質——冷靜、沉穩，穿著單排鈕墨色西裝，黑白相間的頭髮往後梳齊，整個人散發煥然一新的自信。該集節目的談話主題是「才華的黑暗面」，正是我的專長項目。我跟拉吉簡直一拍即合。

幾週後的晚餐時間，我們在萊斯特廣場附近的一家餐廳，進行了首次的「沉浸式哲學」探討。伊比鳩魯是我們的第一個討論主題，過程進行得相當順利。我們甚至考慮未來的聚會時光都要花在這位古希臘哲學家身上。餐點送齊後，拉吉探詢我當時正在研究的議題。他想知道，除了精神病患（我前作中的熱門主題）之外，我還有沒有其他興趣。我告訴他，我正在探究黑白思考這件事。

他說：「凡事都必須有條界線。否則我們不但不知道該在哪裡喊停，甚至摸不清要從何**開始**。」

我同意，並重述了琳恩・金賽和單腿紅腳蚱蜢的故事。我告訴拉吉，金賽之所以能逮住文森・布拉得，是因為她能夠在蟲子、飛蛾和蒼蠅等相似物種之間，劃出那些薄薄的、細細的，越來越

深入細微差異的鱗翅目學分類線。事實上，她劃出這些線的那瞬間，就代表了布拉得滅亡的開始。同樣需要界線標示出起點與終點的事件，即是公園路跑。人數必須有個上限，如果沒有的話，就可能會導致混亂。整個活動就不只是公園路跑，而是公園超跑了。

　　但究竟該在哪一點劃線？這就是問題所在了。究竟是在什麼時間點，一個毫不起眼的社團，竟演變成一個國際型活動？黑會變成白嗎？

　　拉吉看著我，好像我剛剛又長出了一顆頭（要是真的能有兩顆腦袋就好了）。顯然，我的心理學直球，剛剛打進他那完美無缺的哲學圍欄內，而他似乎沒有打算急著把球還給我。「親愛的朋友，在你的學識旅途中，」他問道，「是否聽過所謂的連鎖悖論（Sorites Paradox）呢？」

　　這個問題，並不是真的需要解答。而當我開始回話時，拉吉打斷我。「你顯然沒聽過，不過別擔心，沒關係的。照理說，你也不太可能聽過，對吧？還記得我們第一次見面的時候，你說了什麼嗎？哲學就是漫無目的的心理學。那哲學到底能帶給心理學什麼呢？」

　　我瞬間領悟自己的自大，同時發現，其實答案非常多；劃線有了明確的形式──就從沙子開始。

　　連鎖悖論（Sorites Paradox）是有史以來最難捉摸的悖論之一。事實證明，它對邏輯和理性的攻防是如此堅不可摧，即便在 2,500 年後的今天，關於如何解決這項悖論的辯論仍層出不窮。這個難解

之謎出自亞里斯多德的同代人，一位名為歐布利德斯（Eubulides）
的希臘哲學家。而它的名稱 Sorites 則來自希臘文 soros，意思是
「堆」。

　　請看圖 2.1a 和 2.1b。圖 2.1a 是一堆沙，圖 2.1b 則不成堆。

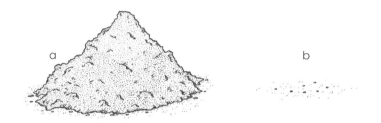

▲圖 2.1a：一堆沙；圖 2.1b：不成堆的沙。

　　目前為止，一切都很正常。但現在假設以下兩個前提為真：

　　1.　一粒沙子不構成一堆。

　　2.　僅僅是多一粒沙子，改變的幅度太小，對某物是否成堆毫
無影響。

　　（亦即，在不成堆的沙子中加入一粒沙，依然不足以構成一
堆沙。）

　　突然間，我們就被一連串的邏輯連續命題困住了：

　　1.　一粒沙子不構成一堆沙。

　　2.　兩粒沙子不構成一堆沙。

3. 三粒、四粒或五粒沙子也不構成一堆沙……以此類推。

　　這意味著（見圖 2.2），單純從邏輯的角度來看，兩張圖所展示的例子（圖 2.2d 即是圖 2.1a）皆不成堆。因為在整個已知和未知的宇宙範圍內，對於構成一堆沙的必要或足夠沙粒數，並沒有確切定義。圖 2.2c 和 d 可能比 a 和 b 看起來更像沙堆，但是我們沒有辦法將其定義為此。因為假設從圖 2.2a 開始，逐次增加一粒沙，那麼就「增加一粒沙，不影響成堆與否」的邏輯而言，這些沙粒永遠不可能形成一堆沙。

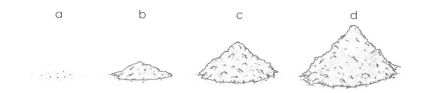

▲圖 2.2 a、b、c、d：不成堆的沙。

　　多年來，連鎖悖論已經讓哲學家傷透腦筋。顯然，就算不運用任何數學運算，我們也能判斷圖 2.1a 描繪的是一個沙堆，而圖 2.1b 則否。然而，一旦跳脫單純的沙堆問題，進入更為重大、並帶有情緒化的決策，則其牽涉範圍就會變得明顯、容易察覺；如同公園路跑事件。比方說，假如我們用生與死代替沙粒和沙堆，來探討「輔助自殺」這項議題。一個是英國連續殺人犯——家庭醫生哈羅德・希普曼（GP Harold Shipman），他對毫無戒備的病

人注射致命藥物[7]；一個是絕望、悲傷的丈夫，對他罹患絕症40年、長期處於痛苦中的妻子注射致命藥物。他們做的事情是一樣的，但這兩者在我們眼中有明顯的區別。

還是其實他沒有不同？有的人會說，謀殺就是謀殺。

有人因吸毒過量而死，有人一輩子抽菸，最後死於肺癌。這兩者之間也有明顯的差別。

真的有差嗎？一種情況可能造成偶發性的衝動行為；一種情況可能構成潛伏性、致命的慢性自殘行為。但兩者的結果是一樣的。

那性別呢？如前所述，臉書的下拉式功能表中，有大約70種不同的性別選項，包括性別酷兒（genderqueer）、泛性別（pangender）和雙靈（two-spirit）。即便就表面上來說再清楚不過的生物學分類，實際上也並非像看起來那樣簡單。

生命是被一粒粒微小元素推進的，但我們的注意力卻只會被成堆的事物吸引。

有人駁斥連鎖悖論是弔詭的無稽之談，是哲學在主流現實岸邊的滲漏；但是它並沒有那麼容易被否定或擱置一旁。1834年，在歐布利德斯開始數沙子約2,500年後，德國醫生恩斯特・海因里希・韋伯（Ernst Heinrich Weber）被許多人視為實驗心理學的創始人。他在人類心理物理學未經探索的清澈水域中，發現了一個推

7　希普曼在2000年被判有罪。他照顧的病人，每一位都慘遭毒手，受害者很可能多達250名。

論。**最小可覺差**（Just Noticeable Difference，JND），指的是刺激物——例如語氣、色調或物理感覺——必須變化的最小程度，以使前後差異可以被察覺。

　　所有五官能夠觀察到的最小可覺差，包含在韋伯定律（Weber's Law）中：

$$\frac{\Delta I}{I} = k$$

　　其中，I 是在時間 1 的刺激強度，ΔI 是使時間出現最小可覺差所需的閾值增加幅度，k 是兩者之間的比率。此比率在改變上述特定刺激的所有實例中，對任一個體維持不變。

　　舉個簡單的例子。以聲音為例，想像一下，若我給你一個 50 分貝的連續單音（即 I = 50），然後慢慢增加分貝值，例如將音量提高 5 分貝（即 $\Delta I = 5$），你才可以察覺到音量的變化。在這種情況下，最小可覺差為 5 分貝，而初始音量與最小可覺差的比值（k）就是 5/50 = 0.1。意思是，使用這些資訊，我可以預測你對未來音量的最小可覺差。比方說，如果我們一開始用 70 分貝的音調，我就必須增加 7 分貝—— 7/70 = 0.1 ——你才能聽得出差別。

　　就哲學和生物學觀點來看，韋伯定律的意涵重大。一方面，從進化的角度而言，我們可以得知感知能力的臨界點。在這些臨

界點上，天擇判定了人類大腦記錄變化的重要性。當你走到馬路上，看到一輛公車向你疾馳而來，肯定會吸引你的注意力。然而，從嚴謹的邏輯角度來看，歐布利德斯和連鎖悖論仍然掛帥。我們每分鐘都會越過數百萬條線，只是我們沒有注意到。若是串聯一系列連續的次臨界點差，雖然該序列的起點和終點間的變化幅度可能顯而易見，但是其中的過渡則看似沒有變化。想想牆上的鐘，以及時針不易察覺的移動。

時間的流逝是灰色的，但我們對時間的認知卻黑白分明。

早在 1990 年，美國哲學家沃倫・坤恩（Warren Quinn）就讓歐布利德斯和韋伯正面對決，上演一場巧妙絕倫的悖論。這完全是連鎖悖論的翻版：**自我折磨者悖論**。想像一下，我有一臺可攜式裝置，它能夠用非常小、小到你無法察覺的電流增量，把電傳導到你身上。這個裝置有 1,001 種設定，0 是「關閉」，然後是 1 到 1,000（劇痛）。現在假設我將你連接到這臺裝置，調節器初始設定為 0，並提供你下列資訊：你可以依照喜好無限期保留這個裝置，但是有一個條件——你必須每週將調節器調高一個檔次。每轉一圈，你就會得到 10,000 英鎊，但是你永遠無法重置或回到先前的設定。

最後，重點來了。即便到後來你覺得太痛苦了、無法堅持下去，但又不想放棄已經積累的財富，那你仍然必須繼續忍受痛苦，直到過完餘生。

你願意接受我的挑戰嗎？

我們可以看出問題在哪裡。「現實」告訴你，你將發狂地嚎叫，

哭著請求結束這項挑戰。然而，另一方面，連鎖悖論卻施展它的魔咒：你認為無論把調節器調高多少個檔次，那些痛苦的沙粒永遠也不會成堆。

時至今日，拉吉‧瑟蓋爾仍然非常得意。他說的沒錯。連鎖悖論正是公園路跑和索多瑪與蛾摩拉城市的問題。無論是減少參加人數，或是保留善良靈魂，都在沙裡完美地哲學化。再舉個例子，把分次增量的微伏特替換成香菸、軟糖聖代或咖啡包，就能對吸菸者、體重控制者和消化不良的宿醉照顧者的困境一目了然。問題的浮現和危險的積累不是快得讓我們無法察覺，而是太慢了，所以我們需要劃條界線，防止事情超出掌控。

然而，在花了一些時間去瞭解之後，我最先感到驚訝的是，日常生活的連鎖效應其實與「過度」的危害無關，辛勤工作、休閒路跑或軟糖聖代更是影響甚微。真正的關鍵是我們彼此間的溝通方式，以及我們如何說服和影響他人。

大約 2,500 年前，在柏拉圖的《理想國》（Republic）中，希臘哲學家蘇格拉底提出一個很有名的說法。他把我們對現實的感官認知，比擬成一群上了鐵鍊、生活在洞穴的穴居人；背對著洞口、直視前方，檢視從面前那堵牆透入的、外部世界的片面折射。蘇格拉底認為，這些光影組成了人類模糊、縹緲、定義不清的純粹現實——由永恆、不朽的原型所構成的真實世界。

但是他錯了。

心理學將觀察者旋轉 180 度，讓這個象徵說法栽了個大跟斗。與蘇格拉底的說法恰恰相反，心理學主張是**現實**本身界線模糊。

人類並非基於對其差堪完善的認知，或是與生俱來的分類傾向，認為真實是「純粹」的**我們**。我們觀察周遭環境中的模式，盡己所能將其描繪出來；我們在沙子上劃線，以便從漸變的、灰階的、無限連續的環境模式中區隔出意義。

這會帶出一些問題，尤其當事件涉及決策，或是需要下定決心、考慮可行方案的時候。舉健康問題為例，各家媒體的新聞頭條可能有以下幾種：「睡眠充足，有益健康」、「忘了 8 小時睡眠──我們只須睡 6 個小時」；「壓力會減壽」、「壓力對生活有好處」；或是「口罩無法有效抵擋新冠肺炎」的標題搭配「首相強森表示，英國解封後，國人應配戴口罩」。像這樣衝突、吸睛的標題是媒體主力，而且民眾很吃這一套。吸引我們大腦的不是真相，而是確定性。能抓住人們注意力的不是穩定、深思熟慮的分析評論，而是大膽、自信的斷言。

這與說服力和影響力的關聯相當大。如果理性爭論的構建包括經過控制、系統性地將一粒粒精心收穫的理性，逐一加入基本前提或原則的理論核心，那麼大部分情況下──特別是在時間緊迫的情況下──我們就容易喪失邏輯。一套精心構建的論點，對於我們二元思維的黑白大腦而言，比起如同一記猛拳、出手就能擊中要害的果斷言論，吸引力實在小太多了。

我們會不由自主、無可奈何地被吸睛、完整或無法否認的結論所左右，最後可能招致潛在的災難性後果。或許在很久以前，人類祖先的世界一直是黑白的，但現在是灰色。我們劃線以創造對比。因為藉由鮮明的對比並置，我們才能清楚**看見**。但反差越

大，我們看見的細節就越少，如此一來，無知和誤判的可能性就越大。

| 第 3 章 |

類別衝突

光明只有在與黑暗有所關聯時才具有意義；真理則
須以錯誤為前提。正是這些混雜在日常中的對立，
使生活變得辛辣、令人陶醉。我們只能於這般黑白
衝突的地帶中存在。

——路易・阿拉貢（Louis Aragon）

1999 年 11 月 13 日，在拉斯維加斯的凱撒宮，英國拳擊手雷諾克斯・路易斯（Lennox Lewis）擊敗了美國的伊凡德・霍利菲爾德（Evander Holyfield），成為毋庸置疑的重量級世界拳王。比賽整整進行了 12 回合，最後裁判一致判定路易斯獲勝。宣布結果時，英國觀眾都樂瘋了。這場勝利的果實特別甜蜜。就在 8 個月前，同樣的兩位選手在紐約麥迪遜廣場花園搏鬥。在那場賽事中，路易斯因為裁判的不公判定而錯失冠軍。這一次，他正大光明地奪回了屬於他的榮耀。

在擠滿保安、記者和兩方人馬的競技場裡，支持觀眾蜂擁到綁著辮子頭、滿臉汗珠的路易斯身邊向他道賀。在場的人除了霍利菲爾德的支持者，還有自詡為拳王的唐・金（Don King）──他照慣例打上了黑色領帶。那些沒有打領帶的人，除了教練和角落的執法人員外，都穿著樸素的商務西裝。但是有一個人卻特別突出，顯得與周遭格格不入。

個子矮小、態度輕浮的法蘭克・馬隆尼（Frank Maloney）是路易斯的經紀人。他曾被唐・金形容為「瘋子矮人」和「拳擊侏儒」。他穿了一套「聯合傑克」（Union Jack，英國國旗）色系的突兀西裝，在滿座的競技場及付費觀看賽事的數百萬拳迷面前招搖巡行。

這套西裝已經變成他的標誌。在拳擊賽事的重要場合，他都會穿這套西裝出席。這套服裝就許多方面而言非常適合他，完全是他個人風格的展現。固執、厚臉皮、粗魯、大膽、無恥，永遠的表演者。30 多年來，法蘭克可以說是拳擊運動的教父之一。無

論是在煙霧繚繞的房間裡、汗味滿溢的健身房中或穿著清涼的小報模特兒身旁，他都能悠然自得，對男性更衣室裡戲謔的俏皮話更是反應敏捷。

這套西裝根本就是法蘭克的形象。

15 年前，在拉斯維加斯的聚光燈下，一個充滿睪固酮刺激的夜晚，法蘭克成了史上第一位打造出英國重量級世界冠軍的經紀人（此一壯舉直至最近才被泰森・富里（Tyson Fury）的經紀人麥克・海尼西（Mick Hennessy）追平）。

我和**她**坐在肯特郡一家名為「第一章」的餐廳吃晚餐。米字旗西裝早已不見蹤影。現在的**他**叫做凱麗（Kellie），身穿設計師唐娜・凱倫（Donna Karan）的紅色連身裙，上身搭了一件時尚的灰色羊毛衫；鞋子是黑色的 Jimmy Choo，鞋跟不高；配戴一只海軍藍的 Moschino 手提包。她齊肩的莓金色頭髮梳理得相當平整。

但她仍然說著法蘭克的聲音：健壯的男孩，操著 80 年代倫敦南區考克尼的口音。

「我一直覺得自己生錯了身體。」她說。「從我有記憶開始就這麼想。但我下定決心，絕不會讓這種感覺擊敗我。就像一場拳擊賽，我時時刻刻都處在比賽中，它就是我的對手——一個我無法擊倒，但希望能跟它保持距離的危險對手。」

當然，她不能告訴同行的任何人。

「他們不會放過我的。他們會讓我穿著比基尼，在每一回合開始時舉牌繞場。我唯一能說話的對象是一位祕密治療師，我甚至把他設定在快速撥號名單上。有一天，我真的很生氣，在電話

裡大喊：『永遠不要叫我變性人！』他說：『但你是啊，約翰[8]！你就是！』然後我問：『你怎麼知道？』他說：『因為你一直打電話給我啊！』」

凱麗告訴我，在她還是法蘭克的時候，就經常去女裝店買衣服，然後再慌張地扔掉，甚至連試穿都沒有。這個舉動算是一種釋放，但他很害怕被發現。

「現在我是個女人，大多數人也已經可以接受這件事了。我還記得在我開始變性後沒多久，曾經偶遇競爭對手的投資人。我當時穿著一條長裙和高跟鞋，還戴了假髮。『去你的，法蘭克。你變了！』他這麼對我說。」

我在一年多前第一次見到凱麗，當時我們在倫敦的「說運動」（talkSPORT）電台活動中同台。我對梅威瑟（Floyd Mayweather）對上巴喬（Manny Pacquiao）的拳賽分析讓**她**很驚訝；而她對精神病患者的背景知識則讓**我**感到驚豔（她告訴我：「那是在拳擊比賽這行待 30 年的結果！」）。活動結束後，她問我最近在忙什麼，我告訴她，我在探討人類歸類世界的方式，以及大腦如何把所見所聞放入小小的認知盒子。

我提到了亞里斯多德。

大約 2,500 年前，希臘哲學家是最早談及「類別」的群體之一，更因此成為我們現在所謂「古典分類理論」的設計者。該理論包

8　即便當時是透過電話與治療師聯繫，但因為害怕走漏風聲，凱麗並沒有使用真名。

含四個主要前提，其中兩項特別引起我的注意。

　　首先，亞里斯多德提出，分類是黑白分明的，各個類別之間存在著固定不變且定義清楚的界線，沒有灰色地帶，沒有模糊的分線。這與連鎖悖論原則形成鮮明的對比。因此，挪用先前的天文學比喻，任何一顆單獨的星，在特定的分類天空中，都明確屬於「一個」，並且只能屬於那片天空中的一個星座類別。或者，以連鎖悖論的用語來說，根本沒有「堆與堆之間」、「類別和類別之間」，只有成堆和不成堆。

　　第二，亞里斯多德曾明確指出，類別的特點是，所有成員都須具備一組「必要」的屬性。換句話說，為了屬於某個類別，單一項目必須要能勾選特徵列表上的每一個方框，滿足所有合格標準。而且，這些標準中，每一項對於定義成員資格都同等重要[9]。

　　當我說完後，凱麗已經將手伸進手提包裡，拿出一本書。那是她自傳的新書樣本，上面印著完全不亞里斯多德式的書名：《坦白的凱麗》（*Frankly Kellie*）。「如果你在尋找新的研究文本。」

9　其他兩個前提是：（1）單一類別中的所有成員都是平等的（番茄和蘋果一樣是水果）；（2）一旦確立了所有必要的歸類標準，這些標準對於該類別成員身分而言即是「充分的」，不再需要其他特徵。例如：列入歌唱類別可能的「必要」和「充分」特徵中，擁有一副「好聲音」顯然不是必需的（如美國傳奇創作歌手巴布・狄倫），但是能夠保持音準卻是。擁有好聲音不是一項充分的標準，因為有很多人確實有一副好嗓子，但是唱歌卻會走音。結論是什麼？不走音的能力是歌唱類別的必要和充分條件，而擁有好聲音則非。

她把書放在桌子上說。「你會發現這本書很有幫助。」

「妳知道嗎，凱麗。」我說。「妳會讓亞里斯多德頭痛得要命。」

她咯咯笑了起來。「這些年我讓很多人頭痛，老兄。那不關我的事。」

她說的沒有錯。距當時 12 個月後，我們又待在一起，晚飯差不多快吃完了，我們的談話也進入下半場。可憐的老亞里斯多德和他的古典分類理論，在這段談話中受到的打擊，比前任拳王霍利菲爾德在賭城所受的還多。

「你知道嗎？」凱麗問道。「臉書目前列出了大概 70 種性別分類。」

我知道，我說。

「那麼，」她說，「對那些黑白分明的遊說團而言，臉書的最新性別分類策略之於他們認定的事實——人類在長遠歷史中，就只有兩種分類，男人和女人——並不是一項有利的認可，對嗎？」

對，不是。但在今日，古典分類理論基本上已經被推翻了。而認知科學在 70 年代中期，柏克萊大學一位無畏、勇於冒險、深入叢林的年輕心理學家艾蓮諾‧羅許（Eleanor Rosch）開拓性的努力之下，早已接受類別邊緣模糊的概念。即便在當時，亞里斯多德也未能大行其道。他可能從未見過歐布利德斯，甚至連聽都沒聽過，但他的連鎖悖論卻讓對手陷入一番苦戰。

出生於奧地利的哲學家路德維希‧維特根斯坦（Ludwig

Wittgenstein）在 1953 年出版的《哲學研究》（*Philosophical Investigations*）中使用的遊戲實驗，可以用來說明他所謂「家族相似性」的分類理論。維特根斯坦邀請讀者回憶遊戲的概念——棋盤遊戲、紙牌遊戲、球類遊戲、兒童遊戲等**任何**遊戲——看他們是否能發現共同之處，任何一點都行。他得到的結論是，雖然人們似乎可以發現許多相似處，但其認定標準都有點模糊。維特根斯坦指出，大多數遊戲確實具備共同特徵，但沒有任何一個特徵可以存在於所有遊戲中。

　　他寫道：「我想不出比『家族相似性』更適合描述這個情況的詞。因為家族成員之間有各種相似的特性：身材、五官、眼球顏色、步態、氣質等等，以同樣的方式重疊和交錯。而我要說的是，『遊戲』組成了一個家庭。」

　　但凱麗提出一個很好的觀點。事實上，維特根斯坦本人當時也曾提出這個觀點，而正如我們所知，大膽的艾蓮諾・羅許也發現了這一點。

　　她觀察到，「只因為類別不明確，並不代表你不知道其中的內容。我們可能無法在『遊戲』和『遊戲的反義詞』（非遊戲？）之間，或在『男人』和『女人』之間劃出明確的界線，但這不表示遊戲、男人和女人是不存在的。當我們看到一個遊戲時，我們都知道那是什麼。大多數時候，當我們看到男人或女人的時候，也都能迅速做出判斷。」

　　換句話說，當我們一次只增加一個顆粒時，我們的黑白大腦可能無法清楚劃出一堆和不成堆之間的界線，無法追蹤和確定類

別間的顆粒、增量或模式轉換。但如果把「一堆」和「不成堆」並置，我們馬上就能發現其中的差別。一邊是充分的黑，另一邊是充分的白。

凱麗告訴我 2016 年的一個案例。英國的寄宿學校協會向教師們發布一個原則，指示他們應該如何稱呼那些跨性別或非二元性別的學生（性別認同不完全屬於男性或女性）。

原則中寫道，教師在稱呼跨性別學生時，應稱其為「zie/zem」而不是「he/him」（他）或「she/her」（她）。「zie」是由先前的代名詞「sie」衍生而來，後者最終因為聽起來太女性化而被否決：「sie」是德語中「她」的意思[10]。

「但是，」凱麗調皮地說，「我們還是有『他』（he）和『她』（she）。世界上還是有男人和女人。」

我進一步探問凱麗，女性化之後，對她的生活和周遭親友的影響。

「孩子們一直叫我爸爸。」她說。「我是他們的父親沒錯，所以他們會叫我『穿連身裙的爸爸』。就你的思考模式而言，我可能不是『爸爸』分類當中最好的例子。我是一個女人，我穿裙子，

---

10 1975年，芝加哥商業傳播者協會（Chicago Association of Business Communicators）舉辦了一場比賽，尋找「她」（she）、「他」（he）、「他」（him）和「她」（her）的替代語。比賽由伊利諾州的克莉絲汀・M・艾佛森（Christine M. Elverson）獲勝。她建議將「they/them/their」中的「th」去掉，創造新字「ey/em/eir」。

但我還是屬於『爸爸』這個類別。所以，黑白二分法根本就不適用。」

我提出幾個新聞案例：一名來自曼徹斯特的猶太變性婦女，想看望她的五個孩子，但家事法庭裁定，這會導致孩子們和她的前妻遭受當地極端正統派猶太教哈雷迪（Charedi）社區的排擠，無法過正常的生活，這項請求因此被駁回。變性婦女反對在孩子的出生證明上被標示為「父親」，因為這侵犯了她的人權——她的律師認為，「父親」這個詞不僅透露了她變性人的身分，也將永遠提醒當事人過去從未真正認同的自我。

連英國醫學會也加入這場戰局。他們在給員工的手冊中，建議員工將「孕婦」改稱為「懷孕的人」，以避免對有懷孕可能的雙性人和變性人造成歧視[11]。

---

11 手冊中還有其他建議，例如：「生理上的男性或女性」（biologically male or female）應該稱為「被指定的男性或女性」（assigned male or female），「天生男性」（born man）或「天生女性」（born woman）這類詞語不適用於變性人，因為這些術語「過度簡化一個複雜的主題」。

　　另外，上面還寫道：「性別不平等反映在男女角色的傳統觀念上。雖然隨著時代已逐漸產生變化，但支撐這些想法的刻板模式往往是根深蒂固的。」

　　手冊印發不久後，有消息傳出，一名出生時是女孩的英國人，以男人的身分生活超過三年，並且正持續服用男性賀爾蒙。為了生小孩，他暫時推遲變性手術的計畫。他是20歲的準爸爸海頓‧克羅斯（Hayden Cross），將成為史上第一位生孩子的「法定男人」。在完成變性手術之前，他請求國民保健署（NHS）冷凍他的卵子，目標便是希望自己幾年後能夠有孩子。

　　「我認為總有某些情況，有些事是必須讓步的。」凱麗說。「同樣的，在某些時候，公眾利益與規則恆定比個人權益更重要。那孩子們擁有『父親』的權利呢？她會不會禁止他們叫她『爸爸』，只因為這會喚起不好的回憶？」

　　我們走到街上，凱麗叫了一輛計程車。我為她打開車門，她快速地坐進後座，動作優雅而準確，就像雷諾克斯的左直拳一樣。

　　她把車窗降了下來。

　　「所以，」我說，「或許再三、五年的時間……有機會看妳穿上米字旗洋裝嘍？」

　　凱麗笑著。「我的腿很美。」她最後說。

他在網路上徵求匿名捐精者，以便能懷孕。自此之後，克羅斯便對自身的經歷百感交集。

他接受《太陽報》（*The Sun*）的採訪時說道：「我對懷孕這件事情感到很高興，但我也知道，這將使我在變性之路上退卻。彷彿我給了自己一樣東西，卻同時拿走另一樣。孕育孩子是一件非常女性化的事情，它違背了我對身體的感受。」

對於國民保健署拒絕為他的冷凍卵子買單，克羅斯補充說：「他們好像在說我不應該生育，因為我是變性人——這是不對的……人們認為男人不能生孩子，但事情沒那麼簡單。這是我唯一的機會。我會讓孩子們擁有最好的一切，我會當最棒的父親。」

分類戰爭

　　從戴維斯市向西行一個小時左右，就是另一所知名學院的所在地——加州大學柏克萊分校（University of California, Berkeley）。它坐落於舊金山灣東岸。始自紐約市的 80 號州際公路，在此處與太平洋交會。我經過里奇蒙市的岔路口時，已是黃昏時分，市內的高速公路燈火在萬花筒般的黃昏中閃爍。

　　在美國西岸的分類實驗室中，我想到琳恩・金賽和麗莎・奧克斯，狗、貓、蝴蝶和蟲子的故事。我從這些分類學巨頭身上學到了什麼？對初學者來說，分類似乎是天生的本能，這一點是理由充分、不容置喙的。如果我們沒有組織世界的能力，或是把經驗分門別類成共用語義的認知叢林，那麼周遭的一切於我們而言都將是一片混沌，沒有絲毫確定性或可預測性。我們將永遠陷在一個無間的連鎖悖論矩陣中。不過，我也從邁克・安德森身上發現，這種神經認知後勤的有效性是有其上限的。如果將這些既存的成堆事物整理得過於整齊、細碎，我們對脈絡間的概括能力就會受限。

　　我最終得出的結論——我從金賽、奧克斯和安德森身上學到：為了使分類具有效力，得以履行其進化的職責並簡化世界，就必須保持平衡。一方是同類別成員之間的最大相似性，另一方，是不同類別成員之間的最大差異性。

　　換句話說，概括是好的，但它的適用範圍僅止於此。大腦必須知道何時該停止。

　　抵達柏克萊的第二天早上，我進了一趟校園。艾蓮諾・羅許教授在名為「音樂祭」的咖啡廳等我。在心理學界，羅許教授是一個傳奇人物。70 年代中期，她帶著一張彩色色譜，藏身於巴布亞紐幾內亞的叢林中進行實驗[12]。當她出來的時候，已經成功收集了一大堆資料，幾乎要把亞里斯多德的古典分類理論徹底轟到九霄雲外。

　　歐布利德斯肯定會認同她的作為。

　　在巴布亞紐幾內亞中部低地的杜根達尼族人（Dugum Dani）詞彙中，只有兩個形容顏色的詞：**莫拉**（Mola）——翻譯過來是「白－暖」色；**米利**（Mili）——翻譯為「黑－冷」色。他們「看」顏色的方式和我們不一樣。然而，當羅許向他們展示她精心挑選的彩色卡片集，其中有各式各樣多色混合的世界級色彩樣本（如郵筒紅）以及一些劣等的、不夠標準的替代品（如西瓜內部的紅色），然後測試他們對這些分階色調的記憶——再次向他們展示

---

12 實際上，羅許帶的配備是一套孟塞爾顏色系統（Munsell Colour）卡片。這些是標準化的色卡，最初由亞伯特・H・孟塞爾（Albert H. Munsell）設計，他任教於今日的麻薩諸塞州藝術與設計學院藝術系。這套系統在20世紀初期，代表了人類對色彩感知的三個向度：色調、亮度、飽和度。一共有329個色片：320個色片代表40種不同的色調，每種色調分為8個不同亮度等級，剩下的9個色片代表「黑」、「白」和7個等級的「灰」。孟塞爾最初的設計目的，是想要系統性地將色彩光譜以三維空間的方式排列。不是基於主觀的、非專業的分類，而是透過嚴格的科學檢驗個人對色彩的視覺反應。因此，他成為世上首位色彩研究者，將色調、亮度和飽和度分離成知覺上一致而各自獨立的維度。

她挑選的色卡，只是這次將它們隱藏在大量篩選過的色卡中。她得到一個驚人且具啟示性的發現。儘管杜根達尼族缺乏多數文明中所謂的「基本」色彩語彙，例如紅色、綠色、黃色和藍色[13]，但是他們對正解的記憶力（郵筒紅和可樂罐紅）比對仿冒品（西瓜珊瑚色和秋葉褐紅色）的記憶力要好得多。

對羅許來說，這關於分類過程的某些根本性要素（稍後會談及這部分）。首先，我們需要瞭解基本色彩視覺的核心原理。簡單來說，我們感知的色彩是處於三度空間的連續體：一個向度是由色調產生，也就是色彩本身；另一個是透過亮度產生，即顏色的光度或暗度；第三個是飽和度，也就是顏色的暗淡或鮮豔程度。比如說檸檬黃就會有高色調、高亮度和高飽和度，而瘀血狀態的黃色，在這三方面的屬性就會低一些。

在色彩的連續體中沒有明顯的邊界，但是人類卻能區分 750 萬種顏色。豐厚、簡略的基本色或「原色」的色調能輕易躍入我們的視線。例如，我們之所以能夠分辨彩虹的「七」種顏色[14]，理由要歸因於潛藏在色彩基因中、人類與生俱來的色彩天賦。檸檬的亮眼、喧囂黃，郵筒或可樂罐的火熱、粗暴紅，代表了色彩框

---

13 第7章中，探討語言決定論的原則時，我們會重新審視語言和色彩感知間的關係。語言決定論原則有時也稱為沙皮爾－沃爾夫假說（Sapir-Whorf Hypothesis）：語言的結構決定了母語使用者的思考模式。在某些情況下，也決定了他們「看」世界的方式。

14 關於基本色、原色和光譜色之間的區別，請見第349頁〈附錄一〉。

格上的主要交叉節點——電磁大都會中，主要的色調、亮度和飽和度感知部落都聚集在一個牛頓大熔爐裡——這些都是色彩世界的超級首都、地圖上的不夜城，就像倫敦、紐約或北京。

這正是羅許的觀點。儘管杜根達尼族人顯然具有與我們截然不同的顏色概念，但他們對這些色彩「主要城市」的記憶力，比起對某些沉悶、缺乏活力、沒有新鮮色彩的郊區記憶力要好得多。如果我們接受相同測試，結果可能也是如此。這提出了既深刻又基本的洞察，對於當時的認知科學領域，是完全革命性的發現。這與亞里斯多德在 2,000 年前提出的分類教條直接對立——關於類別是黑白分明的，具有鮮明、銳利的界線，且所有成員皆共享明確特性——顯然，有些顏色比其他顏色更適合代表某一個特定類別。以前面提及的都市舉例：「政要地帶藍」可以涵蓋市中心、核心商業區；「商業郊區藍」可以涵蓋宿舍區、通勤者居住的郊區；西區則可規劃「酢醬草綠區」以及純屬鬧區的「翡翠綠區」。愛爾蘭作家詹姆斯・喬伊斯（James Joyce）筆下熱鬧紛亂的都柏林灣小城，或許能規劃為「鼻涕色綠區」。這種概念不僅僅適用於「地域規劃」，更可以適用於「狀態規劃」。比如：無害的小感冒流行、普通規模的塞車可以用綠色或黃色標示；大型流感、過年大塞車等等，則可用紅色來標示。

我們坐在一臺筆記型電腦前，上面有數百個不同顏色的方塊，按照光譜盤的順序排列。「就拿紅色來說吧。」羅許說。「有頂級的紅、非常好的紅、還可以的紅、低於水準的紅和不太好的紅。而這之中通常會有一種紅色，在某個人的排名中成為最佳範例，

那就稱作『原型』。這標準會因人而異。跟原型差異越大的紅色，它就越不夠格作為該類別的成員。」

她停頓了一下，手指滑過色譜上紅色和橙色之間、模糊的交界地帶。

「不僅如此，」她繼續說，「顏色類別的邊界也很模糊。有時候，我們很難明確界定某些處於交界處的顏色。比如說這個方塊，它到底是紅色還是橙色？」

我往螢幕靠近一點，再往後退回來。我真的不太確定，它剛好位在中間，既不是很紅，也不太像橙色，還差了那麼一點。

「就像那位拳擊朋友指出的性別問題一樣。」她繼續說道。「就因為你不知道兩性間的界線從何劃分，並不意味著男人和女人不存在。」

這句話意義重大，就算不是從變性人遊說團體的視角來看亦是如此。

我暗示羅許，「男人」和「女人」代表著性別色譜的原型，就像「紅色」和「橙色」，以及那些由杜根達尼族人挑選出來的基本色。而當紅色變成橙色的時候，事情就會變得很有意思了。

「嗯，這是一種說法。」她笑著說。「我想維特根斯坦已經下了很棒的結論。他說在正常情況下，兩個鄰居之間並不需要準確的界線，來標示出各自的土地。他們就是會知道。」

羅許告訴我她在 70 年代進行的家具研究。她請 200 名美國大學生以一至七分的標準，對一系列物品「是否屬家具類別的優良範例」進行評分。項目從排名第 1 的「椅子」和「沙發」，到床

（排名第 13），再到鋼琴（排名第 35），一直到最後排名 60 的
電話。換句話說，就像「色彩空間」一樣，當然也有「家具空間」。
各種類別都有其中心區的原型、樹葉茂盛的郊區，和落後的偏遠
地區。這不僅僅和物件、物質或生理現象有關──如同維特根斯
坦試圖透過家族相似性的概念，來汲取遊戲本質屬性時曾提示的，
思想和觀念也是如此。

　　「鳥類是我經常使用的例子。」羅許說。「古典的分類模型，
亦即亞里斯多德的模型，是全然基於定義而生。因此，舉例來說，
鳥類被定義為某物，擁有特定特徵，例如羽毛、喙和飛翔能力。
而要將某物歸類為鳥類，不僅須具備前述所有特徵，而且這些特
徵都具有同等重要性。這對鴕鳥、奇異鳥或渡渡鳥來說，可能就
很難被列入這項分類。

　　「但在原型範例中，**鳥類**將包括各種鳥類，其中有些鳥可能
會更典型、更接近其定義。比如說知更鳥，就比企鵝或鶴鴕更接
近鳥類的原型。」

　　有道理。進入概念領域之後，一切就變得有趣多了。當世界
逐漸脫離確定的零和解決方案，對於「最不糟糕」的選項越來越
依賴──這不正是原型理論的理想獵場嗎？理論不就是為現代生
活的錯綜複雜、不確定性和模糊性量身訂做，就像連鎖悖論和亞
里斯多德間的中途客棧嗎？所有事物都在一個連續體上，但也許
有些灰色陰影，比其餘的他者「更黑」或是「更白」？

　　我們的大腦在一個不穩定的原始環境中進化。在這種條件下，
人類對世界的二元分類──戰鬥或逃跑，接近或躲避──對生存

來說極為重要。然而數百萬年後，生存規則已然改變，分類表也產生變化。人類更高層次的天賦持續向前發展，隨著時間過去，造就無數的文化和科學課程，也模糊了前人「一」和「零」的黑白世界，將其轉換為無止境的灰階地平線。然而，棋盤式思考仍持續分割和統治著我們。就像來自古老遙遠星系的化石光一樣，我們的大腦反映了史前的微光，包含前人晦暗過往裡的所有需求和危急關頭。

　　某種程度上，維特根斯坦是對的。然而，在正常情況下，事物類別並不是問題所在，就像當隔壁鄰居站在自家後院時，我們都會「知道自己所處的位置」。但是比起透過花園圍欄聊八卦，人生更像是場網球賽；許多關鍵動作並不出現在球場中央，而是在邊線上。更多時候，我們並**不**清楚自己站在哪裡。

　　當然，在網球賽中，唯一具有意義的類別是：**界內**或**界外**，而遊戲、招式、比賽和冠軍都可能取決於不到一毫米的差距上，就劃定兩邊的界線。在生活中，其利害關係往往更加複雜，邊線細得不可估量。舉例來說，以**對**與**錯**取代**界內**與**界外**，你就會發現問題所在。在道德理智岌岌可危的法庭邊界上，良知往任何一邊偏一公分，就能輕易地決定生死。而對與錯沒有本體論上的「鷹眼」來建立其絕對的確定性，說一不二。事實上，球與邊線的距離越接近，兩個類別間的界線就越模糊，裁判的判定也變得更具推測性、獨斷性和道德上的不確定性。

　　如此看來，球場上的邊線也就顯得不那麼黑白分明了。

　　遭受暴力襲擊的受害者躺在醫院的病床上，陷入深度昏迷。

有三個月的時間，他們沒有表現出絲毫意識，僅靠維生系統存活。什麼時候，這些人會從**活著**的類別轉換到**死亡**的類別？另外，在什麼情況下，襲擊者才會被視為犯下謀殺罪？本書撰構時的紐西蘭及 90 年代中期前的英國法律均規定，如果受害者在遭受攻擊後的一年零一天內死亡，且能證明其死亡原因與該次襲擊有直接關係，那麼加害者將因謀殺罪遭受審判。這就是為什麼裁判長暨賽事指揮官大衛‧達肯菲爾德（David Duckenfield），在 1989 年希爾斯堡（Hillsborough）足球場災難中，被指控因嚴重過失而殺害了 95 人，而不是 96 人——第 96 名受害者於醫院逝世前，昏迷了將近四年。因此，當時的法律並沒有將此受害者納入審判。

但是，如果像公園路跑的謎題一樣，將其套用連鎖悖論呢？如果在 366 天又 1 秒之後，關閉了受害者的維生系統，結果會怎樣？襲擊者是否就能逃脫謀殺罪名，轉而面對重傷害罪審判？若早個一、兩秒關閉維生系統，又會有什麼後果？ 1961 年以前，紐西蘭還經常對謀殺罪犯判處絞刑，1965 年以前的英國亦然；幾秒鐘的差別，會不會就使加害者命懸一線？

對於未出生者的身分問題，我們也面臨類似的界線困境。在個體發育過程中，人類什麼時候從**胚胎**的類別過渡到**人**的類別？是第 24 週，大腦活動開始的時候？又或是第 28 週，就像 1967 年代的主張？還是亞里斯多德認定的：男性 40 天，女性 90 天？如果是天主教徒，就從受孕的那一刻起算？如同在顏色的連續體中不存在視覺邊界，在發育的連續體中也不存在生物邊界。胚胎從單細胞受精卵逐漸成熟為新生嬰兒，這其中並沒有一個定義胚胎

的大爆炸時刻——當「人格」的奇異性不可逆地在體內爆炸開來的瞬間。

那麼，在關於墮胎的辯論中，試圖量化出生前色譜上的一點，將其視為「人格」的開端，真的具有任何意義嗎？在英國，合法的墮胎規定為 24 週內，但這到底有什麼意涵呢？假設兩個女人在火車上相鄰而坐，一個女人肚子裡有 23 週又 6 天大的胎兒，另一個女人肚子裡，有著提早了 24 小時受孕（僅為辯論而假定）的胚胎；這是否意味著，比起後者，前者的胎兒就不那麼「人」了呢？

這不就像是為了一粒沙子而爭吵嗎？

或者，我們可以思考下述情況。醫生團隊正奮力挽救一個 23 週早產兒的生命，與此同時，在同一家醫院的同一條走廊上，一名婦女合法地對同樣孕期的胎兒進行人工流產。

這問題相當複雜，也很令人不安。然而，我們必須生活在這樣的黑白世界之中。如此鮮明的存在主義式二元對立，是我們與現實不一致的必然結果；是我們無休止地追求生存的條款和條件。在這個世界上，我們必須透過二元分類的視角，來認知難以覺察的漸變景觀。

讓我們換個角度來看。在人類生命週期的模板深處，是否存在某個特別指定的時刻、某個莊嚴重要的日子——當隸屬於**中年**類別的人突然被歸類為**老年**，或者當隸屬於**年輕**類別的人突然變成了**中年人**？

顯然沒有這樣的時刻。

那我們為什麼不能接受相反的情況呢？亦即，在子宮內的色

譜時間線上，並不存在一個特定的點，是一堆細胞的集合、一片基因星塵的疹子，會突然爆發成為一個完整成型的「人」？

劃定界線有其重大之處，因為即便是未出生的孩子，有時也會受到性命威脅。在**人**與**非人**之間，我們不得不劃出一道僵硬、沒有彈性的界線，以在**謀殺**和**非謀殺**這兩個類別之間，導入犯罪學的氣圍。然後，我們就可以在謀殺和非謀殺這兩個類別之間再進行一次二分法，來區分對或錯。為什麼要這麼做呢？因為我們不能不先對認知的原料——事實、數字、基本資訊——進行分類，就做出任何形式的決策。

年輕人、中年人和老年人的生活，都同樣受到法律保護。奪走一名 14 歲孩童的生命，如同戕害一名 44 歲成人或 104 歲高齡老人的性命，都一樣罪不可赦。一旦我們出了母胎，年齡就不那麼重要了。相對來說，我們是安全的。關於人類存在的形而上地位，沒有歐布利德斯式的誹謗，也沒有基於細胞數量的連鎖悖論式決策。

我向羅許講述幾年前在愛爾蘭發生的悲慘事件。2012 年 10 月，31 歲、名叫莎薇塔‧哈拉帕納瓦（Savita Halappanavar）的印度牙醫，走進高威醫院，要求終止妊娠。她的丈夫布拉維恩（Braveen）是波士頓科學公司的工程師，兩人當時已在愛爾蘭居住四年，曾有過一次流產紀錄。然而，儘管哈拉帕納瓦的子宮嚴

重破裂，醫生仍拒絕了她的請求。超音波掃描顯示，她的胎兒 17 週大，心臟還在跳動。墮胎在該國是違法的。

這件事最終導致毀滅性的後果。胎兒心跳停止的時候，哈拉帕納瓦已經感染敗血症，並於幾天後死亡。

哈拉帕納瓦之死不僅在愛爾蘭掀起抗議風暴，此浪潮更延燒至全世界。2018 年 5 月，愛爾蘭人民在公投中以壓倒性的票數支持訂立新法，允許在多數人信奉天主教的國土上，女性可於特定情況下進行墮胎。當母親的性命因妊娠繼續而受到威脅，她是否只能選擇慢性自殺呢？

「不是提倡墮胎，只是想拯救孩子的母親。」新德里大主教區發言人多明尼・伊曼紐爾（Dominic Emmanuel）神父在《印度斯坦時報》（*Hindustan Times*）上評論道。這是「框架」的一個強大範例，是一種影響人的技術。我們稍後也將在書中探討：為何重要的往往不是行動本身，而是人們如何看待和解釋這些行為。

這個立法對於莎薇塔・哈拉帕納瓦和她的丈夫而言，實在來得太遲了。若是身在其他國家，她可能就會沒事；但在 2012 年的愛爾蘭，一劑「亞里斯多德式思維」卻讓她付出慘痛代價。「謀殺」並非根據前後脈絡，構成浮動計算的典型、良好和較差行為範例。司法機關對該行為類別的解釋是，具有「奪取他人生命」之意向的任何行動，而**他人的生命**包括孕期概括的任何生物體。

羅許搖了搖頭。她指出「最佳概括化」的問題——畫線圈出同類別成員間的最大相似點，以及不同類別間的最大分歧點——當其涉及概念時，總是會更加棘手。因為概念（我們將在下一章

討論）包括態度、信仰、道德和意識形態；個體的社會和心理認同基礎，與其整體自我意識，就是建立在這些概念之上。

如果一個人在**紅色和橙色**之間劃出一條線，讓另一個人再劃一條略有不同的線，又有什麼關係呢？一個人對於清晰、一致、確定性和意義的需求，通常不會延伸到對色調的分類上。而像謀殺這樣的類別構成，則是另一項命題。若對於類別成員資格、必要特點和具定義性的領域邊界意見不同，便會引發焦慮、不安，在某些情況下，還會導致公然的敵意。這是對自我的攻擊、對身分認知的侵犯。

這讓我陷入思考。70 多種性別分類，就是最正確、最理想的嗎？如此一來，就能推動整個社會進步嗎？是否加深我們對現實的把握，促進社會網絡和日常決策的推動，就能夠符合人類內建的分類目標？又或者，是否將背道而馳，反而造成不必要的複雜化？

天擇機制已經將人類大腦設計為原始的二分法。我們用一和零將世界編碼，越私人、重要性越高的分類景觀（例如性別），可能使人對事件的關注越強烈。然而，當我們面對一系列分類資訊，必須瀏覽相關選項以評估、衡量，最終在繁瑣的日常生活中做出承諾——應該買哪一款車？假期要訂在什麼時候？票要投給哪位候選人？——我們尋求的並非無限選項，也不是赤裸的二元式亂槍打鳥，這兩者都同樣令人困惑、不知所措，並且不可避免地導致較差的、不甚理想的決策。正確答案位於中間值。無論我們在篩選什麼樣的沙子，太多或太少都一樣糟。

　　為了說明這一點，我們可以看看 20 世紀阿根廷散文家豪爾赫・路易斯・波赫士（Jorge Luis Borges）在古代中國百科全書《天朝仁學廣覽》[15]（*Celestial Emporium of Benevolent Knowledge*）中提出的動物王國分類法。

　　在那些年代久遠的書頁上，標示著動物的分類：
　　（a）屬於皇帝；（b）做成木乃伊；（c）經過訓練；（d）乳豬；（e）美人魚；（f）神話生物；（g）流浪狗；（h）列入這個分類的；（i）發瘋似地顫抖；（j）數量眾多；（k）用很細的駱駝毛刷繪製；（l）其他；（m）剛打破花瓶；（n）遠看像蒼蠅。

　　值得注意的是，這個古怪、折衷主義、前林奈式的分類系統從來沒有真正實行；作為動物學編纂的框架，其崇高的組織結構從未問世。原因當然是它的瘋狂分類法。人類的分類並不是歷史偶然，或形而上奇思妙想的任意產物，而是嚴格的生物淘汰過程的進化終點。目的是以最小的認知努力，獲得最大量的資訊。人類致力於維持一個可管理、舒適且便利的選擇組合，辦法便是將周圍世界「外在」物體間的無盡差異性化為一個最佳數字，讓大腦可將其塞進工作記憶的手提箱裡。這與《天朝仁學廣覽》中的劃界標準形成強烈對比。

15　摘自《約翰・威爾金斯的分析語言》（*The Analytical Language of John Wilkins*），1942 年出版。

　　人類的腦袋可能很強大，得以隨著時代演變進行全面革新，但它卻有一個十分侷限的類別限額。能留存在大腦中的選擇數量是有限的，事實上，這個數量低得出奇。我們在下一章中會發現，對大腦來說，70 種不同的性別分類無法全部具有意義，應該說，70 種不同類別的**任何事物**都是如此。

　　在日常決策的沙坑裡，有太多沙堆；人生的黑白棋盤上，有太多方塊，讓我們的大腦難以應付。

　　人類比想像中來得「心胸狹窄」多了。

第 4 章

黑白思維的陰暗面

若對於一般人的日常生活具備敏銳的眼光和直覺，像是聽見草的生長和松鼠的心跳，則我們將死於寂靜彼端的嚎叫。我們之中最聰慧的人，其實反而滿載愚蠢、橫行四處。

——喬治·艾略特（George Eliot）

　　1995 年，英國演員修・葛蘭（Hugh Grant）成功惹惱整個威爾斯社區的住戶。他公開宣稱那群人生活在小山丘的陰影裡，而非山腳下。修・葛蘭聲稱，富農加魯山（Ffynnon Garw）距離正式封為山嶺的必要高度—— 1,000 英尺（305 公尺）——略遜一籌，而且他有科學證據來證明這一點。他帶著六分儀、經緯儀、計算尺等裝備，火速登上山頂，而他在那裡得到的數字，對當地居民來說並不怎麼理想。富農加魯距離「山」的稱號還差一點——差了 16 英尺，也就是說，它是不成堆的沙。

　　若說修・葛蘭測量完成回到村子後，完全沒有受到當地人歡迎，實在有點輕描淡寫。居民們都氣瘋了。他們跑**上山**去——到山頂（或者應該說山丘？），偷偷摸摸地進行了一個地形手術。正當修・葛蘭在附近的旅店房間裡昏睡，旅店老闆——山羊摩根在樓下的酒吧開庭。他駁回村民想處死修・葛蘭的提議（畢竟遲早會東窗事發），並想出一個計畫：如果富農加魯不是一座山，那麼，何不把它變成一座山？

　　於是他們就真的這麼做了。村民們用手推車、石頭、沙子、泥土（和充分的啤酒），擴建了這座山——在不成堆的沙裡又多加了一些沙粒。最後，他們請修・葛蘭重新來一趟。

　　他滿懷疑惑地下山。

　　富農加魯自此成為了一座山。

　　上述事件，其實是出自一部 90 年代的愛情喜劇《山丘上的情人》（*The Englishman Who Went Up a Hill But Came Down a Mountain*），故事背景是第一次世界大戰。這部電影也是另類的

本土研究，主題是政治、心理學和地方社區精神形勢危殆的陰謀。修‧葛蘭飾演外來的製圖師雷金納‧安生（Reginald Anson），他鐵齒到不只想整平這個鄉村山地，還有當地人脆弱、疲憊不堪的自尊——被在歐洲田野和戰壕中蔓延的那場廣大、深不可測的悲慘戰事殘酷地斲傷。

然而，電影上映 20 年後，一群英國人（和威爾斯人）登上一座真實的威爾斯山丘，然後……呃，再從一座真實的山丘上下來。約翰‧巴納德（John Barnard）、格雷漢‧傑克森（Graham Jackson）和米爾丁‧菲利浦（Myrddyn Phillips）共同組成的 G&J 測繪公司，宣布位於雪墩國家公園（Snowdonia National Park）內的莫勒威茅爾山（Moclwyn Mawr）北嶺頂，因未達海拔高度規定的 2,000 英尺——**真正**的官方合格高度，已經喪失作為山的資格。

不合格。只差 0.9 英寸，也就是 2.3 公分。

巴納德、傑克森、菲利浦是專業的山頂破壞者，他們用最新的衛星定位（GPS）技術瞄準山頂，就像交通警察拿快速槍瞄準汽車一樣。他們的任務是識別和揭露劣等山頭，從而確保登山者清楚自己不畏風吹雨打、歷經長途步行後會得到什麼。由約翰和安妮‧納托爾夫婦（John and Anne Nuttall）詳細編纂，並精心繪製插圖的《英格蘭及威爾斯的山脈》（*The Mountains of England and Wales*），是他們的山嶺聖經。

莫勒威茅爾山從此書中刪去可能有一段時間了。《英格蘭及威爾斯的山脈》明確規定，不僅有 2,000 英尺的入選門檻高度，且山的最高點與任何和次高鄰峰相連的土地之間，至少需有 50 英尺

（15 公尺）的距離。

莫勒威茅爾山的脊頂高 2,132 英尺，沒有問題，這是我們所謂的「絕對高度」，亦即海平面以上的高度。然而，當測量人員測量其與相鄰山頭，亦即莫勒威茅爾山主峰的差距，問題就來了。他們發現，兩者之間的高度差距，沒有到達通過其山嶺資格的 15 公尺最低標準。正如我先前說過的，只差 2.3 公分。

巴納德先生承認：「我們還沒遇過這麼小的差距。當地人不會滿意的。」

他說的沒錯。位在莫勒威茅爾山陰影下的費斯蒂尼奧格（Ffestiniog）社區，是一座歷史悠久的礦業小鎮，人口約 5,000 人，十分依賴觀光收入。遊客來此參觀鐵路遺蹟、造訪萊奇偉德（Llechwedd）石板岩洞和山。《英格蘭及威爾斯的山脈》列出威爾斯共有 189 座海拔高度超過 2,000 公尺的山峰，而且這些山峰還擁有官方認證、主峰多 15 公尺的增量。擁有一座屬於自己的山是相當嚴肅的事情，這些山峰甚至有一個特別的名字──「納托爾」（Nuttalls），也就是該書的作者名。

當地旅店老闆理查・霍普（Richard Hope）表示：「人們聽到他們一直熟悉的山被降級為丘陵，一定會很失望。」鎮上的居民也有同感：「這些東西肯定有某種程度的誤差── 2.3 公分可能只差一個土堆。只要像電影裡那樣，拿鐵鍬堆一點石頭就可以了。」

那有可能把鼴鼠丘堆成一座山嗎？

管理生活目錄

　　人類的分類能力和山丘一樣歷史悠久。嚴格說起來，如果沒有這個能力，我們根本也不會有「山丘」這個詞彙。如同我們現在知道的，這個詞本身就構成一種分類。同樣的，我們也不會有「歷史悠久」的概念，因為那又構成另一種分類。如果沒有分類能力，所有在迷宮般的生活圖書館裡的書，都將被不分次序地隨意擺放在破舊書架上，沒有絲毫規律或理由。

　　我們都不得不在一片無縫的、無差異性的書海中，慢慢找出需要的書。我們可能會有胡蘿蔔、黃瓜、葫蘆這些詞，但如果沒有能力把這些詞歸類為「食物」，我們就不知道該怎麼處理它們；不知道是否能吃，該拿來當柴燒或是用來寫字。一切都將回歸到第一原理（First Principles）中、嘗試錯誤的步驟，預測將完全不可行。如果沒有能力描述、區分和辨別，我們所知的世界將不復存在。所有事物都將同時代表「某種東西」和「什麼都不是」；所有事物都將變得「重要」也「不重要」。

　　為了說明這一點，讓我們繼續用圖書館的比喻來思考。想像一個疲憊不堪、工作超量的圖書館員，他的工作是整天在梯子上跑來跑去，一卷一卷、一排一排地巡視，不厭其煩地尋找讀者需要的任何書稿。照這樣下去，用不著多久，圖書館就會關門大吉。當然，他也可能很幸運，沒拿幾本書就找到目標；若是運氣真的夠好，甚至可能是他最先拿起的第一本。但是這個機會不大。事實上，依據索德定律（Sod's Law），我們要找的通常會是最後才

拿到的那幾本。

　　除非，他設法取得一套系統，能夠改善這馬拉松式的搜索旅程，讓他一拿到書名，就能立刻前往圖書館的正確樓層和區域，徑直走到書櫃前、迅速瀏覽書架，然後從幾本相同或類似主題的書中，挑選出最終目標。他的生活可以變得多輕鬆啊！

　　但現在讓我們想像一下，這套系統經過時光洗禮，可能會出現什麼進展。辛苦的圖書館員在書目沙堆上劃出的第一條線，可能是在事實與虛構之間。他或許會在圖書館的一側放置實用工具書，在另一側放置小說創作。完成這個類別區分後，他就能著手再細分這兩個基本大項的次類別。比方說，他可能會將小說分成：愛情小說、犯罪小說和驚悚小說；實用書部分，他可能會分成藝術、人文和科學。

　　然後，區隔化將繼續沿著越來越細的分線進行。在科學領域，他可能會建立四個相關而各自獨立的類別：**自然科學**（對自然現象的調查，目的是發現某現象背後的定律、規則和原理）；**形式科學**（對數學、電腦科學和資訊理論的研究，如邏輯、語言學、微積分等形式系統的內在規則和特性）；**社會科學**（對人類行為和社會的研究，如人類學、社會心理學和經濟學）；以及**應用科學**（著重對科學知識的實際應用，如醫學和工程學）。

　　接著，圖書館員可能會進一步將自然科學劃分成**物理學和生命科學**領域[16]，然後再對他的分類法進行**真正的**微調。比方說，他可能會把地球科學分為八大區：大氣科學、生態學、地質學、地球物理學、冰河學、水文學、物理地理學和土壤學，而這八大學

門的子學科，也可能再分配到更加稀少的研究領域。例如，他可能會把地質學分為礦物學、岩石學和古生物學，把大氣科學分成氣候學和氣象學等。最終，經過許多必要的細分之後，經驗會告訴他，他已經到達「分類頂峰」，也就是最佳的類別數量。這將使他能夠準確、有效率地檢索到（幾乎）所有外界丟給他的書名。

　　琳恩・金賽的抽屜叢林裡裝滿用別針完美固定的爬蟲類，她在檢索書名這方面應該很自豪。

　　所有人的分類需求都是始於相同原理。馴服這世界狂放的不確定性，將灰階內化為與生俱來的黑白思維，是人類的基本需求。我們不得不透過簡化程序，來整理「外在世界」的模糊性，將其無限的隨機性歸納進個體「內在世界」有限、系統化的書架空間裡、大腦深處不斷增加的細微編碼文件架。但在分類的過程中，隱藏著一個基本難題。我們怎麼知道何時該停止分類？怎麼知道自己是否已達「分類頂峰」──有序－無序光譜的另一端？是當我們的書架分類已經明顯最佳化，還是當進一步分類變得不切實際，且適得其反之時？

16　廣義來說，物理科學研究非生命系統的行為特性，主題包括物理學、空間
　　科學和地球科學等。而生命科學──例如生物學、動物學和植物學──則
　　涉及對生物有機體的相關研究。

　　對於真正的圖書館員來說，這個問題沒有太大難度。引用書目索引的複雜分析，和系統化的交互參考，讓他們能借助又冷又硬的數據演算法，辨別在專業化的螺旋中，差別越來越細微的井水會在哪個精確的點上乾枯。

　　但其他人呢？現實生活被劃分成最佳化的類別層架，其對各領域產生的影響，遠比我們注意到的還要深遠。

　　我們可從費斯蒂尼奧格人身上看出一些端倪。

　　幾年前在美國進行的一項著名研究恰恰證明了這一點。一家美食店的顧客收到兩個果醬展示品和一張優惠券，如果他們購買該產品，可享有一美元折扣。其中一個展示品包含 24 種果醬，另一個只有 6 種；雖然選項多的展示品吸引較多關注，但在最後購買的顧客中，30% 的人買了後者，只有 3% 的人買了前者。

　　原因是什麼？

　　決策科學的提倡者將其稱為「選擇的暴政」：選項的數目越多，人們就越難下決定，因為我們會一直把喜歡的東西拿來比較。

　　心理效應是無可避免的，而且往往不會帶來正面影響。面對琳琅滿目、可選擇的類別，我們開始覺得無能。這是一種記憶的消耗——「剛剛那個龍舌蘭、萊姆和草莓果醬的味道是什麼來著？我記得我滿喜歡的，但是忘記為什麼了！」——結果比起選擇受限，我們反而做了非最大利益的決策。

　　如果仔細想想，就會發現這個現象其實顯而易見；如果沒特別留意，就會覺得它無關痛癢。打破這種循環的唯一方法就是向 Nike 看齊：做就對了！（Just Do It!）迫使自己做出選擇——那些

當可能性較低、替代選項種類不那麼廣泛時，我們可能不會做的決定。當然，我們會因為自找麻煩而想狠揍自己一頓。

　　劃線是重大而不可避免的。總有某些時刻，我們就是需要劃下一道界線。

數字魔力

　　七是一個神奇的數字。你應該常常聽到這句話，但是這有道理嗎？如果你更深入瞭解分類科學，會發現，還真的有幾分道理。

　　世界上有一排無止境的色彩陣列，其中有幾種色彩，會在複合白光的電磁皮納塔（piñata，西班牙語，一種裝糖果玩具的動物造型紙糊容器）解構時出現？答案：七種——很多人求學時背過的「約克的李察徒勞無功的戰鬥」（Richard Of York Gave Battle In Vain，背誦彩虹顏色的首字母記憶法）——紅、橙、黃、綠、藍、靛、紫。

　　長久以來，已有無窮無盡的音符序列，在自然界的生產線上汪汪、哼哼、哞哞、喵喵叫著。然而，撇開尖音、平音和八度音，（至少在西方音樂中）有多少基本音符是人類可以使用的？答案：七個—— A、B、C、D、E、F、G。

　　人的面部能夠產生數百種細微表情。然而，來自世界四極的種族學研究顯示，能夠被所有文化共同辨識的基本情緒，只有七

種——快樂、悲傷、憤怒、厭惡、恐懼、驚訝、輕蔑[17]。

巴比倫人創造了一週七天的固定格式，在《創世紀》中被古代猶太教徒挪用，成為創造宇宙的故事架構。

接著來看看大眾文化：「世界七大奇景」（The Seven Wonders of the World）、《白雪公主和七個小矮人》（*Snow White and the Seven Dwarfs*）、《豪勇七蛟龍》（*Magnificent Seven*）……

這些類別中的每一項，都是按照我們的感官、認知、情感、社會和日常環境決選出來的。它們都是由七個成員組成，原因何在？難道巴比倫人早在那麼多年前，就能預測我們迄今還遵循的規則嗎？

1950 年代，哈佛大學的心理學家喬治・米勒（George Miller）就提供了這個問題的答案。他的解答受到現今認知科學界普遍接受，可謂心理黃金現象的第一個實證。在一系列實驗中，米勒證明了大腦短期記憶資料庫在任一時間中，能儲存的項目數量是有限的。

而這個數字，你已經猜到了，正是七的正負二。

我們稍後會提到，或許使用簡單又有效的強化技巧，例如分組或聯想，我們能夠訓練自己記住更多項目。但是，對於未受過訓練的心智，不管對象是誰或做什麼，無論其多麼有創造力、邏

---

17 在情感科學領域中，有一些人會對此主張提出異議。想瞭解另一種觀點，請參考麗莎・費德曼・巴瑞特的著作《情緒跟你以為的不一樣》（*How Emotions Are Made*）。

輯性或多聰明，我們的短期記憶對任一類別事物的最大記憶數量，就是固定在五到九之間。七則是大多數人的平均值。

　　作為示範，請試著記住以下數列：
6 5 1 9 5 4 3 5 9 4

　　如果我們將其視為任意十個數字的串連，那麼它就超過短期記憶的下載上限，這項任務的難度就會大幅提升。一次記憶十個類別（或記憶專家稱為「塊」），對人類大腦來說實在是太多了。但是，如果我們能在看似隨機的數列中分辨出兩個有意義的超類別——例如：1954 年 5 月 6 日，羅傑・班尼斯特爵士（Sir Roger Bannister）跑出世界上第一段在 4 分鐘內跑完的一哩路，共費時 3 分 59.4 秒——就可以將資訊串減少到只有兩個類別或塊。彈指間，這十個數字就會乖乖跑出來[18]。

　　這就帶出一個問題：難道「神奇」的數字七，正如米勒本人在其影響深遠的論文標題中所描述的，無論該範圍的構成事物或替代品的性質為何，皆代表了**一切事物**的最佳類別數？

　　答案幾乎是肯定的。至少到目前為止，人類的判斷和決策能力是如此。以心理測量學為例，大多數研究指出，五和九之間——七恰好是中間值——代表評等的最佳範圍：一、極度同意；二、

18　全球各地的電話號碼通常都由6到11個數字組成，而這些數字通常細分為2
　　至6位數字一組，原因正是如此。

非常同意；三、有點同意；四、既不同意也非不同意；五、有點不同意；六、非常不同意；七、極度不同意。在辨別受測變數細微但關鍵的差異靈敏度，與回應的簡易性之間，「七」提供了完美的平衡。

在定義人類與社會的根本性構件和核心特性的分析中，基本要件的標準很少超過七個維度。例如人格，可以縮減為五個關鍵變數——經驗開放性、盡責性、外向性、親和性及情緒穩定性；可能存在文化差異的社會維度則可以減少到六個：權力距離、不確定性規避、個人主義與集體主義、男性化與女性化、長期導向與短期導向、放任與約束[19]。

較簡易的判斷任務，比方說前面提到的果醬展示品。「選擇的暴政」使人陷入混亂，其底層是人類工作記憶的限制。舉個例子，研究顯示，如果我們被要求比較一組刺激物之後，再進行順序分級——假如我在鍵盤上彈奏一組音符，彈完之後，請你按音調排列等級——直到大約第七個音，你都會做得很好，但在這之後，你的表現將急遽下滑。

為什麼？因為一旦超過七個音，在沒有輔助方法的情況下，

---

19 權力距離與人類不平等的問題解方有關；不確定性規避與面對未知未來的社會壓力水準有關；個人主義與集體主義和個人與主要群體的融合有關；男性化與女性化和男女之間的情感角色劃分有關；長期導向與短期導向與人們選擇努力的重點有關，亦即著眼未來、此刻或過去；放任與約束則是關乎人在享受生活時，對基本欲望的滿足或控制。（出自《霍夫斯泰德》（*Hofstede*）第8頁，2011年出版）。

你的記憶就無法負荷了。就像在賣場買了太多東西，所有物品開始失控地從你的懷裡散落到地板上。

當然，如果我們把這些物品放進籃子裡，就可以拿取更多東西。同樣的，如果我們把認知或感性的刺激物放在「記憶籃子」裡，或者說放在一起就好，我們就能記住更多東西。有些刺激物，在這些籃子中的穩定性較為突出。像是數字就有很高的適應性，但聲音、氣味、滋味──在本質上較屬感官，而非認知的刺激物──則會更具挑戰性。

這意味著，如果我們面臨的情境大於七個項目，而且沒有籃子可以收納（例如24罐果醬），那評估的過程就會變得非常棘手。大腦對吃到飽式的各種選項狼吞虎嚥，我們則須努力消化可以用來比較的一團泥漿。隨著認知負荷（心智努力）增加，決策的火就開得越大。我們燉煮、燜煮、冒泡，直到最後，為了防止神經鍵完全沸騰，我們只好關掉瓦斯；直覺、經驗法則、懷疑，無論手上拿的是什麼工具，我們只能順著已知走去。

黑色和白色都很好，但如果出現七種以上的色調就不好了。

評分表的解剖學與我們對各種食品的偏好，這其中的關聯並非突然從天而降。誰會想到，問卷調查中的分類反應項目數量，竟會對我們的購物習慣有如此深遠的影響？我們分類的方式，會對生活產生廣大而深刻的影響。我們已經發現，這個影響比預期

的大多了。

　　但某些時候，有別於果醬的例子，我們會知道分類的真正目的；而有時候，我們的動機顯然不太光彩。在社交的模糊地帶中，類別會被武裝、被武器化，用以攻擊他人、進行上不了檯面的自利行為。不只是重大事件——我們在新聞上看到的文化和意識形態戰爭，例如種族隔離和宗派主義，更包括一些日常中無法明說的事，例如辦公室政治。這在學校、市議會、醫院、企業等所有你能想到的地方，隨時都在上演。隱晦、無關緊要、羞恥……這些破壞信用的災禍檔案架，一旦出現需求或機會，即可對我們的敵人和競爭對手進行分類，其數量毫無上限；而我們的需求總是以非常高的頻率產生。

　　量身訂做的職務描述就是很好的例子。各組織會包庇符合自身偏好的候選人，來遞補職務空缺。他們仍會發布徵才廣告，並載明職務的必備條件和期望標準，而這兩者勢必都已經過精心設計，才能符合該預設人選的條件和資歷。這個情況非常普遍。若該名候選人順利通過，整件事可能就會以簽定保密協議告終；但某些時候，可能會出現非常有趣的結果。

　　我曾在牛津大學的資訊板上看到一則通知，提醒學生們申請一筆數額不大的獎學金，作為第二年地質田野調查的補助費用。這則廣告印在有學院抬頭的便箋上，並由院長簽署。符合資格的申請者應為「來自利物浦或周邊地區，喜歡金屬製品樂團（Metallica）和決勝時刻（Call of Duty）遊戲，並且出生證明上有『班』（Ben）或『莫瑞』（Murray）的字樣，兩者皆備者優。」

這完全是高端手法。

校方透過一種優雅的方式，來通知那名愛聽搖滾樂、又愛操弄遊戲控制桿的利物浦人，班·莫瑞——他肯定是當時學院裡**唯一**的二年級地質學研究生，而且他可能經濟上有點拮据——這份獎學金將成為他的後盾。

然而，事情並不總是如此。我也認識某位心胸不那麼寬大的系主任，他將系上任何少於四位教授的研究單位編制，由「中心」降為「小組」，而把「中心」頭銜留給規模較大的組織和協作單位。他提出的理由在當時看來是夠合理的：將內部術語標準化，有助於整頓科系外在形象；且這樣一來，將更有利於管理潛在合作者的期望，畢竟他們的第一接觸窗口都是科系網站。這也許顯得有些賣弄，但如此一來，便能從網頁瞭解每個人的來歷。此外，這項變動的後遺症不大。事實上，只有一個單位受到影響。

一年多以後，他向同仁發布一則公告，宣布系上將擁有一棟新大樓。資產團隊開始動員，進行平面圖審查。所有這類決議的結果都一樣，通常會出現空間爭奪戰。有些實驗和辦公團隊拿到非常搶手的黃金地段，其他人只拿到精美的文具櫃——有人**真的**只拿到一個文具櫃。這引發了一場歷史悠久的邏輯夢魘：如何在沒有偏見或黨派的前提下，做出公平、公正的決策，來判定誰能得到什麼？

這確實是一個棘手而細膩的難題，但結果卻證明，系主任足以勝任其位。他遺憾地宣布一個再明顯不過的結論：最先進入這棟先進新大樓的，應該是新成立的「中心」負責人，而那些「小組」

負責人則要在後面排排站。這似乎是完美的解決方案，合邏輯、合理、不帶任何偏見。

所以，差不多就是這樣了。聰明善良的牧羊人分好了羊群，所有羊羔都很開心。所有人都很開心，除了一個部門的害群之馬。一年多前，他那規模不大卻出色的研究單位，從「中心」降格為「小組」。據悉，大約是那時候起，他和系主任便有了心結。而約莫在那時候，該名系主任也正巧第一次看到樓層平面圖。

巧合嗎？或許是吧，但我不太相信。比較可能的是，那名系主任從頭到尾都知道自己在做什麼；從一開始就在玩弄計分欺騙的把戲。

分類可以作為武器，也能帶來豐碩成果。但多數時候，分類沒有好壞之別，只是我們用來存放生活的日常盒子罷了。並不是說我們應該把盒子到處亂放，盒子也會出現問題；太多，會阻礙我們的腳步，讓我們難以動彈；太少，生活就會亂成一團。

我們無法光憑罐子，就嚐到果醬的味道。

分類者的涵蓋範圍

我們在某種程度上都是囤積者。「你永遠不知道」的心態是人類的天生標配。你家的客廳可能不至於出現 80 年代遺蹟，但是，你辦公桌上的那團小紙堆是什麼？廚房裡那疊越堆越高的雜誌呢？這些物品可能已經不受青睞了，但你無法決定如何處理它

們。應該扔掉嗎，還是要留著？你永遠不知道，萬一……

　　大多數人想到囤積者時，會想到手指像費金（Fagin，小說中的小偷首領，被稱為「失竊物品的接收者」）、半身埋在無用的洗潔精瓶罐，以及查爾斯與黛安娜紀念品中的瘋狂隱士。大師，專業人士，囤積體制的菁英——如果這些人都在同一個色譜上，那麼能夠區分彼此的到底是什麼呢？囤積小寫的 h 和大寫的 H，兩者之間的區別是什麼？

　　答案可能會讓你大吃一驚。不是出於瘋狂，也與懶惰無關。心理學家認為，大量的囤物行為，其部分原因可能是分類障礙。更具體來說，就是所謂「涵蓋過窄」（underinclusive）式的分類，意指個體對類別的定義較為狹隘，因此產生相對較多的類別數量，而每一類的組成構件較少。

　　這樣的心態不難理解。具有此特徵的人，在整理家務時，可能會發現自己很難將所有物歸類，無法找出物品間的共同點。因此，他們可能會認為每樣東西都很獨特、可取代性低，最後導致無法將其丟棄。最壞的情況，即是每個家中物品都形成一個獨立的類別，根本無法成為有系統的組織。就像手忙腳亂的圖書館員在進行分類手術之前，所有的書都同樣有特色，沒有一本可以被丟棄。囤積者看到的世界是黑與白的碎片，而不是色調。

　　某項對強迫症患者的研究，似乎可以支持此一理論。這項研究讓強迫症患者與健康志願者比賽，達成名為「必需品」的任務。研究人員會向參賽者展示一個概念（例如一本書），並要求他們選擇一些字，是定義該概念的必要詞語（例如封面、圖片、頁面、

印刷）。

結果顯示，有強迫症的人比健康者在定義類別標準時更嚴格、選擇更少詞語，並對與原型類別屬性相關的詞語展現偏好，邊緣屬性的詞語則否。以「書」為例，他們會選擇「頁面」，而不是「印刷」或「封面」。換句話說，在這些「涵蓋過窄」的思考者眼裡，要符合一本書的條件，需要的不僅僅是封面、印刷或圖片，而必須有實際的書頁。

但如果說過度結構化、類別太繁瑣的世界，會導致一些問題，那麼反過來說，車剎得過猛過快，也會有負面影響，而且，後果可能更嚴重。

與「涵蓋過窄」者相比，「涵蓋過廣」的思考者在界定類別界線時，很可能表現出過於寬鬆的標準。例如：**所有**具圖片、頁面、印刷和封面的都是書；**所有**穆斯林都是極端分子；**所有**西方人都是異教徒；**所有**提倡最低工資的人都是共產黨員；**所有**主張保留牛津大學塞西爾・羅茲（Cecil Rhodes）雕像的人都是白人至上主義者；**所有** 35 歲以下的黑人男性都是持槍耍刀的吸毒犯。

突然間，我們就進入了刻板印象的領域。

我想起幾年前發生的一件事。我在倫敦的火車上，那是當天最後一班車，查票員在車廂裡走動驗票。坐在我前面的先生，是位年輕、正在閱讀《哈利波特》（*Harry Potter*）的教區牧師。我基於某個非常合理的原因，認為他顯然還沒有買票——他手上拿著現金，等待查票員走過來。

「等等。」他愉快地說，查票員朝他走近。「我有個小故事

要告訴你。」

查票員搖搖頭。「不用了，先生。」他說。「我已經知道故事的結局了。」

牧師顯得很困惑。「真的嗎？」他結結巴巴地說。「結局是什麼？」

「200 英鎊的罰款。」查票員說。

現在回想起來覺得有點好笑。如果說囤積是涵蓋過窄所導致，那刻板印象就是涵蓋過廣，是分類硬幣的另一面。抱持刻板印象的人，不知道自己何時該停止分類。對查票員來說，未持有效票的人「都是一樣的」。他們是逃票者、搭便車的人、罪犯。哪怕這些人之中的一、兩位，有正當理由可以解釋自己的困境，都已經算是超出他的心理承受範圍[20]。如果說囤積者的思考方式是黑白分明的碎片，那極端主義者的思考方式就是純粹、毫無雜質的二分法。

像是我們和他們。

---

20 我的編輯對這個小故事提出一個有趣的觀點：那位先生搞不好是一名喬裝成牧師的罪犯，或是一名不遵守制度的牧師。某種程度上，查票員根本沒有刻板印象。他的工作職責不允許他破例，他必須對每一個未持票者一視同仁。雖然有人的外表（牧師）可能造成刻板印象（值得信賴），他仍舊沒有選擇相信對方。她對這個情況的反分析相當精彩，當然，這很可能是真實情況。然而，因為我當時在現場，親眼見識該名查票員的行為舉止，可能導致稍微偏頗的詮釋。或者，也許這只是我自己對查票員工作抱持的刻板印象。

　　人類生來就會分類和歸檔。而且，就像生活中的其他事情一樣，我們執行的程度可能不盡相同。做對了就能創造奇蹟——我們可以用困在散熱器裡的小蟲，將殺人犯定罪；可以在藏書數百萬冊的圖書館中，即刻找到想要的書。

　　但如果哪個環節弄錯了，我們就可能做出極度輕率的錯誤判斷。就像山峰告密者修‧葛蘭一樣，我們將被沉重卻又令人大開眼界的認知碰撞，重新帶回地面上。

第 5 章

取景器原則

地球是圓的，也是平的。這是顯而易見的。地球是圓的，這點似乎不容質疑；至於它是平的，這是人類共同的生活經驗，同樣也是無可爭議的。地球儀並不會取代地圖，地圖也不會扭曲地球儀。

——珍奈·溫特森（Jeanette Winterson）

有時在人生中，獨立一點很好；有時候，讓別人參與也不錯。有時候，把注意力集中在微小的細節上，近距離、按順序，一次看一個，是件好事；有時候，退後幾步、瞭解全局，反而更有利。

關鍵在於取景器的位置。

1920 年代，有一名年邁的農民，在俄羅斯和芬蘭的邊境上勉強維生。這名農夫是芬蘭人，但兩國邊界直接貫穿他的農場中央。不只農場，他的客廳也橫跨兩國。如果他坐在梳妝檯，他就在俄羅斯；如果他坐在火爐旁，他就在芬蘭。

有一天，兩位政府官員突然找上門。其中一位來自芬蘭，另一位來自俄羅斯。

「你想住在邊境的哪一邊？」他們問他。「馬上就要進行人口普查了，我們需要知道誰不合格。」

農夫權衡他的選擇。這是一個極為困難的問題。他出生在芬蘭，但長久以來，俄羅斯當局都很善待他。不僅為他提供自來水，還定期修繕庫房。

最後，經過深思熟慮，農民終於做出決定。

「我非常感謝這些年來，俄羅斯給我的支持。」他解釋道。「她幫助我度過最艱難的時期。但是，經過仔細思考，我想我會帶著沉重的心情，在芬蘭度過餘生。

「我現在已經老了，無法再像以前那樣忍受寒冷了。」他接著說。「再經歷一次俄羅斯寒冬，可能會要了我的命！」

　　黑白思考是複雜的、多面向的。將邊界往左或往右移 10 呎，其實對俄羅斯和芬蘭當局而言都不算數，但是對這名老農夫來說卻事關重大。這些邊際其實是支點，而我們日常生活的高低起伏，皆支撐在其上。纖細、小巧，看似無足輕重的支點，卻在每個轉折處圍繞著我們。來看看幾個例子。

　　在英國，酒測值（BAC，血液中的酒精濃度）超過 0.08% 即為超標，在此情況下，（試圖）駕駛的行為即是違法的 [21]。如果你吹氣到管子裡，結果顯示 0.08%，那就沒問題，你還是可以開車回家，再給自己倒上一杯。但是，如果你的酒測結果為 0.09%，那就麻煩大了。你必須坐上警車，去警局喝杯咖啡。僅僅是 0.01% 的差異，也會造成截然不同的結局；這可能不只改變了一個夜晚，而是你的整個人生。比如說，你可能不是在回家路上，而是正要趕去臨盆的伴侶身邊，或是趕去見只剩最後一口氣的親友。如此瑣碎、微乎其微的邊際，卻造成不斷擴散的重大後果。

　　但是，真的有其他辦法嗎？想像一下，某天晚上，兩名不同駕駛在雙線道上行駛時，被員警攔下。警方對他們個別進行酒測，兩人的結果都是輕微超標，數值顯示為 0.09%。其中一人交出鑰匙，坐進了警車後座；另一個人僅被口頭警告。

　　「這是一個灰色地帶，你只超標 0.01%。」警員說。「之後要更注意一些。」

　　同樣的酒測值，同樣的酒醉程度，兩位員警劃出了截然不同

21　在蘇格蘭的數值上限為 0.05%。

的界線。

我們再來看看新冠病毒危機及英國政府對自雇者的紓困方案。2020 年 3 月 26 日，英國財政大臣裏希‧蘇納克（Rishi Sunak）宣布，政府對於受新冠肺炎影響的自雇者，將給付一筆可扣稅的補助。補助金額相當於個人近三年平均月收入的 80%，上限為每月 2,500 英鎊。這個方案適用於 95% 的自雇者。然而，此計畫規定的收入門檻為 50,000 英鎊。這意味著，如果我過去三年的平均收入超過 50,000 英鎊，而你是 49,999 英鎊，那麼，你就會得到補助，而我卻什麼都沒有。這公平嗎？也許是，也許不是。但同樣的問題：真的有其他辦法嗎？

拿體育來說。足球賽事中，最近推出的「影像輔助裁判」（Video Assistant Referee，VAR）曾做出進球不算的判定，因為進球的球員，有約一毫米的侵略性越位。有人會認為（而且是相當猛烈地抗議），一毫米真的能算越位嗎？「這個判定毀了整場比賽。」一位資深播報員宣稱。「規則就是規則。任何有助於執行規則的都是好事。」另一位播報員說道。

顧全大局或著眼細微末節。我們是該將鏡頭放大、拉遠，還是在中距離盤旋？這是一個長久以來的未決懸案。

事實上，體育是個人取景器定位最吸引人的舞臺之一，也是迴響最深的領域。不僅是在賽事展開時，準備的過程也是。我從分類實驗室之旅回來後不久，便和羅尼‧奧沙利文（Ronnie O'Sullivan）碰面聊過。他是五屆世界司諾克撞球世界冠軍，在大多數人眼裡，他是有史以來最偉大的司諾克球員，同時展現出追

求最佳表現的狂熱，以及勝者為王的霸氣。和羅尼見面的幾天後，我在倫敦會展中心（ExCel Centre）與 1980 年和 1984 年的 1,500 公尺雙料奧運冠軍、多項世界紀錄保持者，也是現任國際田徑總會（IAAF）主席賽巴斯蒂安‧柯伊（Sebastian Coe）辦了一場商業演出。我也跟他討論起黑白思維這件事情。

　　結果令我大吃一驚。出乎意料的是，當談及面對大型活動時，黑白思考有什麼好處，賽巴和羅尼都相當謹慎。沒錯，這種思考方式可能有它的優勢，但也會有嚴重的副作用。當你因為焦點太多而抓不到視角時……你就開始輸了。

　　「當一張司諾克球桌出現在我的人生角落時，這個狀態是最好的。」我們從一樓的房間，望向哈利法克斯市中心一條黑暗、潮濕、被交通燈號照映的街道。羅尼接著說：「但當它被擺放在生活中心的時候，我就會受不了。你怎樣都沒辦法避免掉這張球桌，總是撞到它、繞著它走，總是在試圖通過它。

　　「我不是說它不重要，司諾克球是很有趣。有時候，它可以讓我備受喜愛，也讓我獲得那些亮眼的頭銜和紀錄，這對我來說相當重要。這就是我想把球桌放在角落的原因；只要我想，隨時可以走過去看，它也不會妨礙到其他的事情。

　　「當我**想要**打得更好，我總是能做到。而想要打得更好，無論是飲食、人際關係還是體態維持，都必須要嚴格控制，所有我想做的事情都會被排除在外。最後你就會厭倦它。」

　　我在維多利亞劇院（Victoria Theatre）舞臺正上方的包廂跟羅尼談話。他的忠實粉絲們從英格蘭北部的里茲、曼徹斯特、布拉

福和約克四處湧至，來享受他接下來幾個小時的陪伴。

　　坐在角落的是約翰・維果（John Virgo），全球數以百萬計的司諾克愛好者都知道他。他們在電視上觀看賽事轉播時，都會聽到他的聲音。善於諷刺、說話簡潔有力的他，拿著一大杯伏特加酒加奎寧汽水，站在 60 瓦的節能燈泡下抽著萬寶路香菸。「但你得花時間練習，羅尼。」他提議，並將手臂伸出窗外。

　　羅尼同意。「喔，沒錯。」他說。「別誤會我的意思。當我全神貫注的時候，就會進入一種隧道視覺模式，眼裡只有我和球桌，其餘一切都被我拋出腦外。在準備比賽的時候，你一定要全神貫注，整天泡在球桌旁，照表操課進行訓練。但我想說的是，例行公事不能變成一種強迫症；至少對我來說不行。一定要留出空間來做其他事情，不然我會覺得：人生有什麼意義呢？」

　　如同我前面提過的，賽巴也持類似觀點。在倫敦東區皇家維多利亞碼頭的岸邊，我們啜飲著咖啡。半小時後我們就要上台演出了。我們走到外面呼吸新鮮空氣，壓根忘了這裡是空氣品質不佳的景寧鎮（Canning Town）。

　　「我唯一一次不顧一切，除了專注於賽道上的表現，完全不允許自己去想其他事情，是在 1980 年莫斯科奧運會前的準備階段。」他回想。「我們都知道結果如何。歷史證明，那對我沒有任何幫助。事實上，我認為我之所以能在 800 公尺賽跑後迅速扭轉局面，並在 1,500 公尺項目贏得金牌，是因為身邊有像布蘭敦（Brendan Foster）和戴利（Daley Thompson）這樣的人 [22]，幫助我走出黑暗時刻。

　　「4 年後，在洛杉磯，我的準備方式不再那麼目光短淺，也得到了相應的回報。不得不說，這要歸功於環境因素。1983 年初，我染上一種血液疾病，弓形蟲病，幾乎影響我一整年的表現。到了年底，我幾乎連從扶手椅上站起來都沒辦法，更別說跑 800 公尺了。一直到隔年 3 月，我還只能在哈林吉運動俱樂部（Haringey Athletic Club）的跑道上跟 14 歲小孩一起慢跑。你可能會說：這帶來了不同的視角！無論你從哪個角度看，生病都是人人平等的事。

　　「但那也是我做的決定。如果我到一個新城市，在訓練以外的時間，我會去參觀美術館、爵士俱樂部或唱片行，而不是把自己關在房間裡。而且，這個做法還會帶來其他效益。我不但更喜歡那次比賽，那天我在 800 公尺項目還被一個優秀的競爭者擊敗。我的意思不是說史蒂夫（Steve Ovett）不配獲勝，但在那場比賽中，我並沒有無所不用其極地阻攔他！」

---

22 布蘭敦・福斯特和戴利・湯普森都是英國田徑界的傳奇人物。布蘭敦創辦了目前世界上最大的半程馬拉松「北方大跑步」（Great North Run）。他在1976年蒙特婁奧運會上奪得10,000公尺奧運銅牌，此前曾於1974年在羅馬獲得歐洲5,000公尺冠軍。在1980年莫斯科奧運會上，戴利奪得奧運會十項全能冠軍，並於1984年在洛杉磯成功衛冕。他締造了該項目的四次世界紀錄。

對於田徑歷史學家，以及英國幾乎所有 50 歲以上的人來說，1980 年的夏天——特別是 7 月最後幾天和 8 月第一天——在莫斯科中央列寧體育場（Central Lenin Stadium）發生的事件，將永遠烙印在記憶中。賽巴斯蒂安・柯伊和他當時的勁敵史蒂夫・奧維特，這兩位當時世界上中長距離的最佳跑者，和史上最偉大的其中兩位運動員，要在 800 公尺和 1,500 公尺的總決賽中交戰。

對英國大眾和全世界的體育愛好者而言，這是個令人引頸期盼的事件，在被二元思考的催眠術蠱惑的情況下更是如此。你要不是柯伊的粉絲，就是奧維特的支持者，沒有中間地帶。柯伊一貫的威嚴和外形，奧維特的壯碩和粗獷；兩人的對決簡直是費德勒對納達爾（Federer–Nadal）、阿里對弗雷澤（Ali–Frazier）、披頭四對上滾石樂團（The Beatles–The Rolling Stones）。

兩人最終取得榮譽平手。史蒂夫獲得 800 公尺冠軍，賽巴贏了他最擅長的 1,500 公尺。

賽巴講了一個故事，說明不把自己當一個菁英運動員而作繭自縛，擁抱有同伴的、團體生活的好處，是多麼重要的事。他輸掉 800 公尺金牌的隔天早上，他的朋友，也就是新加冕的奧運十項全能冠軍——戴利・湯普森，沒有事先通知就直衝他的臥室，跳到窗前、拉起百葉窗，站在窗邊往外看。

賽巴一頭霧水。「天氣怎麼樣？」這是他在這種情況下能做出的最佳反應。

戴利轉過身來，露出最調皮的笑容。「我看外面有點銀光閃閃[23] 的感覺！」他毫不客氣地宣布。

　　「這，」賽巴說，「正是我需要的。是召喚我去作戰、準備開始反擊。他們說每朵雲都有銀色的鑲邊，但我想要金色的！」

　　他接著說，正是因為他身邊有像戴利和布蘭敦・福斯特這樣的朋友，肩並肩地站在戰壕前，所以他**確實**進行了反擊；幾天後，他在 1,500 公尺賽事中摘金，他的剋星則獲得銅牌。戴利和布蘭敦與其說是隧道盡頭的光，不如說是隧道裡的光明。他們微妙地改變了動態，將黑與白改成黑白交錯。

　　羅尼與藝術家達米安・赫斯特（Damien Hirst）和滾石樂團貝斯手羅尼・伍德（Ronnie Wood）也有類似的故事。伍德的臉經常出現在重大賽事中，被電視臺攝影機的鏡頭捕捉；而達米安沒在看球賽的時候，通常會在更衣室附近四處閒逛、東聊西扯，在高度緊繃的程序裡給人一種無政府的、古怪的常態感。

　　「達米安很喜歡司諾克球。」我們在冰冷、沒有陽光的鋼筋混凝土樓梯間，搖搖擺擺地走下劇院時，羅尼告訴我。演出即將開始，他和約翰正準備要上場。「可是當他參與我的比賽時，」他繼續說，「並不只是為了司諾克球。他想讓我放鬆心情、頭腦清醒，讓我做自己。真的。」

　　但賽巴還有另外一個故事，對潛藏在硬幣另一面、黑白思考棋盤上那些盲目的**黑暗**方塊界線強迫症，提供強而有力的洞見。這個故事發生在莫斯科奧運會的準備過程，顯示出他當時的心態

23　美國諺語：每朵雲都有銀色鑲邊（Every cloud has a silver lining.），即雨　　過總會天晴的意思。

——當時**必須**具備的心態。

1979 年的耶誕節早晨，氣溫極為寒冷。賽巴剛剛完成一項 12 英里的長跑訓練。那是在北英格蘭南部一個崎嶇不平、布滿岩石，被稱為「峰區」（Peak District）的國家公園。午餐後，他懶洋洋地躺在電視機前，火雞和肉餡餅開始加速午睡的進度。他突然感到不安。起初，他不知道為什麼。接著，他恍然大悟。

「我望向窗外，看著灰色的天空和空蕩的街道，呼嘯的狂風吹過樹林。我心想，史蒂夫肯定還在外面某處挨著冷風，在進行今天的第二輪訓練。」

就這樣，他穿上運動服，在冰雪中又跑了 7 英里。

很多年後，2006 年，在墨爾本的大英國協運動會（Commonwealth Games）上，這兩個老對手又碰面了。過去的對戰已經被他們遠遠拋在腦後，曾經讓國民興奮不已的世紀大賽也早已塵封。他們兩人坐下來共進晚餐。賽巴講了這個故事，而史蒂夫差點把晚餐咳出來。

「你是說，你耶誕節那天只出去兩次？」他說。

藝術如人生

取景器有各種因人而異的設定。一種是我們從賽巴和羅尼身上看見的「大局與小局」的社會脈絡；另一種是更細緻、更認知性的角度，即上一章提到的涵蓋過窄與涵蓋過廣。

放大鏡頭，會太靠近我們要看的東西——就像 1980 年的賽巴——就會見樹不見林。回到我們先前講的西洋棋比喻；我們只看到黑白方塊，看不到棋盤。這就是囤積者不得不面對的、令人困惑到動彈不得的問題。一切都是獨特的、獨立的、特殊的，無論是報紙、用過的水瓶、羽絨被套、浴墊或烤麵包機，什麼都不能丟掉。沒錯，當臉書為 70 多種性別分類背書，那就是囤積！

相對的，鏡頭縮得過遠，我們就見林不見樹了。這樣一來，便會失去眼前的細節，難以將其與類似的物體或場景區分開來。

這時，我們就會陷入刻板印象。

這個訊息再簡單不過。在錯誤的設定下，透過取景器窺視並不是個好主意。不僅畫面會失焦，還會產生相當大的壓力和焦慮。

取景器並不需要很大程度的「偏離」，才會導致問題。即使是看似微不足道的計算錯誤，也會製造出無法預知的麻煩。例如，試想在一個貿易展覽會上，為顧客提供 6 罐和 24 罐果醬試吃品的差異。如果你是行銷單位的人，這似乎是小事一樁；但是，如果你是製造商就不一樣了。只需要對靈活的心理測驗取景器進行簡單的調整，就能對拿到合約與否產生非常重要的影響。你的產品可能成為市場寵兒，或是因過度比較而默默無聞。

借用一個藝術界的基本觀察來形容：這關乎我們看到的畫面性質和我們與畫布保持的距離之間，達到的準確平衡。是關於感知最佳的構圖細節筆觸，以使我們盡可能想像整體畫作。如同我們在第 3 章、從艾蓮諾・羅許學到的那樣，最佳分類原則可以適用於實體物件和感知刺激（例如顏色和家具），也可以適用於社

會環境中，用於管理、架構和安排我們的生活。

以兩幅標誌性的作品為例：1872 年克勞德‧莫內（Claude Monet）的〈印象‧日出〉（*Impressioin, Sunrise*），此畫作收藏於巴黎的瑪摩丹美術館（Musée Marmottan Monet）；約翰尼斯‧維梅爾（Johannes Vermeer）的〈拿酒杯的女孩〉（*The Girl with a Wine Glass*），成畫於 1659 到 1660 年左右，可以在不倫瑞克（Brunswick）的安東‧烏爾里希公爵美術館（Herzog Anton Ulrich-Museum）得見。想像一下，這兩幅畫作正在畫廊中相鄰展出，你站在它們前面的等距點，依次觀察各幅畫的場景。你認為這是最好的方式嗎？你認為用這種方式看畫，堅定地站在畫作的中間點，最能欣賞到每一幅畫布優越的做工、創意和工藝技術嗎？當然不是。你需要向前和向後，或向左右移動，調整藝術欣賞取景器上的設定……向上、向下、向下、向上……以確定最佳的感知範圍。

印象派畫作——就像莫內的作品——被稱為印象派不是沒有原因的。印象畫派提倡者創造的現實「印象」，一般都是使用更寬廣、更粗獷的筆觸和點狀、片狀、噴灑的色彩「加總」而成為現實，從遠處看最有意義。相比之卜，像維梅爾這樣的藝術家的畫作，在近距離欣賞的效果更好，畫家靈巧的筆觸和無可估量的細節處理才能被適當審視。

維梅爾在他的畫中，使用一種稱為點描法（pointillé）的技術。在年輕求婚者的斗篷內，襯上展現光和質地的激化效果。這種技術不是以連續、相連的筆畫將顏料塗在畫布上，而是將鬆散、發

光的小點串連在閃閃發光、天空般的層次中，彷彿能捕捉光線的交織和移動。但是，如果你想看到這個效果，就必須站得很近；如果你堅持站在畫廊的中間，那就乾脆別看了。

　　有時候，拉近鏡頭是好的，可以看到細節、具體的部分。有時候，拉遠鏡頭也不錯，有利於掌握大局。這規則不僅適用於藝術，商業、政治、社會……所有你能想到的領域皆是如此。

　　艾迪·豪（Eddie Howe）是伯恩茅斯足球俱樂部（AFC Bournemouth）的教練，在英格蘭南海岸是非常受歡迎的人物。他把足球俱樂部從邊緣處境（他在 2009 年上任，當時該俱樂部在乙級聯賽排名墊底，因未能遵守足球聯盟的財政規定，積分為負 17 分）。目前來看，他是英國超級聯賽在職時間最長的教練（希望在本書出版時他仍然是）。

　　我被伯恩茅斯比賽場地——活力球場（Vitality Stadium）的主席、帥氣且頗具魅力的傑夫·莫斯廷（Jeff Mostyn）邀請，在年度董事晚宴上發表主題演講。伯恩茅斯的大成功，不能不算上他的功勞。2008 年，俱樂部距離清算只剩 5 分鐘時，傑夫開出一張 10 萬英鎊的支票，繳掉未付的稅款。這件事標記了艾迪後續發展的開端。俱樂部成員都稱這個翻轉式的變化為「大逃脫」（Great Escape）。

　　演講後的第二天早上，我坐在會議室裡，看到艾迪和傑夫在

角落裡聊天。伯恩茅斯的球迷現在還在唱一句歌詞：「艾迪做了一個負 17 分的夢……」如果說有兩個綜觀全局的大人物，那就是我眼前的這一對。他們會怎麼看待取景器原則呢——雖然我們的黑白思考方式是先天設定的，有時候用片狀和塊狀的方式、有時用千鳥格紋的方式來思考，這樣是不是也挺好的？

「很有道理。」傑夫說。「而且如果你是英國超級聯賽足球俱樂部的主席或教練，你需要有一個非常靈活的取景器。

「在一個賽季中，你會經歷很多高低起伏。雖然，歸根結柢，重要的是大局，也就是你最後的積分，但你還是要面對每一天、每個星期、每場比賽。我知道這是老生常談，但這是真的。有時候，你不需要綜觀全局，或是著眼人生目標，只需要知道你下一步要做什麼。就足球來說，也是一樣。從 8 月到 5 月都是一連串的當下，你只需要把這些點連起來——」

「然後希望你最後得到的形狀，看起來不會像是降級！」艾迪插話道。

我們笑了笑。艾迪繼續說。「他們是怎麼說的？千里之行始於足下。好吧，那是真的，但前提是目標和過程都要正確。魔鬼可能會藏在細節裡，但也可能就在大局中。如果你的眼光放錯地方，那就算這千里之行的每一步都是對的，也可能在某瞬間發現你不在你想走的方向。

「你要低頭，也要時不時抬起頭來。和伯恩茅斯的年輕小夥子們一起，我們在這方面達到了健康的平衡。我們將本賽季分為一系列的四場比賽組別，或說『小賽季』，然後在每一系列結束時，

我們會評估自己的表現。就好像是立足當下，同時著眼未來。

「另外，正如傑夫所說，有時候可能是一個漫長的老賽季，劃分成較短的賽程能讓小夥子們保持積極，讓他們在已經打好的基礎上再接再厲。如果結果沒有那麼理想，就重組後再出發。」

這份來自英格蘭南岸的訊息響亮而清楚。藝術家和詩人威廉‧布萊克（William Blake）也許能在一粒沙中看到整個世界，在一小時內看到永恆，但是，他從來不需要盡力防止每一季被降級到錦標賽的可能性，或者面對年度股東大會的考驗。對大多數人來說，不是這一個就是另一個，不是像素化的現在矩陣，就是寬螢幕、壁掛式的以後。而不管你玩什麼遊戲，如果你想繼續玩下去，這兩種你都需要。

在伯恩茅斯另一頭的國土，有一個心理學巨人——肖恩‧戴奇（Sean Dyche）在伯恩利足球俱樂部（Burnley Football Club）執掌大權。繼艾迪之後，他是英超聯賽在職最久的總教練，對於組建球隊並設定勝利週期等種種，他可說是瞭若指掌。而且，和艾迪與傑夫一樣，他也明白取景器原則的好處。幾個賽季前，我在伯恩利跟戴奇碰面，我們去一家印度餐廳共進晚餐。

「我們有句常說的話。」在今晚的第一道主菜——蒜蓉辣椒大蝦送上餐桌時，肖恩告訴我。「最低要求是最高承諾。到頭來，這跟輸贏沒有關係。這是關於每一天拚死拚活、全力以赴、付出一切。

「腿、心、腦，我一直在教育球員們，要比一場超過 90 分鐘的球賽，這三樣必須一起工作。」

「我的看法是這樣：比賽結果是其次，最重要的是隊伍，他們是大局。而且，平心而論，球迷和俱樂部是超越這些的更大圖像。作為一個教練，你必須注意所有事情。

「你知道看清大局最大的障礙是什麼嗎？自我。這就是為什麼像這樣的夜晚，咖哩和幾瓶啤酒是如此重要，它能確保每個人的腳，包括我的腳，都能確實待在它們應該待的地方。腳踏實地，而人要保持簡單。要贏得一場足球賽，你就得把該做的都做好，不需要想太多，也不需要複雜化。腿、心、腦。」

伯恩利足球俱樂部有一些有趣的球迷，肖恩認為我應該去見見其中一位。肖恩對勝利週期的瞭解，就如前工黨政治公關阿拉斯泰・坎貝爾（Alastair Campbell）對旋轉週期的瞭解——這不是指你在洗衣機上選的那種旋轉，而是被編入政治和權力機器的程式。阿拉斯泰的履歷表就像《紙牌屋》（House of Cards）的各集情節表一樣。在 90 年代末和 21 世紀初的「酷不列顛」（Cool Britannia）時期，他擔任東尼・布萊爾（Tony Blair）工黨政府的通訊總監，在此之前，他是唐寧街的新聞祕書、布萊爾的發言人及 1997 年的競選主任。現在他是《GQ》雜誌的首席審訊員及《新歐洲》（The New European）雜誌主編，身兼一大堆心理健康宣導活動大使。凡是阿拉斯泰不知道的政治、媒體和競選活動資訊，都沒什麼公諸於眾的價值。

肖恩的直覺很準，我很高興他介紹我們認識。如果說有某個領域，適度的黑白思考占據其中心位置，而且取景器的設定至關重要，那就是政治。

　　18 世紀的法國，分裂的鐘聲開始敲響。1789 年 5 月 5 日，隨著代表法國領土各階級的立法和協商大會——三級議會的召開，法國大革命正式啟動。國王路易十六將三個社會階級的成員召集到凡爾賽宮：第一階級－神職人員，第二階級－貴族，第三階級－平民。所有人齊聚一堂，設法遏制法國不斷升級的金融危機 [24]。歷史學者至今仍然不解的是，這次會議中挺王派的階級——貴族和高等神職人員——占了國王右邊的位置，而那些反對他的人——平民和中產階級——則盤踞左側。從那一刻起，「左－右」的政治隱喻誕生，也因此開創歷久不衰的二元論詞彙：「右派」保守黨，「左派」民主黨，和中立、溫和路線的「自由派」。

　　確切地說，這個隱喻之所以歷久不衰，並且將其論戰範圍擴大到古代政權末期的基礎結構之外，延伸至整個世界的民主政治制度，目前看來也就不足為奇了。出於相同原因，「天堂」和「地獄」的隱喻，作為善惡的象徵而得以長久留存。直到近年，「男性」和「女性」這兩個詞在人類的表達史上，幾乎能在所有語言和方言大行其道。政治遊說，就像道德、性別和種族一樣，是混亂而複雜的事情。例如，如果我們將政治光譜中所有可能的顏色排在一條線上（就像前言中的膚色隊伍），從最紅的一端走到最藍的一端，途中會經過酒紅色、淡紫色、洋紅色、梅色和紫色。如果

24　18世紀晚期，法國參與七年戰爭（1756－1763年）和美國革命（1775－
　　1783年），欠下巨額債務，因此陷入嚴重的財政危機中。貪腐，加上皇室
　　和法國凡爾賽宮廷放縱的生活方式，逐步加劇這個災難性的狀態。

一直走下去，我們會面臨類似的、難以界定的中間連續體。紅和藍、左和右，是政治世界的原型，是意識形態交會的節點。人們認為，在這個節點上的聯繫紐帶最為牢固、信念最純粹。

紅和藍是政治上的黑與白[25]。

在我絮絮叨叨的時候，阿拉斯泰很有禮貌地聽著。我認為勾勒出論文中更廣泛的社會學背景出處，是需要相當謹慎的。但話說到一半，我忽然意識到，向現代最偉大的政治戰略家（之一）講述政黨政治分裂的起源，就像試圖對普羅米修斯解釋火一樣。阿拉斯泰比大多數人都更瞭解黑白思考的藝術。我們的分類方式——黑白二分法的體積、振幅和頻率——左右我們的決定。取景器原則最符合他的胃口；一方面是黨政二元對立的長期心理張力，另一方面是敘事、信念和個人意識形態上的個別差異。兩者都是他多年來關注的主題。

「政治家和其他人一樣，都是人。」他告訴我，同時吃著魚和薯片、喝了口水。「最大的區別，是監管和決策的重要性。由於歷史上的左右派分裂和政黨角色，我們被迫認為 A 政黨都這麼想，B 政黨都那樣想。但事情遠比這複雜得多，不同黨派的人，往往比他們展現得更有共識。」

他這番話，說的時間點非常巧妙。當時，我們在北倫敦海格

---

25 阿拉斯泰曾詳細描述和撰寫自己在1980年代的偏執狀態。當時，他相當執著於「左」、「右」這兩個字，以及紅色和藍色。他認為，這些概念顯然已深入政客的頭腦。

特的餐廳用餐,他因被逐出工黨,而被媒體大肆報導了幾天。他被逐出工黨的罪名是:在歐洲選舉中投票給自由民主黨,以抗議工黨當時對英國脫歐第二次公投的立場。他過得很好,完全沒有受這件事影響。「我還是工黨的一員。」他笑著說,而且顯得很有自信。他告訴我,工黨最終會發現一些「比柯賓主義(Corbynism)[26]更現代且明智的東西」。

阿拉斯泰解釋說,政治有時感覺就像 M25 ──圍繞著倫敦那條總是過度擁擠又氣味刺鼻的高速公路。所以,就像高速公路上有左、右、中三條車道,在民主進程中,也有三條主要的政治車道,以促進交通流動。這個比喻很好。他還講到取景器原則,這是我沒有想到的。當車流順暢移動時,道路規則就發揮作用;道路暢通,車速自然產生變化。但是如果出了問題,規則就變得不那麼重要了。當壅塞發生時,所有車輛都動彈不得,道路標誌也不具任何意義。司機們不把車道限制放在眼裡、為所欲為,任意插隊和變換車道、隨意穿梭。

「或是拿足球來說。」他建議。「每回我去看伯恩利比賽,都希望他們能贏。這不是說我不能欣賞對手的素質,但如果對方球員展現高超技術,或是伯恩利有人犯規後離場,我就會覺得很

---

26 「柯賓主義」(Corbynism)這個廣泛而模糊的術語,描述左派政治思想的意識形態叢集,於2015到2019年傑瑞米・柯賓(Jeremy Corbyn)領導的工黨時期凝聚匯集。其核心原則包括反帝國主義、對外不干涉主義、硬核反資本主義、社會自由主義以及參與式青年「運動主義」。

遺憾。老實說，如果是我負責挑選英格蘭隊的球員，那麼所有伯恩利的英國孩子都會入選。凱恩、斯特林和亞歷山大・阿諾則會坐板凳。然而，這不是足球，也不是政治。事實上，所有可能的壞事，在川普－強森時代層出不窮：裙帶關係、除了諂媚者以外，完全容不得異己、蓄意破壞真相。」

　　他說的沒錯。從遠處看，無論是曼城球迷、曼聯球迷、政客、交通警察或反抗滅絕（Extinction Rebellion）活動人士，所有人都像畫一樣看似成品。單憑短暫的印象，我們就評斷自己喜歡或不喜歡，接受或拒絕看到的事物。然而，只有走近，仔細看那無數不同的筆觸──獨特的方向、質感、色彩構成──我們才開始瞭解投注在每件作品的心力。當然，即便如此，我們仍然可能不喜歡、覺得它不是我們的菜。但至少我們可以欣賞其積極的一面：藝術家的工藝、眼光、他的個人特質。

　　時間拉回 2017 年夏天，當時西北杜倫（North West Durham）工黨大本營新任命的工黨議員蘿拉・皮德科克（Laura Pidcock），在接受左翼線上新聞網站 The Skwawkbox 採訪時，就沒有做到靠近欣賞這件事。那次採訪在英國媒體引起不小的騷動。「反對派」這個詞廣泛運用在政治上，指非執政黨的政黨黨員。換句話說，即非當權者，因此對整體局勢是無害的。然而皮德科克女士在採訪中，把底線推得更遠。當她被問及個人對同為下議院議員之間非議會、非工作、跨黨派關係身分的看法，她的評論是，她永遠不可能跟保守黨員做朋友。因為，他們是「敵人」。

　　在皮德科克女士的眼中，似乎有兩種類型的保守黨人。那些

「被特權蒙蔽雙眼」的人，無法同情比自己不幸的人；而那些「完全受意識形態驅動」的人，短視地追隨野蠻的資本主義仙丹。

　　「不管他們是什麼類型的人，我都無意和任何一個人做朋友。」她透露。「當你看到他們對人民的影響時，就不可能認為他們不是敵人。在這個國家，很多人活在恐懼中，每天都擔心糧食不足。」

　　她解釋，有一些朋友是她**選擇**花時間相處的，而這些人在議會上，跟她都處於類似的立場。她宣稱，這對她來說是種「本能」。

　　皮德科克女士的言論引起相當多媒體關注。平心而論，其中大部分都不是正面評論，但最有趣的是那些與她相同政治信念者的反應──連他們都想馬上閃開這個政治大烏龍。大家的共識很明確。大多數人看來，她對保守黨那簡單、粗暴、獨斷式的極端分類法是相當荒謬的。煽動由敵意所支持、由意識形態的不理解所支撐的非此即彼、全有或全無的分割，可能帶有一種部落主義的滿足感（當然，也有利於選票），但從整體上看，它其實並不那麼實用。正如阿拉斯泰・坎貝爾的觀察，這對政治的最終目的──就是把事情做好──沒有任何幫助。

　　為此，人們需要維持聯繫並締結同盟。有時候，不僅要與那些**貌似**有誤解的人結盟，還要與那些**確實**有誤解的人結盟；不只要跟那些思想誤謬的人結盟，還要跟那些腦袋有問題的人結盟。

　　當皮德科克女士坐下來，接受 The Skwawkbox 採訪時，她也許沒有意識到，自己的取景器困在「涵蓋過廣」的景觀上。她的

思考是黑白二分的，而且是巨大、負面、殘酷的黑與白。如果當時她有欲望或能力將取景器放在特寫鏡頭上，調動控制桿，讓她可以隨意拉近和拉遠，不只是在她和議員同僚之間劃出一條定義所有的分界，而是若干條細微的線，界定人際間的各種子類別，那麼她很可能就會取得不同的觀點。在她眼中的「敵人」，很可能就不那麼難纏、噁心、怪異，整體而言不那麼像外星人[27]。

我們都在報章雜誌上看過這些圖片：木蝨、塵蟎或其他微生物被放大 100 萬倍。跳蚤的頭部，在電子顯微鏡的次原子注視下，看起來十分奇妙。就像蜘蛛的腹部和蟑螂的眼睛一樣，即使是癌細胞，在這種極端、無限等級的放大之下，也會顯得很美。

重點是什麼？每次專家清嗓子的時候，我們都應該高興地跳起來，期待他會發表翻轉世代的言論？如果被醫生約談，得到的都會是「恐怕不是好消息」？當然不。生活中的每一件事都是相對的，包括同理心。像這種時候，我們需要把取景器盡可能放遠一點。在殊死戰的交易攤位上，黑與白的試吃品應該只有兩個簡單的罐子；一個標示為「生命」，另一個標示為「死亡」。把所有的癌細胞都定型為壞的……是件好事，就像先人把灌木叢中的

---

27 2019年角逐國會席位的選舉中，蘿拉·皮德科克輸給保守黨候選人理查·霍登（Richard Holden）。

沙沙聲定型為致命危害，這些都是可以合理定義為會殺了我們的事情。

但是如果同阿拉斯泰所言，我們是在試圖解決脫歐問題，或者努力從被恐懼和無知所分裂的文化與群體中，消除反伊斯蘭或反猶太情節，那麼將某人定型為「敵人」——工黨、保守黨、極右派、穆斯林、猶太人或任何人——是不理智而且完全沒有好處的。黑白之間必須是細碎的，而不是二項式。我們必須把取景器向外放置。

直到我們看不到「他們」和「我們」的區別。

關於相對論的話題，這裡有一個簡單、實用、稍微有點詭異的取景器停止使用原則。請看下圖 5.1 的照片。

但……這是愛因斯坦嗎？

這很大程度上，取決於你跟這張照片的距離。若僅與照片保持一個手臂的距離，你可能會不理解我在說什麼；但如果把書打開立在桌子上，然後從房間的另一頭看這張照片，你就會「頓悟」了。

這強而有力地說明了大多數心理學家和強硬派的心理物理學家認為的、所有人類感知的基本原則，從基本視覺過程的根本機制，到長久以來家庭、信

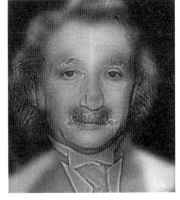

▲圖 5.1：瑪麗蓮‧愛因斯坦。

仰、足球迷、政黨，甚至民主國家相互評估和互動的方式：我們看到了什麼，取決於我們**怎麼**看。

這個視覺錯覺之所以有效，是因為在構成兩幅不同影像之間，存在很大的像素等級不平衡。瑪麗蓮・夢露的圖片比亞伯特・愛因斯坦的圖片像素少很多，因此只有從遠處才能解讀。換句話說，從近距離看，瑪麗・蓮夢露的圖片在感知上被愛因斯坦壓倒了。就像素而言，愛因斯坦的圖片更粗壯、更厚實，使其外觀特徵細節（例如他的髮絲和鬍鬚）躍入觀察者的視野。

速度也起了一定的作用。創造這種錯覺的麻省理工學院研究人員，在實驗室裡向人們展示各種不同的間隔，問他們看到什麼，結果出現一個清楚的模式。那些在較短時間內（30 毫秒）注視圖像的人，只看到瑪麗蓮・夢露；注視圖像達 150 毫秒的人，就能夠看到愛因斯坦。

從進化的角度來看，這有很重大的意義。時間很短的時候，我們看到的是黑與白。我們的大腦會看出更大的圖像，而犧牲感知的小圖。他們不得不這樣做——當然，在遠古時代，他們必須如此才能生存，否則愛因斯坦和瑪麗蓮・夢露也根本不會存在了。不會有金髮美女，也不會有紳士，更不會有相對論了。

在認知上、社會上和文化上也是如此。幻覺本身的意義，就是全面像素化。距離近的時候，我們的大腦能分辨出更細微的細節，比如愛因斯坦的皺紋和著名的海象鬍。但隨著距離拉大，相較之下，我們對細微差異的觀察能力也隨之下降，直到我們所注視的人變得面目全非。在桌子的另一邊，亞伯特・愛因斯坦變成

了瑪麗蓮·夢露；在議會的另一頭，保守黨成了賤民；在街的另一邊，陳家和張家，可汗家和庫瑪家，以及科沃斯基家，卻變成不可企及的人。

第 6 章

簡單的複雜性

要花時間思考。但是當行動的時間到了，就停止思考，去行動。

——拿破崙·波拿巴（Napoleon Bonaparte）

當我在校園學習應用數學時，老師問了我們一個如今眾所周知的問題。這個難題，通常被稱為「梅齊里亞克的砝碼問題」——因為是法國數學家巴謝・德・梅齊里亞克（Claude-Gaspard Bachet de Méziriac）首先提出，出現在他 1624 年包羅萬象、熱情洋溢的手稿：《有關整數的令人快樂與愜意的問題集》（*Problèmes Plaisants & Délectables Qui Se Font Par Les Nombres*）。

有一天，某個香料商的助手開著卡車在路上行駛，他為了躲避迎面而來的汽車而踩了剎車。卡車戛然而止，但他放在後面的、40 公斤重的物品卻飛到地上，摔成了四塊。這名助理既生氣又難過。雖然這起事故不是他的錯，但商人肯定會向他收取賠償費，並從他的工資中扣除。

身為一個數學天才，他突然有了一個想法。這個想法完美詮釋了最佳分類的概念：視背景脈絡和當下情況，將一個紛繁複雜的世界，正確地劃分成不同數量的功能「最佳」類別。在量稱那碎成四塊的 40 公斤貨物時，助手很快就確定，有了左右秤盤的平衡秤，他便可以測量任何重量介於 1 公斤到 40 公斤的貨物。

問題來了：那四個碎片的重量是多少？

在巴謝難題的解答背後，有一個詳盡的數學證明，包括括弧、象形文字、各種軍事級字母數位的組合和高難度希臘字母。所以我建議我們直接進入正題：1 公斤、3 公斤、9 公斤和 27 公斤。

以下用一些隨機的例子，來說明這個原理。

預期的香料重量	左秤盤的重量	右秤盤（加上香料）的重量
2 公斤	3 公斤	1 公斤
5 公斤	9 公斤	4（3+1）公斤
14 公斤	27 公斤	13（9+3+1）公斤
20 公斤	30（27+3）公斤	10（9+1）公斤
25 公斤	28（27+1）公斤	3 公斤
38 公斤	39（27+9+3）公斤	1 公斤
40 公斤	40（27+9+3+1）公斤	

就像襪子放抽屜、火車車速和切成碎片的圓圈一樣，巴謝難題是高中數學老師長久以來的寵兒。而這是有充分原因的。要解決這個問題，你不需要成為霍金或愛因斯坦，只要具備基本的知識：良好、確實的代數歸納法知識和邏輯思維基礎。

例如，要測量 2 公斤香料，你可以直接使用 2 公斤的砝碼。但另一方面，分別用 1 公斤和 3 公斤的砝碼組合，你不只可以測量 2 公斤，也可以測量 4 公斤以內的任何重量。從這個角度來處理問題，你就已經成功一半了。

但是，巴謝難題的價值，不只是中級數學的一道牆。這個優雅的比喻說明了幾世紀以來，訊息建構者面對的兩難問題，其中最引人注目的，是新貨幣的設計者。

最佳面額問題。

如何算出最少數量的硬幣和紙幣組合，使零錢給付的方式達到最高效率？

根據我們剛才思索的難題，答案很明顯是以 3 的冪數進行計算（1、3、9、27 是 3^0、3^1、3^2、3^3）。例如，在英國，1、3、9、27、81 便士，或者 1、3、9、27、81 英鎊。但是有一個問題：現在的貨幣幾乎都是十進位，因此在結構上不符合原來巴謝的拆解方式。中央銀行如果想在「0」上動手腳，就是在財政上玩火。此外，雖然 3 的冪數可能是一個未被發現的數學天才、在黑暗時代用來分配香料的有效度量衡，但週五晚上在酒吧排隊時，結果可能就沒那麼神奇，更不用說有效率了。

那麼，怎樣的貨幣設計才是最利於使用者的呢？大多數貨幣體系，包括歐元、英鎊和美元，都採用了同樣的結構性方案來解決這個難題。

1-2-5 系列。

這就是所謂的「優選」數字序列範例。優選序列代表簡單的整數排序。整數以一個方便的基數的冪相乘，通常是 10，以標準化、簡化和最大限度地提高各種廣泛脈絡下的客體、實體和數據點間的相容性。其中，貨幣面額可能是最驚人的例子。

1、2、5、10、20、50 便士。

1、2、5、10、20、50、100 英鎊。

你會發現，1-2-5 系列與巴謝的最佳序列相差無幾。事實上，兩者幾乎是一樣的。唯一不同的是，在巴謝的序列中，相鄰整數

之間的比例是 1:3，而在 1-2-5 序列中，則相當於 1:2 或 1:2.5。也就是說，從貨幣的角度來說，任何一個面額都應該是前一個面額的 2 倍或 2.5 倍。這種經濟模式有利於日常交易的便利性和正確性。拿著 10 英鎊的紙幣走進一家商店，用 3 英鎊買東西，你的零錢應該以 5 英鎊紙幣和 2 英鎊硬幣的形式出現，而不是 14 個 50 便士硬幣，7 枚 1 鎊硬幣，或 3 枚 2 鎊硬幣和 1 枚 1 鎊硬幣（雖然這是有可能會發生的事情）。

1-2-5 系列的起源提供很好的示範，在有需求或有傾向出現時，如何將所有東西簡化。但是，巴謝問題也提示了每個人在日常生活中都會面臨的基本難題。如同我們在前面的章節中看到的，不只是訊息建構者和新貨幣設計者必須與最佳化分類奮戰，而是所有人——從圖書館員到昆蟲學家，從囤積者到偏執狂，從政客到菁英運動員。除此之外，在日常生活中，這些數字通常比較模糊，解決方案也不總是像砝碼和度量衡一樣清楚乾脆。

那麼，如何知道何時該停止？如何知道在哪個時間點、哪個情境下，我們已經處於「分類巔峰」上？是當書的間距和排列都達到最佳狀態的時候？還是當我們與所關注的對象保持最佳距離，以適合當前情況的細節層次來欣賞「圖像」時？或是說，當我們以恰到好處的黑與白來思考的時候？

自從在邁克‧安德森那裡第一次接觸到最佳分類的概念後，我就一直在思考這個問題，但我沒有答案。不過，我認識一個人，他可以回答這個問題。

想一想……但不要想太多

　　艾瑞·克魯蘭斯基（Arie Kruglanski）是美國馬里蘭大學的心理學教授。他是納粹大屠殺的倖存者，也是美國「恐怖主義與因應策略全國聯盟研究中心」（National Consortium for the Study of Terrorism and Responses to Terrorism，START）的創辦人和總監。他窮其一生進入敵人的頭腦，試圖解讀暴力極端分子的思路。他的概念是**認知封閉**，也就是 Nike 提出的「做就對了」（Just Do It）。把事情做好，然後向前移動。我們每個人或多或少都有這樣的認知；這也讓他比大多數人更接近目標。

　　我們坐在華盛頓特區四季酒店的餐廳裡，他抓抓頭，擺弄著眼鏡。我剛才問他：「什麼是分類現實的祕訣？在數量正確、大小正確、有適量間隔的堆中，來獲取適當數量的資訊嗎？」我想，答案很可能在艾瑞畢生的工作裡，在他認知封閉的原則中。而我的直覺是正確的。

　　他向我解釋他的意思。

　　「基本上，我們每個人或多或少都有這樣的欲望，去堅持固定的信念，與生活中的不確定性、困惑和模稜兩可保持距離。」他告訴我。「這是通過天擇進化而來的。想一想……但不要想太多！

　　「思考是好事，對吧？對不同選項做適當的考慮是很重要的。但是如果沒有機制可以關閉你的思想、關閉你的頭腦，達到『夠

了，我已經充分思考，現在可以做決定並採取行動了』的那一點，那麼，這種思考對你有什麼好處？」

艾瑞說話的時候，我想起《辛普森家庭》（*The Simpsons*）中的野獸超市──一個巨大、迷宮般的超市。它的口號是：「在這裡購物是一種令人費解的煎熬」。這說明了一切。那裡有無限的產品選項，貨架一直堆到天花板。12 磅一盒的肉豆蔻：「喔！12 磅肉豆蔻的價格真不錯！」美枝感嘆道。而快速結帳櫃檯的牌子寫著「限 1,000 個品項以下」。

很有趣，對吧？但是，就像辛普森一家一樣，野獸超市是不是有那麼一些些真理呢？從鞋子到洗衣粉、學校、約會夥伴……某樣東西越多，我們就越喜歡，這不是常識嗎？

並不是這樣。事實是，我們可能認為自己喜歡，但其實太多選擇會讓我們停滯、崩潰，最後失去判斷力。還記得果醬的研究嗎？那顆分類過度的沙灘球，開始在我們的腦子裡四處旋轉。

「不要誤會我的意思。」艾瑞繼續說道。「深思熟慮和斟酌，是人類擁有大腦的偉大優勢之一。邏輯、理性、創造力……我們所有的高等官能都歸功於比較和對比的能力。但是，如果沒有一個開關，我們將被困在無止境、無限的數據處理魔域中。

「如果我們都在研發，卻沒有產出最終產品；如果我們不斷轉動引擎，但實際上完全沒有前進，那麼擁有大腦根本就不是優勢，反倒是一個累贅、在優越系統中的愚蠢錯誤。幾百萬年前的一隻小蟲，可能很快就能把我們幹掉。事實上，人類的歷史可能根本就不會展開。」

　　多年來，艾瑞一再證明，認知封閉的需求如何迫使大腦休兵。不需要太多，提高噪音、時間壓力、無聊和疲勞，都會使我們拙劣的認知早早棄械而逃。

　　必須有一個底線。我們的大腦需要有一個「打烊」的標誌。不是所有時間都如此，只是當這裡人滿為患、房間全部訂光的時候。當我們面對一堆狂亂流動的資訊，當我們面對吵鬧、喧囂的大批選項時，我們必須在接待處貼一個告示——一張寫著「沒有空房」的大字報。

　　巴謝的砝碼和稱重問題之妙處在於，它的解法寫在冰冷的數學星空裡。這些數字看起來天生就那樣，但是生活，正如艾瑞指出的，並不總是如此中規中矩，很少這麼整齊、方便地顯示在解答頁。生活往往沒有解答頁，根本沒有一頁完整的正確解釋。相反的，我們必須手忙腳亂地前進，考慮所有選擇、面面俱到。在各種不同的決策名目之前，我們必須「權衡」選擇，「平衡」我們的判斷。我應該買什麼果醬？應該雇用什麼人選？應該送孩子去讀什麼學校？

　　從認知上來說，這件事代價高昂，令人望而卻步。所以幾十萬年前，在人類的進化史中，對逃跑的思考施加了一個上限，安裝了一個安全網的心理殺傷開關。一方面是為達成正確性的高要求，另一方面是為了最大限度地提高速度和效率。

　　天擇並不愚蠢。自然運行的規則很清楚，如果不事先做好準備，我們的大腦就會不停地咆哮，對任何問題收集無止境的細微資訊，對其不斷減少的剩餘物進行剖析和分類，成為逐漸分裂、

越來越沒有意義的思想位元。

「就像俗話說的，藝術家永遠會偷偷回到畫廊，為未完成的傑作畫龍點睛？」我猜想。

「正是如此！」艾瑞說。「所以我們必須做點什麼，必須採取行動來規避瓶頸。要使出某種可靠的、先發制人的關閉機制，去移除卡在工程中的破壞因子。如果演員困在舞臺上，其他人就會用迅速、圓滑的計策來拉下帷幕。」

但到底是什麼行動呢？幾百萬年前，當我們的祖先變成晚餐的可能性遠大於成為用餐者時，大腦也面臨過類似的困境。假如發現灌木叢中的一條蛇或洞穴角落的蜘蛛，你需要多少證據來證明牠是否無害？

因此，天擇機制不得不站出來迎接挑戰。它做到了。事實上，天擇對原始需求的解決方法，產生了一種絕對的適應性。隨著時間過去，這種適應性在幾乎你想得到的所有衝突領域，已經成為高風險衝突和短兵相接的同義詞。從戰場到球場，從非洲、亞馬遜和大洋洲的樹冠叢林到貝爾法斯特、巴格達和布朗克斯的水泥叢林。

戰鬥或逃跑。

這種本能的、普遍的反應模式是否也構成制約過度思考的基礎：艾瑞的電腦斷電器生物原型，即「認知封閉」的需要？似乎不太可能跟這無關。畢竟，天擇如果不是毫無節制，就會失去意義。共同選擇，是指在一組條件下產生的物理結構可以承擔不同的功能，並在保留原有特徵的前提下，便於向新的脈絡或環境過

渡的過程，是進化的標準操作程序之一。如果依達爾文的發現，適應通常不是透過某種突如其來的、一次性的、大爆炸的巨大蛻變，而是一系列漸進式的、微小而難以察覺的調整，那麼「中間」或「過渡」的形式如何能存活——如果不是因為這些在某個時期、因為某個原因而進化的特徵，具有某種條件，使其後來能透過對原有結構最小的調整而改變其功能[28]？

　　歷史的教訓很清楚。人類大腦的「強制退出」功能，讓我們領先一步。就是那處在悠閒認知背後、堅持不懈的神經叉，讓我們不會變成其他物種的菜單。如果檔案櫃裡，達爾文設計的第一代「封閉需求」軟體——戰鬥或逃跑——的證明衰退了，那麼在某個時間點，任何第二代技術都將在第一代的基礎上建立起來。

　　但這並不是說，我們不該謹慎行事。我們仍須正確看待事物，在封閉的需求過早關閉思路時，意識到可能存在的問題：偏見、涵蓋過窄或過廣的臆斷；不能或不願辨別適度的微妙性、複雜性和多樣性；無法列舉夠多類別，以進行知情和理性決策的過程。

---

28 在《物種起源》（*The Origin of Species*）中，達爾文將既存結構改變的功能概念，描述為進化發展過程中「極其重要的過渡手段」（1872年出版，175頁）。他思考一些起初可能沒有明顯作用的特性和特徵；它們不是自然淘汰，而是進化過程偶然出現的副產品（例如：「複雜的生長規律」；「部位相關性的神祕規律」），因為可能獲得一些未來在新環境生存需要的功能，所以仍然對其所屬生物體的進化具有重要作用：「不過因此間接獲得的結構，雖然起初對物種並不具優勢，但是在新的生活條件和新養成的習慣下，後來可能被生物體改造過的後代所利用。」（1872年出版，186頁）。

如果封閉需求給予我們明確而獨特的優勢——正如艾瑞過去 30 年的傑出研究證明，確實如此——那麼它也可能被誤用。刻板印象的受害者就是一例。如今，在 21 世紀，灌木叢不會像過去發出那麼多沙沙聲，我們每天所做的決策比先人更複雜、更不急迫，影響也更廣泛。

他們要劃的線只有一條，我們要劃的線卻不少。

我問艾瑞，個別差異是什麼？如果每個人都配備「強制退出」功能，亦即天擇使我們都有原始封閉需求的標準配備，以防止人類在認知上把自己搞死，那麼我們之中，是否有些人比其他人的功能更為完善？每個人劃線有多迅速、自信和果斷，是否各不相同？是否存在一個認知封閉的連續體，而每個人在其中都有自己的位置？

我曾聽過一個關於愛因斯坦的故事——也許是杜撰的，誰知道？故事是說，有天早上，一名水管工人到愛因斯坦家進行維修工作。這位偉人在門口迎接他之後，應他的要求，帶他快速參觀了一下住所。一進圖書館，水管工就被一排排雜亂無章的書架嚇呆了。簡直難以置信。

「這麼多書。」他搖搖頭。「你一定花了很多時間才讀完……」

愛因斯坦笑著說：「大部分的書我都沒有翻開過。」他承認。「我看書很慢。」

水管工感到很奇怪。這樣一個天才、一個擁有無與倫比的知識名聲的人，竟然會閱讀緩慢？他很疑惑，這不合理。愛因斯坦繼續說明。

「閱讀的時候，我的習慣是確定自己完全理解內容。所以我每次都會挑一段讀，讀完後闔上書本，然後思考一個星期，再打開它，繼續看下一段。」

艾瑞明白了。「就跟任何需求一樣。比如說，對刺激的需求，成為群眾焦點的需求，或者是歸屬感的需求——對認知封閉的需求因人而異。」他說。「我就是想到這一點，才開發了一個量表，來評估每個人在思想封閉程度上的差異。」

我很想說，我不需要問卷來告訴我，自己是否思想封閉。我就是知道。但我接受他的提議，決定做做這份問卷（精簡版的量表，請見第 351 頁〈附錄二〉）。此外，事實證明，不僅僅是自我報告評量方法，可以量化我們對不確定性和模糊性的容忍度，在實驗室裡，也有檢視個別差異的研究，稱為「感知的言行重複症狀」（Perceptual Perseveration）——特定的刺激或影像，經初次接觸後，在「心靈之眼」中持續的程度——這種研究提供額外的證據，有相當具破壞性和發人深省的效果。

距今 70 多年前，戰爭結束後不久，柏克萊的猶太心理學家埃爾斯·弗倫克爾－布倫斯維克（Else Frenkel-Brunswik）進行的實驗正是這種類型。這項實驗至今被公認為該領域的經典之作，揭開了歷史上最黑暗、最邪惡的人格類型之一：仇恨心態、狂熱的滅絕種族暴君。

弗倫克爾－布魯斯維克 1908 年出生於波蘭，她的成長歲月無異於游牧民族。1914 年，她和家人越過奧匈帝國邊境逃到維也納，以躲避大屠殺；後來，在 1938 年，奧德合併（Anschluss）之

後，她像許多同代的猶太移民一樣，來到了美國。1938 年是她事業的轉捩點，就很多方面而言都是如此。在迎接新世界的自由和承諾——愛情、經濟穩定、學術終身制——同時，也預示著一個不祥家族的老問題。一篇出自德國心理學家埃里克・顏西（Erich Jaensch）——一名狂熱的納粹分子——之手、名為「對比類型」（Der Gegentypus，英譯 The Antitype）的文章，經後來的歷史悲慘事件證明，深刻地影響埃爾斯的思想。

「對比類型」的中心論點是急功近利的，而且從實際上來看，完全錯誤。它假設，根據刺激物已從視野刪除後，一個人在心中維持某個視覺刺激的能力，能推出兩種基本原型屬的人格特性。這個二元組合形成了連續體中兩個對立極點的基礎。

在正面的一端——對顏西扭曲、毒性又危險的思考方式來說——是難以捉摸的「全現心象者」（Eidetiker，字面意思是「記憶力超強的人」）。它代表幾乎只在純種德國人身上觀察到的心理特質，其特徵是堅定、一致和規律性。另一種是「對比類型」，其特點是不穩定、個體性和對模糊性的容忍度：一種「自由主義」的形式。顏西認為其主要與猶太人和外國人有關，而且就當時的民族主義思考模式而言，對於結構嚴密的德國文化構成實質性的威脅。

但弗倫克爾－布倫斯維克對世界的看法有些不一樣。她不同意顏西對於「精確的、像機器一樣、毫不含糊的知覺反應」的過譽——也就是「全現心象者」具有無與倫比的能力，能夠在最初的刺激封閉後，準確地在腦海中保存影像。她不認同此為穩固性

和恆定性的原型，並將其重新定位為更接近「全現心象者－對比類型」光譜的中心。她認為，在這之間有模糊不清的疑慮，不是弱點、不是缺陷，也不是病態，但是有重要的心理價值。

證據的關鍵板塊已經出現在實驗室了。1940 年代末期，在今日公認為時代里程碑的一項研究中，試驗參與者看了一系列變形的素描。一開始是貓、最後是狗，中間由越來越像狗的混種動物漸進式地組成（見圖 6.1）。

當這一系列圖逐一展開時，他們要求參與者執行一個簡單的辨別任務：指出貓在哪一點上已經不再是貓，而且已積累足夠的犬類特徵，能夠在定義上重新歸類為狗。

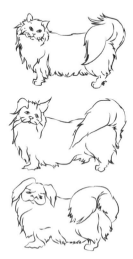

▲圖 6.1：上－明確的貓科動物；下－明確的犬科動物；中－兼具貓科和犬科動物特徵。

　　對弗倫克爾－布倫斯維克來說，問題在於大多為本能的、主要為無意識的認知靈活性的感知效應。根據平均法則，總有某些參與者會明顯地比別人早或晚「看到狗」。但她懷疑，這之中是否存在某種模式呢？拋開自然變異不談，會不會有一些心理向度，一些關鍵的人格特質或主要的性格特質，讓這些個體比其他人更能得知差異？

　　此研究的唯一重點是，對新資訊的認知易感性；或者，換個角度看，是關於認知對變化的抵抗力；是知覺上無懈可擊的全現心象者所珍視的必殺技。那麼，那些表現出較高度偏見的志願者，與那些對衝突觀點更寬容的人相比，是否會有不同的表現？甚至，與那些一般而言較容易接受模糊性和不確定性的人相比亦是如此？犬類的蛻變，是否在個性溫和者的大腦，比在極端型大腦的人發生得更快？

　　弗倫克爾－布倫斯維克發現，答案是肯定的，而且是非常肯定。「全現心象者」遠非顏西最初設想的心理健康、健全典範，完全不是如此。不僅那些表現出更大程度偏見的參與者，平均花較長的時間來轉變他們從貓到狗的感知想法，其中有一部分人，甚至就在變形圖像序列的最後，當轉變已經不可否認時，還堅決堅持自己的立場。

　　他們看到的還是**貓**，而**不是狗**！

　　從弗倫克爾－布倫斯維克的實驗中可以得到雙重教訓。第一，對模糊地帶的容忍度，在一個光譜上整齊地排列，我們每個人都在其中占了一個位置。第二，繼續往上走，走向光譜「不容忍」

的那一端，就會開始與現實失去聯繫。

黑與白不是黑與白——而是灰階

　　艾瑞按下一個簡單的評分鍵，把我在認知封閉需求測試上的回答跑了一遍。雖然我不是愛因斯坦，但也不是蓋世太保的料。不過在愛因斯坦的問題上，艾瑞依然保持謹慎態度。他說，即使那個水管工的故事是真的，這位偉人的閱讀習慣，可能並不代表他對結局的需求不高，而是因為他對其他東西的需求更高。這種需求常常與封閉的需求混為一談，但實際上完全不同，它是對**認知複雜性**的需要。

　　「『認知複雜性』是關於我們如何架構這個世界。」艾瑞闡述道。「是關於我們如何使用先前獲得的基本心理結構，來感知和應對環境。對於每一組類似的事件和遭遇，人們會隨著時間對其形成特定的框架。這些框架，或說看待生活的方式，為大腦省下相當多時間和精力。因為它們一旦啟動，將使我們能夠預測和解釋未來事件和遭遇的情況。這些情況若非直接連結於其上，就是夠接近而使人的大腦能夠預測結果。[29]」

　　換句話說，我們不一定要從最先原則中，推導出每一件發生的事情，處理問題的公式已經存在大腦中。經驗，讓我們對一個問題擁有看法。如何看待它，予以編碼、框架，以及如何評估、評價或反應，皆是由視角決定處理的方式。

　　換句話說，當「分類」離家去找工作時，就會變成「框架」。或者，把這團混合物再加上一層收納隱喻：如果類別是把生活裝進去的箱子，框架就是貼在箱子外面的標籤。比如，「未出生」在人類分娩的語境中，可能是我們用來發展子宮內生命形式的類別；但「胎兒」或「嬰兒」則是兩個截然不同的標籤，可能之後會被貼在旁邊。

　　艾瑞解釋這些框架或類別標籤的運作方式、它們之間的交叉對話和相互作用。他告訴我：「每一個框架與其他框架相關、重疊和影響的方式，決定了認知的複雜性。」有些人的大腦就像一個阿拉丁的框架洞穴，一打開門就看到數百萬個框架，而且它們相互交錯、彼此混合。這些人對認知複雜性的需求很高，比如愛因斯坦，他們能夠分辨，並對角度、方法、觀點和詮釋之間非常微妙的差異做出回應。通常，他們會花很長時間思考一個問題，權衡某個構想的利弊，對某件事擬出意見或得致結論──就像那名水管工的想法一樣，這實在出乎意料。

　　「另一方面，有些人的大腦中儲存的框架明顯較少。而他們所擁有的框架，就像盒子裡的寶石一樣，個別且獨立地排列著。這些人傾向用黑白兩色來看待事物，他們的思考方式是絕對的。例如，一個論點或觀點，不是對的，就是錯的；一個方案或措施，不是好的，就是壞的。我們說這些人對於認知複雜性的需求很低，

29　關於框架概念從德國啟蒙哲學家伊曼努爾・康德（Immanuel Kant）起至今的發展簡史，請見第353頁〈附錄三〉。

他們用來衡量世界的向度，比那些需求高的人少。」

「對認知複雜性的需求和對認知封閉的需求常常被搞混，原因是兩者都直接關係到我們決策和下定決心的速度，但是它們與這種便利性的關係卻相當不同。我認為，一個人如果同時具備高認知封閉需求和低認知複雜性需求——也就是說，一個喜歡確定的事物，但不喜歡想太多的人——便不會為自己做出的決定而失眠。他們是穩定性相當高的人。

「但是，一個人如果同時有高封閉需求和複雜度需求，他就很容易失眠！（這不是不可能；認知複雜性除了封閉需求之外，還取決於若干因素，像是思考的樂趣。比如，關於複雜性或簡單性的美學價值，或是綜合複雜論證的智識能力。）一方面，他們急欲尋求答案；另一方面，他們也想發掘細微的差異，所以會繼續努力地尋找。」

區別很重要。艾瑞指出，人類大腦原本預設的思考模式就是黑白分明的，而且數百萬年來一直如此。但是黑白思考比聽起來的要複雜多了。如果我們對認知封閉的需求決定了我們劃出底線的速度和清晰度，那認知複雜性的需求，就是我們劃出其餘界線的方式——類別和框架之間的分野，例如「嬰兒」和「胎兒」。

又如同「我們」和「他們」之間。

我們都配備了標準的黑白思考軟體，因為所有人都需要劃線。然而如何劃線、為什麼要劃和什麼時候劃，每個人有很大的差異。

有的人相較於其他人，劃的線比較多、比較快，也比較粗。

接下來的內容，將探討這些黑白思考中，個別差異的含意對

彼此溝通方式的影響。在確立分類對人類獨特的推理能力——評估無限複雜的環境中，萬花筒般的刺激間的種種關係——所發揮的關鍵作用後，我們將把注意力從思考的起源轉移到如何**改變**它。

也就是說服力和影響的科學。

分類是認知商品，它們產生了商業、競爭和交易。凡是有交易的地方，就會有移動——在影響力的作用下，就會有態度、忠誠度和觀點的移動。群體之間、團隊之間、組織之間的流動。但基本上，最重要的是，**人與人**之間的移動。

艾瑞所說的、那些框架的重要性就在此。那些類別的「品牌」，貼在盒子側面的標籤。學會如何有效率、穩妥並明顯地貼上標籤，學習對目標受眾行銷看待世界的現成思考方式，你就能成為一個有影響力的人物。你會發現自己更加熟練於得到想要的東西。

舉一個簡單的例子：移民或是難民？許多移民政策都是以這種二元對立、黑白分類的結果為前提。簡而言之，難民是因為別無選擇，才離開自己的祖國；移民則是為了尋找更好的生活而遷徙。這是一條直線前進的二分法，明確區分兩種不同類型的移動——被迫和非被迫的移民。全球各國的政策越來越傾向選擇性地限制前者，同時積極抵制後者。

或者說，表面看來是這樣。然而，實際上，將人們塞進這兩個互相排斥的類別，說得比做得容易。從伊拉克、敘利亞和阿富汗這些被炸毀的國家，或從貧困、受戰爭蹂躪的東非和撒哈拉以南非洲地區試圖進入歐洲的眾多人潮，他們的移動出於各種不同原因。其中許多人並非僅具單一、沒有選擇的原因，而是出自混

合需求、欲望和環境壓力的複雜因素。

這並不是說劃線不重要，或是不應該區分那些逃命的人，和那些只為了尋求更好生活的人。不幸的是，雖然希望無限，但資源是有限的。劃下一條線所產生的兩個類別——目前的人口移動觀念所反映的「被迫／非強迫」、「生活／更好的生活」的二元對立，充其量只是與現實中更模糊、粗略的圖像吻合，而在最差的狀況下，則是完全不對稱。

這對無良政客來說一點也不重要。事實上，這正中他們下懷。這些分類一旦被引用，就會獨裁式地執行。如果你是某一方的成員，就永遠不能成為另一方。雙重國籍是違法的，然而「移民」和「難民」雖然不同，劃分這兩個相鄰區域之間的界線卻模糊難辨。其邊界是人為的、人造的，被重重擺設在一個誘殺性的心理無人區，且有訓練有素的標籤和重裝甲描述項目在兩側巡邏。

也就是說，誰控制了語言，誰就贏了爭論。

2018 年，美國的反移民遊說團體開始將宏都拉斯的男人、女人和兒童組成的移民大篷車稱為「入侵部隊」時，他們很清楚自己在做什麼。這些人逃離世界上謀殺率最高的地區、逃離貧困和幫派暴力，有些人還只穿著短褲和拖鞋。反移民遊說團體試圖藉由篡奪對「移民」和「難民」語言邊界的控制，來支撐美國和墨西哥的地理邊界。如果你劃了一條線，想讓它持續存在，就用語言來強化它。分類就像我們身上的肌肉，在被定義之前，它們都是不存在的。

一般日常生活的影響既深又廣。如果沒有語言，我們就什麼

都沒有。語言使我們的生活充滿色彩（這不只是種譬喻，也有字面上的含意）。前面已經提過，色彩有七種不同品牌：紅、橙、黃、綠、藍、靛、紫。雖然聽起來很不可思議，但如果我們突然失去描述其中任何一種品牌的詞彙，例如紅色、藍色或綠色，那我們就再也看不到彩虹了。它不再是一個有完整組合的貨架。無論哪個色彩術語從字典中消失，相應的詞語都會缺貨。

有人說，事實有時比虛構更奇幻，彩虹就是一個例子。如果沒有色彩**詞彙**，就不會有**顏色**。

我們不會只用黑白來思考。我們所見的世界亦不只有黑與白。

第 7 章

彩虹的樣貌

1802 年之前，卷雲、積雲和高層雲都還沒出現
——它們在 1802 年之前還沒有名字。這些形狀存
在天空中，縹緲而短暫；它們約莫自大爆炸以來就
存在，但始終沒有被命名，直到出現需求。為什麼
呢？在被命名以前，世界的面紗都尚未揭開。

——琳恩・蒂爾曼（Lynne Tillman）

幾年前，我們剛搬到牛津的時候，我和妻子去了一趟當地的DIY商店。我們正在裝修浴室，想找一些油漆。我們有想要的顏色——藍色。幾週前在店鋪發的傳單上看過，一個年輕的北歐家庭把一艘船的船身，從簡約、現代主義生態小屋旁潔淨、綠樹夾道的車道上推出來。

去到店裡的時候，我找了一個店員，從我的後口袋拿出被揉皺了的傳單，打開它。我指著問：「有這種油漆嗎？」

店員從我手中接過傳單，仔細地看了一下，接著走到一個工作檯前。「不確定。」他低聲說，一邊敲打鍵盤。「我看看。」

我和妻子交換了一下眼神。這家店規模很大，到處都是油漆，他們怎麼可能沒有藍色？

「你是說，你不知道在這裡這麼多種油漆裡面，有沒有藍色嗎？」我問他，一邊指向四周。

他又輸入了一些數字。

「這裡沒有『藍色』的油漆，先生。」他的眼睛盯著螢幕說。「你看到的這個，」他指著照片說，「是絲絨微風色。」

我抓起傳單，盯著它看。船身是藍色，就是**藍色**的。

「好吧。」我說。「它可能真的叫絲絨微風，但是，基本上它就是藍色。對吧？」

他脫下他棕色（最好說是馬達加斯加摩卡色）的近視眼鏡，用它刺了刺我。

「聽著。」他說。「我從事油漆這一行25年了。當你在油漆業待了那麼久，就知道藍色其實什麼都不是。從1989年開始，我

就沒看過藍色了。我看過『愛琴海奧德賽』（Aegean Odyssey）、『蒼穹之霧』（Celestial Haze）、『天藍狂想曲』（Cerulean Rhapsody），但是藍色？」他搖搖頭。他重新戴上眼鏡，把螢幕轉過來讓我看。「你確定你要找的是絲絨微風嗎？可能還有很多你不知道的顏色，比如說『長春花宮』（Periwinkle Palace），這個很不錯。而且，如果要粉刷衛生間，用『積雲棉』（Cumulus Cotton）絕對不會錯……」

　　每次踏進我的「寶石岩池」（Lapis Rockpool）浴室時，我總不自覺想起我們看過的世界是多麼少。我們的大腦被無窮無盡的感官、認知和情感刺激轟炸。這些刺激來自資訊豐富到像沙灘上的沙粒似的環境，或者就目前的情況而言，是色譜中的子色調。我們每天都被不斷增加的細微差異和複雜性攻擊，而且，由於某「種類」刺激物之間無限的二級精度差別——油漆、麵食、工作、約會對象、特價商品——在我們大腦深處、沒有邏輯終點的認知過程，從混沌中召喚出一幅清晰而有結構的主觀、連貫的「現實」畫面。對於面臨的任何問題、困境或難題，理論上我們都可以持續蒐集與最終決策相關的詳細資訊。

　　但我們沒有這麼做，不是嗎？相反的，天擇已為我們配備強制退出功能，在神經沙地上劃了一條線，為我們提供足夠的信念和確定性，除去進一步考慮的需要，以防止大腦困在沉思中。永無止境輸入的無限串聯，在某個臨界點被遏止；大腦在與問題相關的無數數據點之間，計算出最低、**具功能性**的共同分母。講到油漆時是「藍色」，講到尋求政治庇護者是「移民」或「難民」。

但語言有一個罪惡的祕密。語言不僅能**定義**我們看到的東西，也為我們提供資訊並做出決策。有兩個經典實驗能提供完美的說明，一個跟溫度相關，另一個是速度。

兩者都涉及語言與其馬基維利式（Machiavellian）的思想詭計。

第一個研究在 1950 年的美國耶魯大學進行。這項研究關於我們如何看待別人、如何形成對別人的印象。哈洛德・凱利（Harold Kelley）是這項研究的主導者，也是一位**真正的**教授。他讓兩組學生閱讀兩位假教授的資料，其中一位被描述為「相當冷酷」，另一位則是「很熱情」。「兩位」教授——實際上是同一個人——隨後進入教室，與兩組學生分別進行 20 分鐘的研討。凱利想知道，兩組人馬各會對他有什麼反應？

答案正如他所猜測的：大相徑庭。首先，與期待冷酷教授的人相比，期待熱情教授的人更樂於參與討論。其次，他們給他更好的評語，評價他為幽默、善於交際、更受歡迎，是一個完全的好人。

事實上，後來的研究顯示，「冷熱」這個概念本能地融入人體的中樞神經系統，而且遠遠超過紙頁上的文字。研究發現，在溫暖的房間比在寒冷的房間裡，我們對人的評價更正面。還有其他各種我們通常不會想到的情況。比如說，比起冰咖啡，當我們拿著一杯熱咖啡時，真的就會「溫暖」待人。

但這並不只是因為語言可以固定我們的思考方式，或影響我們的感受。語言還可以控制我們看到的事物。在心理科學史上，

美國記憶專家伊莉莎白・羅芙特斯（Elizabeth Loftus）在 70 年代進行的一項研究最能證明這一點。這項研究現在被公認為揭開我們已知最強大的認知偏見之一的序幕：錯誤訊息效應。

　　研究焦點是一段小型交通事故的影片：一輛行駛中的汽車撞上一輛靜止的汽車。羅芙特斯向兩組學員播放這個片段。他們看完影片後，她向每一組人提出同樣的問題：那輛車撞上另一輛車的速度為何？

　　不可思議的是，儘管兩組人都看完全相同的畫面，他們給出的答案卻截然不同。其中一組的回答是（各組成員的平均數）31.8 英里／小時，而另一組說時速為 40.8 英里[30]。

　　差異的原因在於，羅芙特斯在問題中使用了微妙的措辭。對於其中一組，她問道：「一號車以多快的速度**碰**到二號車？」另一組她問：「一號車以多快的速度**撞**到二號車？」這兩個問題間的一字之差，造成了不同答案。

　　不僅如此，那些被問到「撞車」的觀賞者還說，在影片中的事故現場看到碎玻璃。然而，影片中根本沒有。

　　難怪在法庭上「引導證人」會引起十分急迫和激烈的抗議。我們的記憶有高度可塑性；人類的大腦非常容易被引導。如果我們沒有想出一組標籤就劃不出一條線，那麼在沒有劃線的情況下，我們就無法想出一對標籤。

---

30 實際速度只有12英里／小時。

語言決定論

12月某個陰暗、潮濕、嚴寒的夜晚，我來到倫敦西區的學院俱樂部（Academy Club）。這是由已故記者奧伯倫・沃夫（Auberon Waugh）於30多年前創立的小空間，一個文人雅士喝酒談書的地方。我當時正與一位朋友會面——倫敦大學金匠學院認知、計算和文化中心主任朱爾斯・大衛多夫教授（Jules Davidoff）。朱爾斯是世界頂尖的色彩感知專家之一，更確切地說，是色彩感知的文化差異專家。多年來他一直試圖弄清楚為什麼人們「看見彩虹」的方式不盡相同，為什麼世界上某些族群有時看到的色彩與你我不同。

他認為，答案在於語言，以及我們賦予類別的標籤。作家喬治・歐威爾（George Orwell）曾在《政治與英語》（*Politics and the English Language*）一書（比伊莉莎白・羅芙特斯著名的撞車研究約早30年問世）中指出，如果思想腐化語言，那麼語言也會腐化思想[31]。他指的是語言上的昏沉；消極、現成的詞彙——陳腔濫調，或認知上的禁止標誌，如「普通、工人階級的人」或「上帝以神祕的方式工作」——如何導致消極、現成的思想[32]。但是當涉及色彩世界時，朱爾斯將事物推進到下一個階段。在紅色和橙色之間畫一條線是可以的，但要做到這一點，你必須先知道「紅色」和「橙色」是什麼樣子；不只是「好」的紅色和「好」的橙色——艾蓮諾・羅許可能會這麼說——還包括「壞」的紅色和

「壞」的橙色。特別是這兩種顏色的交界與其周圍，你必須能分
辨一個「壞」的紅色**真的**是一個壞的紅色，不是一個「壞」的橙

31　語言和思想間的關係性質，長久以來一直是哲學家和心理學家爭論的問
　　題。是思想影響語言，還是語言影響思想？廣義而言，這些爭論由兩種
　　對立的典範主導。第一種強調語言的溝通功能，主張語言獨立於思想，是
　　人類隨著時間進化出來的工具，用來表達我們的思想和感受。與此相反，
　　第二種觀點首先由美國語言學家愛德華・薩皮爾（Edward Sapir）和班傑
　　明・李・沃爾夫（Benjamin Lee Whorf）在20世紀40年代和50年代提出，
　　現今被稱為薩皮爾－沃爾夫假說或「語言決定論」——表明語言和思想為
　　相互依存，語言有能力或多或少地塑造人類的思想。

32　歐威爾認為，這種設計往往「聽起來很正確」，但對獨立思考者和真理追
　　求者卻沒有什麼價值，因為其唯一目的是阻止人們對任何問題進行有意義
　　的討論和批判性思考。例如，主的神祕工作，一方面是作為失望者的一劑
　　良藥，另一方面是作為好運接受者的理由。透過大致相同的方法，在這兩
　　種情況下，關閉對人類「可控因素」的分析，如判斷錯誤或知識的應用可
　　能被神的意志抵消，成為促成結果的因素。毋庸諱言，這種思想上的惰性
　　若不加以控制，便可能導致定型——工人階級是「普通」的嗎？與誰相比
　　是普通的？這個「普通」到底意味著什麼？——如果由極權政治制度煽
　　動，則是精神控制。正如歐威爾指出，那些不能為自己思考的人，別人就
　　會替他們思考。美國精神病學家羅伯特・傑・利夫頓（Robert Jay Lifton）
　　在這方面有大量著作。他在1961年出版的《思想改造與極權主義心理學：
　　中國的「洗腦」研究》（Thought Reform and the Psychology of Totalism:
　　A Study of 'Brainwashing' in China）中寫道：「極權主義環境的語言特色
　　是，終結思想的陳腔濫調。影響最深遠和複雜的人類問題，被壓縮成簡
　　短、高度化約、聽似明確的詞語，容易記憶和表達。這些詞語便成為任何
　　意識形態分析的起點和終點」（第429頁）。歐威爾和利夫頓的觀察，也
　　許用50年代由文鮮明創立的韓國統一教派的口號「你想太多了」最能加以
　　概括。

色。反之亦然。你的大腦，就像艾瑞・克魯蘭斯基所說的那樣，需要用紅色來強制退出橙色，用橙色來強制退出紅色。但是，如果沒有紅色的**詞彙**和橙色的對應詞，就會有一個問題：我們怎麼知道自己在「尋找」什麼？如果我們對嫌疑人沒有一個合適的描述，那究竟要如何把他們挑出來？

朱爾斯替我上了一堂最前衛的色彩學教程。艾薩克・牛頓爵士（Sir Isaac Newton）在 1671 年發現，白光通過稜鏡會分解成可見電磁波譜的七種顏色，這迄今仍是科學史上最了不起的發現之一。不過朱爾斯認為，還有更了不起的發現。如果牛頓不是在劍橋大學三一學院的實驗室裡揮舞他的稜鏡，而是在巴布亞紐幾內亞的熱帶雨林中──又假如他不是在林肯郡的農村長大，而是貝林莫（Berinmo）部落的土著、狩獵採集者的成員──那麼現代物理課堂可能會是完全不同的面貌。人們所知的「彩虹的七個顏色」很可能與我們今天幫它們貼的標籤大不相同。

為了瞭解他的意思，讓我們回到古希臘式的思索，回到哲學家歐布利德斯和他那難以捉摸的連鎖悖論。你可能記得，這個問題是圍繞著一堆沙子展開的，或者準確地說，是它什麼時候**成為**一堆沙子。如果只增加一粒沙，永遠無法把不成堆的沙變成堆的話，那麼，如果我們從零開始，要如何才能達到目的呢？當我們看到沙堆時，都知道它是一堆沙子；我們都知道一堆沙子和一把、一點點沙子的區別。但是理論上，如果單純從邏輯思考，一堆沙子就是一個幻覺、一個無法逾越的哲學之謎。

連鎖悖論可以套用在任何事物。不一定是沙子，色彩也不例

外。為了說明這一點，請看以下練習。假設我們將一萬個彩色樣本排列成線，一端為鮮紅色（色卡 1），另一端為鮮橙色（色卡10,000）。任何相鄰色卡之間沒有明顯的差異。換句話說，任何一張色卡與其相鄰色卡之間的色澤，都不超過檢測所需的「最小可覺差」變化，所以每張色卡看似與序列中緊接著的下一張色卡完全相同。

在這種情況下，我們可以提出以下論點：

色卡 1 是紅色。

如果色卡 1 是紅色，那麼色卡 2 就是紅色。

如果色卡 2 是紅色，那麼色卡 3 就是紅色。

以此類推，直到 10,000……如果色卡 9,999 是紅色，那麼色卡10,000 就是紅色。但很明顯，色卡 10,000 號**不是**紅色，是橙色的。

連鎖悖論的詛咒又發生了。

朱爾斯與同事黛比・羅伯森（Debi Roberson）一起進行了橫跨許多文化的一系列巧妙實驗。該實驗顯示，在解析色彩空間時會出現明顯的異常情況。例如，貝林莫族的發言人在一定程度上享有通往遠方彩虹金罐較短的距離；在他們的色彩變化漫長旅途中，只穿越五個色彩空間。多虧牛頓，我們必須穿過七個。其中一個原因是，貝林莫族語言中不包含單獨的「藍」和「綠」這兩個顏色詞。把兩個詞混在一起，形成一個上位範疇，也就是「諾勒」（Nol）。（若想參考圖解式的「模式地圖」，描繪「貝林莫

族」與「英國」色彩類別之間差異的確切性質，請見第 356 頁〈附錄四〉）。

　　獨特嗎？不完全是。有些文化有相同的顏色命名系統[33]。但值得注意嗎？朱爾斯斷言，絕對是的。雖然從表面上看來，這似乎並不重要，只是作為一個品質檢測的片段，但其實它的意義重大。不僅對於貝林莫族的詞彙有深遠影響，也是關於此母語人士跨越藍綠色光譜的感知；也就是說，他們實際**看**的方式。

　　舉例來說，想想在電腦螢幕上以圓圈排列的十二個綠色方塊陣列，其中十一個方塊是相同的，但有一個方塊與其他方塊有微乎其微的差異（此處是指一個或兩個彩通（Pantone）標準配色系統的色調差異）[34]。你認為你能挑出是哪一個嗎？大多數人的答案

33　某些語言，包括赫雷羅語（Herero Himba，主要在納米比亞的奧馬海凱區流通）、韓語和藏語，都用同一個字形容綠色和藍色──也就是語言學家所說的共化格（colexification，語言學上用同一詞語代表不同含意者）「青」（grue）。例如，在藏語中，sngon po 通常用來形容天空和草地的顏色，而在韓語中，pureu-da 可意指藍色、綠色或藍綠色。其他語言，如越南語，則以天空和樹作為參考點。例如，說話者可能會說「像天空一樣藍」（xanh da tròi）或「像樹葉一樣綠」（xanh lá cây）來區分這兩種顏色。同樣的，高棉語中的藍色（bpoa kiaw）一詞，既指藍色也指綠色，而綠色一詞，如 bpao sloek chek srasa（字面翻譯：「新鮮香蕉葉的顏色」），則遵循更嚴格的參數，且不包括藍色。

34　彩通標準配色系統（Pantone Matching System）是顏色的電話簿，其中列出數千組代碼，表示特定的色調或陰影，有點像我們在油漆目錄中看到的色卡。其相鄰的兩者很難分辨異同；只要想想，兩組11位數的電話號碼，只有一個數字不同，有多麼容易混淆。

是不能，而且，這簡直會讓你發瘋。然而，以貝林莫族語為母語的當地人卻能輕易完成這項任務。

但是相反的，如果我從陣列中除去那個只有細微差異的綠色方塊，換上皇家藍的方塊，這個練習就不會那麼困難了。除非，你是說貝林莫族語的人，就會發現問題難以解決；就像你我之於前一個問題的感受。

朱爾斯說明，原因不在生理學，在於語言。說貝林莫族語的人和以英語為母語的人的大腦，都配備了完全相同的感知神經，也同樣能夠「看到」彌漫在周圍世界的色彩。但當涉及他們**注意**到哪些顏色時，意見就會分歧。人類需要感知某物為不同，才能注意到環境中的**任何東西**。我們感知的物件需要突出，而我們也需要有方法來定義並辨認這種差異，以分別和指出其獨特或突出之處。

語言負責執行這項功能。

要如何執行，是朱爾斯的構想真正起飛之處。他認為，標籤劃定了界線。語言限定、確認和鑑定經驗的無數個互相競爭的面向，既管理也追蹤預期。朱爾斯認為，貝林莫族人的大腦在向其展示的、幾乎相同的綠色中，能夠輕易區隔不同色調，因為它被其原生特有的語言色彩類別給制約了；它有很多詞彙來形容不同的綠色。換句話說，它的取景器在看綠色的時候，是設置在極度特寫模式之下。但是大腦沒有被制約區分皇家藍和綠色，因為它沒有藍色的詞彙。相對的，對於運用英語的大腦來說，情況就反過來了。我們很難辨別幾乎相同的綠色色調，但識別一片綠色海

洋中的藍色，則是易如反掌。

讓我們思考這個原理更熟悉的例子。想像一下，你在一個 30 名學生的班級，所有學生看起來都很像，30 個人當中沒有任何一位比較突出。老師隨意指了其中一個人，在你耳邊輕聲說：「那是克里斯多夫。」下次再看到他們時，你就會注意克里斯多夫了。而且，彷彿像是魔法，他會很容易被你看到。同樣的，想像一下，在老師對你指出克里斯多夫的同時，另一個老師把我拉到一旁，指著羅賓。下次我再遇到班上同學時，羅賓會跳入我的視線，就像克里斯多夫跳出來一樣，而你不會「注意」到羅賓，就像我也不會「注意」到克里斯多夫。

環境與其物理結構的關係，有什麼客觀上的變化嗎？沒有。在教室裡，羅賓和克里斯多夫依然埋沒在同學之中，沒有脫穎而出。對普通觀察者來說，他們仍不夠顯眼。發生變化的是語彙層次，在我和你的語言世界中，已經發生了變化。現實中，「克里斯多夫」和「羅賓」的類別，在被介紹給我們之前就已經存在了。這兩人一直坐在桌前，但是缺乏叫出他們名字的語言，便無法回應我們注意力的召喚。

再舉另一個例子。紅胸鴝（Robin Red Breast），乍看像知更鳥的紅色胸脯，然而，它不是紅色，而是橙色的。那麼，為什麼我們叫牠紅胸鴝而不是橙胸鴝呢？又一次，答案可以從語言中尋獲。「橙色」一詞來源為梵語 nāraṅga，與果實有關（沒錯，顏色是以果實命名，而不是果實以顏色命名）。這種命名方式隨後演變成阿拉伯語和波斯語，分別是 nāranj 和 nārang，並於 14 世紀通

過古法文術語 pomme d'orenge 進入中古後期英語。然而，直到很久以後，即 1512 年，「橙色」才在英語詞典中首次亮相，成為官方認可的顏色名稱。它的前身是複合字 geoluhread（照字面意思是「黃紅色」），一種已經滅絕的古老橙色物種，幾世紀以來存在於中世紀的顏色詞彙中，沒有受到語義掠奪者的干擾。

那麼，在 1512 年之前，有一個問題。我們有橙胸鴝，卻沒有橙色的詞彙。我們有紅色和黃色，但是橙色不存在，至少在英國海岸不存在。或者說，它**確實**存在，但我們不需要**看到**它。700、800、900 年前，在探戈、廉價航空公司和行動電話服務提供商之前，有什麼會被稱為橙色？沒有，或者說很少。直到水果出現。

是的，柳橙源於中國，從西元前 2,500 年就開始種植。羅馬人在帝國輝煌時期也曾進口這種水果，但是 5 世紀中期羅馬滅亡後，柳橙與其說是禁果，不如說是被遺忘的水果。直到大約 400 年後，摩爾人入侵伊比利亞半島，從非洲北邊穿越直布羅陀海峽，不僅帶來伊斯蘭教，還有一些奇怪的、亮色圓圓的東西，柳橙的命運終於開始改變。這一次，它學會建立人脈，堅持留下來。

語言賦予我們的每一個標籤，本質上都是「強制退出」的意思。在電磁波譜中，「藍色」強制退出「綠色」，就像「橙色」強制退出「紅色」一樣。在政治庇護光譜中，「移民」力量強制退出「難民」；而在教室裡的眾多面孔中，「克里斯多夫」和「羅賓」強制退出他們匿名的同儕團體。彷彿是認知的魔法——透過經驗、期望和長期積累與保存的感知、評價、判斷之間隱含的關聯——一個標籤就劃出一條線。只要我們有一條線，就形成了差異。

美國語言學家班傑明・李・沃爾夫的表述更為簡單明瞭，他在 1940 年觀察到：「我們沿著母語所規定的路線解剖自然。」

朱爾斯・大衛多夫笑了。

他不帶絲毫輕率或諷刺的意味告訴我，這就是為什麼，如果艾薩克・牛頓沒有在劍橋大學三一學院的幽靜處，而是在巴布亞紐幾內亞北部某個遙遠的叢林空地上開店，那麼蘋果的彩虹錶帶（Apple Watch Pride Edition）就會少一、兩個顏色。

文字和需求

貝林莫族人的文化調色盤中只有五種顏色的原因，可以又一次追溯到人類大腦天生對最佳化分類的偏愛：將物體或刺激物組織成最有效數量的堆。想想看，叢林裡沒有太多藍色，但綠色肯定很多，因此在已經有蕨類植物、森林，和其中間 100 萬個分支的情況下，為何還要用天藍色和青石色？另一方面，什麼可以作為最佳代表，可能有很大的不同。不僅在各種情況形成差異，還可能橫跨不同的文化、社會、文明，甚至物種。

奧地利哲學家路德維希・維特根斯坦曾寫道：「如果一頭獅子會說話，我們將無法理解牠。」時至今日，沒有人能完全確定維特根斯坦當初寫下這句惡名昭彰的隱晦觀點時，到底在想什麼，但有一種解釋顯而易見。森林之王會很高興地對成千上萬個微妙的嗅覺變化咆哮，人類因為鼻子相對較不靈敏，很難察覺有什麼

不同。人類的嗅覺取景器被設在更遠的地方。事實上，大腦從現實中想像出來的現象學範疇，不只反映周圍世界的結構，還揭示了各個社會和文化的獨特認知需求，包含過去及現在，也不僅是關於顏色。

例如，阿根廷的高加索人有多達 200 多個詞語來描述馬的顏色，卻把植物世界僅分為四類：pasta（飼料）、paja（墊料）、cardo（木質材料）和 yuyos（所有其他植物）。同樣的，雖然「愛斯基摩人有幾百個雪字」的說法一再被氣憤的語言學家揭穿，但事實證明，它是有道理的。雖然因紐特人的語言中沒有關於水的一般詞彙，卻不乏各種**冰凍的**水的名稱。當然，還有我們的油漆專家，他們的詞典裡有藍色的同義詞，而他們的取景器設置在神祕的、難以察覺的差異上。

另一個案例同樣令人好奇。是關於空間意識。

辜古依密舍語（Guugu Yimithirr）是澳大利亞的一種土著語言，也是「袋鼠」（kangaroo）這個詞的來源。這種語言缺乏高度具體、普遍存在的詞語分類：描繪與身體位置有關的空間方向，如「左」、「右」、「前」、「後」。相反的，在辜古依密舍語裡的所有方向，都是根據對話者所站位置，相對於指南針的四個點決定的。例如，他們可能會說「梳妝檯東端的鏡子」，或「那個男人在你的南肩後面」。然後，他們對過去事件的回憶，也會點綴著相對的基本方位。

這是否意味著，在昆士蘭某個與世隔絕的角落，存在一群方向感超強的人，和我們其他人比起來，他們的方向感強得多？當

然是的。研究顯示，母語為辜古依密舍語的人擁有「完美的方向感」。無論他們身處何地、能看到什麼，無論在移動還是靜止，他們總知道北方在哪裡。

需要注意的是，顏色是一種特殊的類別，與馬、植物、冰，甚至方向都不同。顏色不只對少數孤立的文化具有更重大的意義，它還構成了所有視覺感知的組成部分，並體現功能性訊號的特性。這些特性普遍代表三種心理需求：謹慎（停止標誌）、應急（偽裝）、方便（運動）。有沒有試過打司諾克球時，所有球的顏色都一樣，或是踢足球時，兩隊都穿著同樣的條紋球衣？

然而，並不是所有顏色都是天生平等的。有些顏色——最明顯的是「比較老」的顏色——比其他色彩手足有更強大的進化氣勢。追蹤任何當前或歷史上的語言，各種顏色出現的順序，會發現它們其實以一個明顯的模式展開。在一種語言中，綠色不會在黃色之前出現；黃色不會在紅色之前出現；紅色不會在黑和白色之前出現[35]。藍色則在綠色之後跳出來。

此情形可以追溯到自然環境中，每種色調的頻率和顯著性。最早的脊椎動物、寒武紀和奧陶紀時期（Cambrian and Ordovician

---

35 在此必須強調，並非所有語言都有相同數量的基本色彩詞彙（見第349頁〈附錄一〉）。舉例而言，英語中有11個（黑、白、紅、黃、綠、藍、棕、粉紅、橙、灰、紫）；在斯拉夫語中，有12個（包含淺藍和深藍色的個別詞語）；而巴布亞紐幾內亞的達尼族人（Dani）只有3種顏色（黑、白、紅）。然而，一種語言中所包含的基本色彩詞彙數量，與它們出現的順序完全沒有關係。

periods，約 4.5 億至 5.5 億年前）的無頜類（Agnatha），生活在廣大海洋的小型淺潟湖中。牠們的飲食幾乎不考慮美感偏好，是從混濁的泥土底層吸取食物。在那裡，視覺沒有太多意義。因此，牠們的視覺（類似變形蟲的視覺），主要調節成透過周圍環境光亮的簡單波動，來偵測靠近的獵食者。例如，辨別突然出現的影子移動。對無頜類來說，唯一有意義的「顏色」應該是亮或暗，黑或白，隱蔽或找尋。

200 萬年前，穴居祖先的視覺系統，同樣也是導向偵測和回應立即可見的意外變化。如前所述，出現在洞口、不請自來的大塊頭，滿口獠牙的肉食性動物……簡直讓人陷入絕望。這感覺上只是一種比喻，無異於開門或關門的案例、黑與白的問題。所以，這兩種顏色總是先出現，一點也不奇怪。雖然顏色對我們的史前祖先來說仍然很重要，對比更是如此。

19 世紀德國哲學家和語言學家拉撒路・蓋格（Lazarus Geiger）將目光沿著電磁波譜的波長，投向更遠的地方。時任英國財政大臣威廉・格萊斯頓（William Gladstone）對古希臘文字的色彩發掘，帶給了他靈感──格萊斯頓發現，在荷馬的《奧德賽》（Odyssey）中，「黑色」一詞出現在近 200 個不同地方，「白色」出現了 100 次，而「紅色」、「黃色」和「綠色」各出現不到 10 次，「藍色」實際上完全沒有出現過（例如，荷馬在《伊利亞德》（The Iliad）中把愛琴海描述為「深酒色的海洋」）──蓋格在其他作品中，也發現類似的模式，包括冰島傳奇、《可蘭經》（Qur'an）、中國古代寓言和古希伯來文版聖經。

他的結論很妙。蓋格提出，黑色的主導地位、紅色和黃色在色彩聯盟中的相對優勢，以及這三個描述詞在語言中的相應優先地位，來自於先人對黑夜、黎明和日出的原始指稱[36]。

舉例而言，蓋格對印度《吠陀經》（*Vedas*）的描述如下：

> 「這些讚美詩有一萬多行，充滿了對天的描述。幾乎沒有任何主題被喚起的頻率更高。陽光和黎明的紅彩，色彩的遊戲，白天和黑夜，雲和閃電，空氣和蒼天，所有這些都在我們面前展開，日復一日……
>
> 「但有一點是人類沒有從這些古代詩歌中學會的……亦即天空是藍色的。」

神經科學的證據傾向支持這種理論。研究顯示，在所有語言和文化中，色彩詞彙出現的階級，顯示大腦視覺皮層對可見光譜內不同頻率的反應能力。也就是說，我們的大腦對某種顏色的頻率反應越強（波長越突出者），它在語言中出現的時間越早。

既然如此（耳熟能詳的慣用語，如「紅色警戒」（code red）、「紅旗」（red flag）和「令人火冒三丈」（red rag to a

---

36 其他的假設也很多。紅色是血液的顏色，也是皮膚紅潤的顏色，因此（1）是一種可靠的情緒指標，（2）是藉由血氧飽和度和健康的色素沉澱代表進化的合適性。另外，紅色和黃色是成熟果實的顏色，也是我們生活在樹上的靈長類祖先重要的營養來源。

bull）等似乎也證實此發現），在幾乎所有人類的社會或文化中，危險的警告標誌都出現相同的顏色組合——黑色、紅色和黃色——難道只是巧合嗎？而藍色，這種在自然界比較少見的顏色，不僅是各種語言中最後出現的基本色彩詞彙，其表現出的心理物理效應，也因此與第一個出現的紅色截然相反[37]？此言差矣。警告色（或者，如民族學家所說，**警戒作用**）本質上與偽裝相反，它的功能是使動物——例如黃蜂或珊瑚蛇——在潛在獵食者的眼中突出，從而被注意到、被記住，且小心地刻意避開。

這個策略是透過古典制約原理實現的。「潛在」獵食者會將「未制約」刺激物的存在（警告色）與「已制約」刺激物——刺痛、螫咬或毒性——的存在聯想在一起，從而學會避開。之後不幸又遇到時，光是出現那討人厭的顏色，就足以阻止攻擊。無制約刺激物越明顯，這個教訓就越有用，且越有指導意義；教訓的效果越大、越快，在腦海中停留的時間就越長。

這一切都歸結於一個簡單的問題，亦即本書一個核心、反覆出現的主題：我們的世界需要多少種顏色類別，或者任何事物的類別？藍色的來源並不廣為人知。如格萊斯頓和蓋格所發現的那樣，這種天空和無數浴室內部的主要色彩，比我們想像的更年輕。

37　研究顯示，紅色往往會增加皮膚的電擊反應（衡量生理興奮的標準方法）、點燃大腦的情緒引擎，並使血壓升高。而藍色的作用似乎正好相反：脈搏率下降，與情緒處理和壓力反應有關的大腦區域活性減弱。另外，據發現，住在藍色房間的人比住在紅色房間的人，更習慣將自動控溫器平均調高4度。

古希臘人和古代以色列人都沒有詞語來形容它。當時的北歐和印度－中國文化也有類似的失落。他們不需要這個詞，就像我們在16世紀之前不需要橙色這個詞一樣。沒錯，天空是藍色的，但它既沒有威脅性、也沒有營養，更沒有利潤。它**真的**是這樣嗎[38]？

但古埃及人不一樣。在早期文明中，他們給顏色獨一無二的稱呼。這種方式非常獨特，而且有非常好的理由。舊王國（西元前 2686 － 2181 年）文化中有一些特別的東西，使這件事成為必然。這不具什麼獨有的生態或進化意義，而是一個冷靜的商業建議；4,000 年來，將 Levi's、吉百利（Cadbury）和紐約巨人隊等品牌與企業法老王聯合起來：採收、生產和大規模出口「埃及藍」（Egyptian blue）。

埃及人最初發現了青金石這種寶石，用於裝飾古代君主的陵墓和埃及豔后的眼睛，但埃及人發現，僅靠青金石來得到其精緻絕美的色調，既侷限又過於昂貴。因此，他們搬出了試管和本生燈，穿上實驗室的外袍、戴上安全護目鏡，著手尋找替代方案。

他們以驚人的方式獲得了成功。他們將石灰、沙子和銅加熱

---

38 《透過語言鏡片：為什麼在其他語言中世界看起來不同》（*Through the Language Glass: Why the World Looks Different in Other Languages*）的作者蓋伊‧多徹（Guy Deutscher）曾經在家裡做一個小實驗。他一直小心翼翼，從不告訴小女兒天空的顏色。有一天，他問她，抬頭看到的是什麼顏色。她不知道。天空是沒有顏色的。最後，她決定天空是白色的，只是後來又改成藍色。拉撒路‧蓋格分析古代聖經中關於天空的思考，顯示了類似的顏色模糊性。

成矽酸銅鈣，得到一種像天空和大海一樣的顏色粉末。這種粉末註定要成為世界上第一種合成色素。其製成的顏料被用於繪畫和葬墓裝飾，也用於製造陶器、紡織品和珠寶。它的聲名遠播，使用範圍穩定地擴散到整個黎凡特（Levantine，東地中海地區）新月區，透過埃及、美索不達米亞和希臘，到達羅馬帝國最遙遠的邊幅。

正如這顏色富麗堂皇、炙手可熱的名字一樣。

最初是出於需要，然後就有了詞彙。在黎凡特和古埃及的市集上，藍色，已經建立起良好聲譽。每當我告訴人們這件事的來龍去脈，他們都看著我，彷彿質疑我編了一個故事。

並沒有。

雖然這很難相信，但語言是一種迷幻藥。它不僅能讓我們看到不存在的東西——還記得撞車研究中的碎玻璃嗎？——也能讓我們看到**存在**的東西。

2018 年，一項看似無害的推特民調意外引發一場辯論，將網際網路極化成兩個激烈對立的陣營，並將深刻的哲學問題送上公眾意識的法庭。它就像溫布頓冠軍賽上引起激烈爭議的線上判罰一樣，引起熱烈、強烈的辯論。

辯論主題是：網球是什麼顏色？

答案顯示出相當大的差異。黃色、綠色、檸檬綠、螢光綠、

亮黃色和螢光黃是熱門選項。但是,有誰比羅傑‧費德勒(Roger Federer)更能一勞永逸地解決這項爭論呢?他可以說是史上最偉大的網球選手了。

「嘿,羅傑。」人群中一個聲音叫道。當時這位 20 次大滿貫得主,正在芝加哥向球迷問好。「網球是綠色還是黃色?」

費德勒眼睛都沒眨一下,就把他認為是明顯的勝利反手落底線球打了出去:「黃色!」他笑著回應。

但是,費德勒的回擊非但沒有得分,反而將爭吵的熱度提到更高階段。我們都知道「黃色」是什麼樣子,也很清楚「綠色」看起來如何。但是,我們能否指出它們在光譜的哪一帶?在彩虹中劃出一條明確界線,標示這兩種顏色在那裡發生過渡?黃色的顆粒在哪裡變成一堆綠色?綠色的山丘在哪裡成為黃色的山?答案是:不能。

我們無法這麼做的原因為何?很簡單,因為我們不需要,從來都不用。在人類的進化史上,從來不需要對黃-綠色的色彩空間進行精細解剖,對每一個細微差異、每一個色階、每一種色調進行法庭鑑識般精準的分類和編目 [39]。如果有需要的話,對於網球的難題,我們不僅會有現成的答案,也會很容易達成共識。這不僅是說對顏色的選擇:黃色或綠色,還包括型號:莫吉托青苔(Mojito Moss)色或檸檬水草皮(Lemonade Lawn)色。

日常取景器的調整和設定,並不符合量子級細微的、肉眼**潛在可見**的 1,000 萬種顏色,而是**可見**的「三原色」等級。在這個等級上,錯誤的代價與導正的努力取得理想平衡。這個水準,借用

美國認知科學家赫伯特・西蒙（Herbert Simon）的詞：「滿足」（satisficing），既令人滿意又充足。

　　就像電影中的鏡頭或場景，有足夠的內容來維持情節發展，但若內容太少或太多，我們就會看不懂。黃色和綠色從遠處看是黑色和白色，這個距離的設定與範圍界定是由天擇之手所做的選擇。我們擁有將顏色二值化的許可，但只限於在最佳範圍內。

39　這種情況可能已經改變。最近，越來越多品牌透過法庭尋求在色彩海洋中，購買小型私人島嶼——為與其品牌有標誌性關聯的色彩申請商標權。在這方面，最著名的也許是吉百利公司為獨占某種紫色調（彩通2685C，或稱「牛奶」紫），進行的長期鬥爭。但也有其他情況。2004年，行動網路經營商Orange就因擔心易捷航空（easyJet）使用的彩通021C色調太接近自己公司的彩通151C商標，不眠不休地設法將易捷航空從其色塊中剔除。同樣的，2018年，在歐洲法院做出的一項裁決中，法國鞋子設計師克里斯提・魯布托（Christian Louboutin）成功地為他們具代表性的猩紅色高跟鞋底申請專利保護。該商標在比利時、荷蘭和盧森堡註冊，指定「用於鞋底的紅色」（彩通18 1163 TP），更通俗的說法是：中國紅。這大概意味著，儘管競爭對手品牌商即日起不能在鞋底印上中國紅，但他們仍然可以使用在色彩廳堂中其兩側的彩通色調，例如18 1662（火焰紅）或18 1664（火紅）。如果事實並非如此，那麼應該在哪裡劃清界線？什麼時候開始，紅色變得不夠紅，不能被稱為紅色？除非你是火星人，而且有500種不同的詞彙來形容顏色，否則中國紅、火焰紅、火紅看起來⋯⋯就都是紅色。

第 8 章

框架遊戲

我突然想到,那顆漂亮的、藍色的小圓點就是地球。我豎起手指,瞇起一隻眼睛看;單用大拇指就能把地球遮住了。我並不覺得自己是個巨人。我覺得自己非常、非常渺小。

——尼爾·阿姆斯壯(Neil Armstrong)

「嘿，凱文。」系主任叫住我。那天早上我很晚才溜進學院大樓。「最近還好嗎？」

「我**快掛了**。」我回答。「你呢？」

他看起來非常震驚，可能以為我是真心發問。

「嗯，你覺得你有辦法在掛掉之前，把計畫報告交給我嗎？」他問道。「考試委員會星期五開會前，如果你還沒有提供資料，這個專題就將由我負責主導。我會替你向其他委員致歉的。」

我舉起手，向樓上的辦公室走去。我開始反思自己剛剛說的話。**快掛了**。這是個很強烈的詞。我真的感覺那麼糟嗎？不完全是。我反省了一下，得出結論：也許最近是不太順，但我曾經過得更糟。不管是什麼情況，我肯定不會**掛掉**。那麼，為什麼我這樣說呢？

前段時間，我在劍橋大學進行一項研究。研究中，我監測40名大學生的語言模式，每天一小時，為期一週。這項研究非常基礎，學生們只須簡單地錄下他們在隨機指定的60分鐘內的談話，再提交檔案以進行分析。我想知道，他們說了多少誇張的用語？

結果真的非常特別。所有學生在監測的每小時內，至少使用七個「黑色」或「白色」的描述詞。太棒了、噁心、恐怖、瘋狂……這些強而有力的形容詞從他們口中翻湧出來。

驚訝嗎？錯愕嗎？其實不然。試試以下練習，你就會知道為什麼。下方有十組「黑與白」的描述詞，都是我們多數人經常使用的日常詞彙。把這些詞抄在一張紙上，然後在每組詞的旁邊，寫下一個能準確描述「兩種極端」間灰色地帶的詞。其中有些很

容易，有些則比較困難。

舉例來說，若詞組為「黑」和「白」，則其中一個明顯的答案便是「灰」。

1. 頂部和底部
2. 內向和外向
3. 好和壞
4. 被動和主動
5. 大和小
6. 粗糙和光滑
7. 左派和右派
8. 醒著和睡著
9. 高和矮
10. 快樂和憂鬱

現在，你應該寫下了十個詞。接著，請花一點時間，快速瀏覽一遍。你是否從中發現什麼共同點？如果你的回答和那些受測的劍橋學生一樣，你應該就找得到。你的「中途」詞彙，是不是都很普通？

讓我們來看一些可能的答案。好，如果你不在頂部或底部，顯然就是在中間。如果你不好也不壞，那你可能會被視為平庸。如果你不買大號或小號，那你可能適合穿中號尺寸。如果你不屬於左派或右派，那在政治上，你可能是溫和的中立派。如果你不

高也不矮，那你可能屬於中等身材。

你有答對嗎？肯定有一、兩題。但是，讓我們暫停一下，簡單看看這五個詞：中間、平庸、中號、中立、中等。有點無趣，對嗎？事實上，在公關和廣告世界裡，這些詞語幾乎是禁忌。

還有一件事。第2、4、6、8、10組詞是不是有點難度？如果你也這樣想，不意外，跟大家一樣。受測學生中，沒有人能想出被動和主動的中間值，或粗糙和光滑的差距。有些人想了很多詞，但都無法完全介於兩極之間。這頗令人擔憂。如果英語中沒有合適的、現成的用語，來充分描述某些黑白詞組間的灰色地帶，那麼，由於這種語言饑荒，我們被迫用兩極化的、非黑即白的方式說話和思考。這將帶來無法覺察的深遠影響。

請記住，標籤會劃出界線。

舉例而言，你可能經歷了一起微尷尬事件，卻告訴朋友這個經驗非常「恐怖」、「可怕」，而且你「超想死」。你真的希望自己尷尬致死嗎？或者，其實你只是想溜到一個安靜的角落，假裝什麼事都沒發生？再想想你最近一次看電影的時候，你跟觀影夥伴開始討論片中的「反派」。真的有哪個「反派」是壞到一無是處的嗎？那些壞人——從蝙蝠俠的宿敵小丑，到《沉默的羔羊》中從精神病學家變身連環殺手的漢尼拔·萊克特（Hannibal Lecter）——是否都有一些值得肯定的特質？就小丑而言，是他狂亂的自信；在萊克特身上，是他紳士般的聰穎。

2020年3月，我向詞典編纂者、詞源學者，同時亦為作家的蘇西·登特（Susie Dent）提出我的擔憂。在過去幾十年裡，她是

英國數百萬人熟悉的第四頻道「倒計時」（Countdown）節目《字典角》（*Dictionary Corner*）的首席主持人。我們本來打算在牛津市中心的聖瑪麗咖啡館喝咖啡，但由於新冠病毒的影響，咖啡廳已經暫停營業了。所以我們透過電話聯繫。

「你是心理學家，所以你知道的比我多。」蘇西說。「但我最近讀到一項研究，指出外向者比內向者使用更多極端詞彙。例如，他們會說『悶熱』（sweltering）而不是『熱』（hot）。或者，如果他們在談論你的書，會說『太精采了！』而不是『內容豐富』。顯然，這是因為外向者的大腦需要更多皮質刺激，來達到與內向者大腦相同的興奮程度。而達成這一點的方法之一，便是從語言中獲得更大的衝擊，因此他們會選用較極端的詞彙。

「你覺得，同樣的事情會發生在更普遍的語言層面上，或者說整個社會中嗎？現今世界對注意力的索求極高，想在所有語言白噪音的劈哩啪啦聲中，讓自己的聲音被聽見，我們使用的詞語必須更誇大、更大聲，也許……還要更壞。

「比方說，廣告。廣告就像以注意力為競賽項目的奧林匹克運動會，如果我去買眼影或腮紅，會發現已經很難找到老派的『大馬士革玫瑰』或『鮮梅』色號。相對的，架上會出現『閃活』（Glow Job）、『裂縫』（Gash）和『深喉嚨』（Deep Throat）。所有品牌的紅色都在互相叫囂著！」

這個趨勢不僅限於廣告。正如蘇西指出的，我們對語言超標的偏好無所不在。過去的天氣預報告訴我們，未來的天氣將是寒冷、潮濕或狂風大作。現在，天氣預報卻充滿了氣象學的戲劇性，

播報著科學風暴和天氣炸彈的不祥預兆。雨可能是「有組織的」，風是「轟炸式的」。政府不再雇用專家，而是尋覓「特派員」。如果你要申請一個貨架堆放員或街道清潔工的工作，徵人廣告上會出現的是「庫存補充管理人」或「路面技術員」。

　　這些真相，似乎是一記當頭棒喝。我們總是回到這些兩極化的、黑白分明的語言模式，來談論電影（震撼的）、食物（絕妙的）、假期（永生難忘的）……所有事物。所以自然的，當同事詢問我的近況時，我告訴他我**快掛了**，用來嘲諷我的狀態。我是故意撒謊嗎？當然不是。那為什麼要騙他我感覺糟透了？我的行為，完全是無意識的，是訴諸語言的二分法。我誇大了普通、平淡無奇的感受。而這麼做──這就是弔詭的地方──很可能使我顯得比實際上更加脆弱、懶怠和虛弱。

　　我們使用的詞語不只影響其他人看待事情的方式，對自己也有類似作用[40]。

40 美國心理學家麗莎・費德曼・巴瑞特在關於情緒粒度的著作中（第1章曾簡單提過），表示那些使用範圍更廣的詞彙來表達情緒的人，享有一些令人驚訝的健康益處，包括生理上和心理上。他們不太會在憤怒時失去控制，也不會在情緒低落時打碎酒瓶，或在認為某件事有趣時仰頭大笑──抑制行為都與更強的情緒調節有關。他們也能學習、成長得更好，並且從不利的情況和困難的情緒經驗中，關注積極的一面。此外，他們看醫生的次數也比較少。稍微觀察一下其他語言中帶有情緒的詞語，可以支援這個概念；亦即詞語不僅僅是我們所說的和所想的。回想一下，前面章節提到辜古依密舍語族人的絕對方向感──也跟感受有關。為了說明這一點，丹麥「安適」（Hygge）概念的執行者──在燭光下感受深冬的愜意，被毛

　　為了說明這一點，讓我介紹我進行的另一項研究。首先，我把一群大學生分成兩組，然後每一組發一份寫著十個形容詞的清單。他們必須在日常對話中加入這些形容詞，每天五次，持續一週。其中一組拿到的是「極端」清單，像是「輝煌」、「恐怖」和「絕望」等**極端**形容詞；另一組拿到**中度**形容詞清單，像是「還好」、「平均」和「普通」。

　　一週結束時，每位參與者都會在電腦螢幕上看到一個滑動的灰階連續體圖像（這個連續體不是單獨出現，而是在其他幾個「誘餌」測試中出現）。這些學生必須用滑鼠，在圖像上準確地指出他們認為哪裡開始是「進入黑色區域」跟「進入白色區域」。

　　測驗結果本身也是黑白分明。那些整週都使用極端詞彙的學生對於「黑」和「白」的門檻明顯偏低。也就是說，他們劃分黑色和白色區域開始的位置，比那些語言經過適度校準的學生，更接近尺度的中心點。

　　我們**看到**的，似乎就是我們說的話。

　　再看一下之前寫下的單詞表。在日常對話中，你有多常講出「快樂」和「憂鬱」這兩個詞？一定常常使用！甚至你可能今天

毯、壁爐、熱氣騰騰的可可和毛織品包圍──患有季節性情感障礙症的可能性較小。丹麥人全年都在實踐這個概念，包括手寫感謝信、多走5分鐘去買特製咖啡豆、在海灘上生篝火等等，而這些人出現情緒異常的可能性明顯較小。因此，在調查中，丹麥人常年被列為地球上最幸福的人。另一方面，德語單詞Backpfeifengesicht（常被譯為「一張超級欠揍的臉」）是否使德國人更具攻擊性，我認為這是一項非常值得進行的研究。

也說過了，只是自己沒有意識到。用這樣的錨定詞來切入主題，把生活中的小飾品扔進黑與白的認知便宜貨箱，在別人停下腳步向我們問好時，會讓自己和對方感覺更輕鬆。

然而，從長遠來看，這是在儲藏麻煩。就像蜷縮在電腦前打字，這種糟糕的語言姿勢，會在某個句子導致壓力、拉傷，某些情況下，甚至會造成畸形。「憂鬱症」就是一個例子。由於浮濫的誤用和詞語的消耗磨損，「憂鬱症」這一個醫學名稱，在公眾心目中已經成為厭倦、有點「不舒服」的同義詞，以致於真正的憂鬱症患者——因為臨床憂鬱症這種令人絕望的心理疾病而喪失能力的人——往往被認為是弱者。我們都曾為所愛之人的死亡感到悲痛，在面臨升遷機會時被忽略，或者經歷一段關係的破裂，種種情況都令我們不時感到低落。但我們又都捲土重來了，不是嗎？熬過去，讓自己振作起來。很多人因此懷疑，為什麼患者們會被這個「一次性臨床描述詞」所誤導，而無法重新振作。

「這與『令人敬畏』和『史詩般』等詞語是一樣的。」蘇西說。「在現代的語言使用中，這些詞已經成為多用途詞彙，用來形容那些並不那麼令人敬畏和史詩般的事件與經歷。這些詞只是有點好用或方便而已。『明星』或『英雄』也是如此。每個人都是『明星』或『英雄』；請我們喝咖啡的人、送我們回家的人，或是在我們不得不重新安排會議時，沒有大鬧一場的人。」

「悲劇」和「災難」也是很好的例子。「不敢相信他那顆罰球竟然沒進，真是悲劇！」「噢，不！我的茶喝完了，真是災難！」當我們面對一個真正的悲劇，或真正的災難發生時，會怎麼做呢？

我們的詞彙貨架已經空了，因為我們已經恐慌地買下所有誇大的詞語。

「也許，」她繼續說，「那就是為什麼表情符號在最近幾年大行其道。它們就像充滿語義糖果的小語言巧克力，被我們從貨架上拿出來。但當出現語言的……」

「……危機時？」我插話。

蘇西笑了。

「需求。」她繼續說。「這才是真正的……」

我準備再接話一次，但她比我快。

「羞恥。」她告誡道。「我不想把它稱為悲劇。」

如果想要尋求苛責的對象，可以將手指向遠古的先人。對他們來說，出現了必須區分原始人為現象和經驗的基本特性——光、暗、快、慢、尖、鈍——以及溝通這些差異的需求，在語言出現之後，便產生了大量黑白詞彙。這種詞彙的性質為二元對立，至今仍控制著我們的思想和對話，並主導我們從書架上取下的任何典籍中的所有頁面。它不僅向周圍的人傳達了我們的感受、情緒、欲望、意圖和態度，並告知和維持了這種內在的、易受他人影響的狀態。

當然，它確切的起源不得而知。但有一種可能性是，它來自「體現認知」（embodied cognition）——不是心靈對身體的影響，而是身體對心靈的影響。可能遠古祖先就已經開始將他們原始世界中的「這個」和「那個」擬人化，純粹根據他們生理上的對稱性……眼睛、耳朵、手、腳？這是一個巧妙的概念，而且並非毫

無根據。例如，在發展心理學領域，「二」的概念是指自然存在
的成對元素。嬰兒從這些元素中，獲得「自我」和「他人」意識
──就像「十進位」源於「十」（來自拉丁文 decem）和手指計
數[41]。事實上，慣用手的概念可能是一個特殊案例。偏見、歧視和
汙名化的源頭，可能是自然演化的差異，像是手部靈活性這種瑣
碎和絕對的事情。

　　我們的祖先和我們一樣慣用右手，這也不是不可能。部分牙
科紀錄顯示，他們在工作時傾向於用右手，可能在吃飯時也是[42]。
如果古代的工具是為右撇子設計，那難怪左撇子遇到的困難較多
──就像幾百萬年後的工業革命初期，機器仍為人口較多的同類
而設計。

　　我們可以從語言中得到線索。「左」字來自盎格魯撒克遜語

41　計數系統的起源擬人化遺蹟，可以在不同的語言中尋獲。例如，因紐特
　　語中，talimat這個字的意思是「五」，talik的意思是「手」。在瓜拉尼
　　語（Guarani，巴拉圭、阿根廷東北部、玻利維亞東南部和巴西西南部的
　　一種土著語言）中，po一詞被翻譯為「五」，也可譯為「手」；在阿里
　　語（Ali，中非共和國西南部的語言）中，「五」和「十」分別為moro
　　和mbou──moro是「手」的意思，mbouna是moro（「五」）和bouna
　　（「二」）的縮寫（因此「十」=「兩隻手」）。

42　堪薩斯大學的科學家對穴居人牙齒化石的磨損情況進行了研究，結果顯
　　示，雖然我們的遠古祖先並非傻瓜，但確實是相當笨拙的。研究人員發
　　現，當他們處理動物皮毛時，會用嘴咬住動物屍體的一邊，同時以慣用手
　　拿著工具切割。他們前門牙上明顯的刮痕，提供了明確的證據，證明他們
　　使用哪隻手來穩定肉塊、哪隻手揮動刀具。耐人尋味的是，尼安德塔人中
　　左撇子的機率與現代驚人地相似，大約是十分之一。

的 lyft，意思是「弱」；而 sinister（邪惡）來自拉丁語，意思是「左邊」——這不只來自於兼容並蓄的英語字源。一邊是「右」和「善」，另一邊是「左」和「惡」，它們之間的關聯，持續存在於法語、漢語、西班牙語、義大利語、德語，以及北歐和斯拉夫方言。

無論他者化、二元認知和黑白思考的根源為何，可以確定的是，世界上每一本辭典，都含有對立的詞語。事實上，詞彙中固有的情感兩極性是如此持久，以致於有人可能會想提出這樣的論點：我們在詞彙上的進化，並非如常識性的立場所主張的，只作為一種溝通輔助工具。一種先是初級、而後越來越複雜的工具，使資訊的傳遞更加準確、系統化並且脈絡明確，同時也是一種欺騙、詭辯和推託的工具。對於那些擅長辭令的人來說，則是塑造、偽裝和誇大真相的手段，以此勝過那些言語上較不靈巧的人。

如同諸多達爾文主義的心理功能概念，這種語言進化的「上帝之手」，在理論上是兵家必爭之地；支持和反對的論證都有。撇開進化論不談，很少有人會否認「語言是說服力的關鍵」。無論是書面還是口頭形式，它都構成後意識，是社會影響力不可或缺的媒介。當然也是有其他可利用的東西：槍枝、性、恐懼、毒品和復仇——但語言有顯著的優勢。首先，它是合法的（至少多數時候是）。其次，它是民主的，每個人都能平等使用。第三，若在適當的時間、用適當的方式，由適當的人來支配語言，就能夠產生真正的、持久的思想、觀點和態度轉變——這是用槍指著腦袋所辦不到的。

在這方面，語言最有力的屬性之一，在於它能將論證的流程從一個立場或觀點，導引到相反的意識形態終端。在這個過程中賦予不同或對比的觀點，就像金屬在對立兩極之間的電路中傳導電流一樣；用「電子」代替「事實」，用「電流」代替「推理路線」。語言可以被看作是將資訊從更高知識或理解的位置，轉移到自信或確定性相對較低的位置，使人們同意改變心態。換句話說，語言為我們提供了積累、安排、選擇和呈現資訊的能力，能容納相互衝突的信念以進行爭論，使我們能夠構建一個另類的、對立的「更優越」的現實。我們可以用它來挑戰、對抗，並在理想情況下取代我們試圖改變的「低劣」現實。

正如我們在第 7 章提及的：知道自己在講什麼是一回事，讓別人明白我們所說的……這就是說服力。

但是，理解不能僅憑眼睛所見之物。不論我們談的是構成物理環境的實質物體，還是心理上的人為現象——價值觀、信仰、觀點和意識形態——皆是如此。我們從哪裡看事物、是否處於有利的觀察位置，對大腦感知到的現實與接受的真理，和事物本身有一樣大的影響力。

幾年前，在位於倫敦林肯律師學院廣場（Lincoln's Inn Fields）的豪華辦公室裡，我把我的電路比喻，傳達給英國的頂級大律師聽。

他說：「這是真的。資訊確實在大腦中傳播，就像電路中的電流一樣。但你必須記住一件事，就像電流一樣，它走的是阻力最小的路徑。最好的律師能夠組織事實和證據拼圖的碎片，在陪

審團成員的腦中創造最清晰、連貫的畫面。換言之，也就是那些能夠使自己的故事版本，比對手更具說服力的人。」

你可能會說，那些人是框架大師，能夠在他們整齊包裝的論點貼上標籤。他們不一定能對事件做出最準確的描述，卻最容易打動判決者的認知情緒和心理感受。

如果類別是產品，框架就是商標和品牌。

當然，框架效應不只發生在肅靜而神聖的法庭上，也出現在我們生活中的所有領域。

幾年前，從海軍陸戰隊士兵變成暢銷作家的安迪・麥克納布（Andy McNab）和我有位共同好友，邁克。我們都有點擔心他。他在倫敦北部的赫里福德郡鄉村經營一家書報攤，他住在離書報攤 5 英里左右的村莊裡，每天早上搭公車上班。雖然不能過得像馬克・祖克伯（Mark Zuckerberg），但也不會太差。除了一件事，這傢伙有個大問題。他在離開英國軍隊的星級職涯，以及堪稱典範的聲譽之後，終日與酒為伍。一週七天，每到凌晨他總是爛醉如泥，被人從櫃檯後面撐起，對任何願意聽他說話的人吐一大堆廢話，對不願意聽的人咒罵一通。

一天下午，我們碰巧造訪這個地區，安迪和我順道拜訪了他的店，準備帶他去吃點東西。安迪提出一個想法，當時我認為他瘋了，但事實證明他簡直是天才。

他問邁克：「你有沒有想過，如果你早上騎自行車上班，晚上再騎回家，可以為自己省下兩張公車票？這樣算下來，一天大約省下 3 英鎊。到週日晚上，這些錢可以多買五杯啤酒。」

後來，我在車上提起這件事。「我還是第一次遇到你這種人。」我說。「明明想叫他戒酒，卻鼓勵他存錢買啤酒。」

安迪笑了。「邁克是一個健壯的小夥子。」他說。「我們等看看結果會怎樣。」

第二天早上，邁克按照安迪的建議，騎自行車去上班，晚上，他又騎車回家。他對自己說，小金庫裡有 3 英鎊，週日有「免費」的一品脫酒可以喝。作為視覺化提醒，他從大衣口袋裡拿出 3 英鎊，放進廚房窗臺上的舊咖啡罐裡。第二天早上，他也騎了自行車，之後的早晨都是如此。到了週末，正如安迪所預言的，罐子裡有 21 枚硬幣。邁克準備把它們換成五品脫的酒。他把咖啡罐倒空，走進酒吧裡，開始進入美妙的醺然狀態。

接下來的幾週，他完全按照同樣的程序進行，持續了一段時間。直到某個週日的午餐時間，他開始有了新的想法。騎了幾個月的自行車後，他開始覺得自己多了點活力。不僅如此，他還注意到自己變得更好看。事實上，騎車上班這件事，讓他重新評估自己的生活——正如安迪所說，他一直對自己的體能非常自豪。如今，他已經「回來」了，也更加認同那個練就健美肌肉、戰場上的神射手「邁克」，那個被調包成酒國英雄之前的自己。

安迪是對的。從那時起，邁克便再也沒有重蹈覆轍。

如何「看」，決定一切

安迪一直都很擅長這樣的小把戲。與其說是讓事情更明朗，不如說是調整光束的方向，使其從不同的角度照進來；與其說重新思考，不如說是重新設定框架。實際上，他並不是自己想出這項技巧的。這個具深刻影響力的真理，出自亞里斯多德在西元前 4 世紀的經典作品《論修辭》（*On Rhetoric*）。他不僅是西方哲學之父，也是說服力之父。有時候，改變他人想法最有效、最有力也最省事的做法，不是試圖改變事物的狀態，而是改變他們看待事物的方式。

請思考以下情況。一位男校英語老師走進教室，在黑板上寫下一個句子後，要求班上同學加上標點符號：「一個女人如果沒有她（的）男人就什麼都不是」（A woman without her man is nothing.）。同時，在另一所女子學校裡，他的朋友也這麼做。後來，當他們比較兩邊的答案時，發現結果竟然完全不同。

男孩們對這句話的標點是這樣：「一個女人，如果沒有她的男人，就什麼都不是。」（A woman, without her man, is nothing.）而女孩們是這樣理解的：「一個女人：如果沒有她，男人就什麼都不是。」（A woman: without her, man is nothing.）

這句話本身並沒有任何改變、完全相同。然而，改變的是我們「看待」這些詞的方式。這種簡單的排列差異，完全改變了一句話的意義。

亞里斯多德對影響力核心的洞察力──如果不能改變世界，

那就改變自己看世界的方式——被今日的說服大師們視為黃金。但也許古人最值得讚賞的先見之明，不是來自修辭學或成語分析，而是「展望理論」（Prospect Theory）的形式。展望理論是在風險和不確定性條件下的概率決策模型，由美國認知心理學家丹尼爾・康納曼（Daniel Kahneman）和阿莫斯・特沃斯基（Amos Tversky）於 70 年代晚期提出。該理論簡單得令人信服，然而，2002 年 12 月，在其誕生近四分之一個世紀、特沃斯基英年早逝的六年後，康納曼才憑它登上斯德哥爾摩音樂廳的舞臺，領取諾貝爾獎。

康納曼和特沃斯基在「展望理論」中發現的是形而上的炸藥：一種文化上普遍存在、人類自遠古以來未被發現的傾向，決定了我們在日常生活中所做的各種選擇、決定和判斷。

人類對避免損失的渴望，比追求獲益更加強烈。

或者，換一種說法：我們喜歡贏，但更討厭損失。

在他們多年的合作中，康納曼和特沃斯基一定花了很多時間，編製獨特巧妙的場景——有些是真實的，有些是假設的——這些方案構成他們廣泛的研究基礎。有一項研究屬於前者「真實」的類別，是康納曼與諾貝爾獎得主、行為經濟學家理查・塞勒（Richard Thaler）共同制定的。研究內容關於隨機分配一批免費的咖啡杯給學生，同時，讓他們的同學提出購買咖啡杯的請求。從表面上看，你可能會覺得這是一個相當無害的交易模式。

然而，研究結束時，這對學者分別比較潛在買家和所有者／賣家的平均價格，竟出現了一個顯著差異。賣家的平均要價在 7

美元左右，而那些試圖購得咖啡杯的學生要價則落在 3 美元左右，兩者形成明顯對比。在賣家心目中的損失，比在買家心目中的收益影響更大。

康納曼和特沃斯基的假設情境中，最著名的可說是所謂的「亞洲病」問題。這個兩難問題讓參與者在當局提出的兩個公共衛生方案中選擇，以應對某種可能威脅 600 條性命的流行病（據稱源自亞洲）。選項如下：

A 方案：挽救 200 條生命。

B 方案：有 1/3 機會拯救全部人；2/3 機會救不了任何人。

哪一個才是最好的選擇？

在這個難題中，參與者對 A 方案表現出壓倒性的偏好；至少保證能拯救 200 條生命。大約 3/4 的受訪者選擇此方案。

但是，這個問題還有一個稍微不同的變項。情況如下：

A 方案：400 人死亡。

B 方案：有 1/3 機會沒有任何人死亡；2/3 機會全部人死亡。

（見表 8.1 的統整。）

那麼，哪個是最好的選擇？

框架	A 方案	B 方案
正向	拯救 200 人	有 1/3 機會拯救全部人；2/3 機會救不了任何人。
負向	400 人死亡	有 1/3 機會沒有任何人死亡；2/3 機會全部人死亡。

▲表 8.1：正負框架效應（康納曼＆特沃斯基，1981 年）。

在反覆運算中，正如展望理論所預測的那樣，康納曼和特沃斯基的分析顯示了一個完全不同的結果。當看到這組新的應對方案時，幾乎不到 20% 的參與者選擇 A 方案——儘管「挽救 200 條生命」和「失去 400 條生命」的結果完全相同。

這又是一場大戰。決策科學家所稱的「損失框架」贏過「獲益框架」。400 人死亡的展望（由此得到該理論的名稱）—— 400 條生命的損失——在參與者心中的分量，比 200 人獲救的展望更重，有助於減輕負擔。

那麼，究竟什麼是**認知框架**？它又是如何運作的？有鑒於人們普遍承認框架具有無可比擬的說服力，那麼在實際操作上，這份力量究竟如何體現？

說服力的藝術

去年，我獲邀前往某跨國保險公司的董事會活動演講。我負責下午場，是當天最後一場會議。在我之前，一位名叫克萊爾・史密斯（Claire Smith）的女士負責揭開上午的會議序幕。

克萊爾（目測約 60 多歲）的身材苗條，姿態婀娜，留著一頭波浪形灰髮，看起來就像阿嘉莎・克莉絲蒂（Agatha Christie）筆下的瑪波小姐，和茱蒂・丹契（Judi Dench）在《空降危機》（Skyfall）中的 M 的綜合體。她當時正經營一家專門從事商業仲裁和風險管理的顧問公司。曾經，她是某些圈子裡的傳奇人物。克萊爾把自己描述成一個極端的談判者，沒有一絲沽名釣譽或浮誇。她曾在中國（她中文說得很流利）和巴基斯坦待過一段時間（當美國在 911 事件後鎖國時，她躲在伊斯蘭馬巴德，擔任英國和巴基斯坦政府的政治顧問，處理「國際共同關注」的高等事務），也在其他地方工作過。

她有兩個特別的傳說。第一，她是唯一一個投入朝鮮人民共和國的西方女性；她曾出現在朝鮮的郵票上。第二，她是史上少數幾位與塔利班成功談判的女性之一。正如克萊爾指出的，消失和成功，構成了巨大影響力光譜的兩個對立極點。

我們坐在主辦單位安排的休息室裡喝茶配餅乾，目光所及盡是柚木和綠色，以及關於東歐人體藝術的大套書。我們開始談論說服力的藝術與科學；克萊爾擅長前者，我擅長後者。當我告訴她，框架和其在形成影響力的過程中起的關鍵作用時，她點了點頭。

說的內容很重要，但說的方式更重要；資訊到位很重要，但更重要的是，它**看起來**要到位。

她認為，對任何成功的談判都至關重要的是──有點像餵孩子吃藥──你必須事先確定你想說的話，或你打算使用的最佳形式是什麼？像是糖和藥的比例。極端的談判（實際上是任何談判），目的都是在困難、危險，有時甚至是致命的情況下，和對方建立關係。因為建立這種關係、創造這種融洽的情誼，使你能夠探索根本上對對方最重要的信念和價值體系，再以同理和適當的方式，框架自己要說的話。

換句話說，難道我們必須扒竊對方的價值體系，然後將這些價值賣回給他們，並在側面刻上自己的商標？

她的眼睛瞇了起來。「嗯。」她避重就輕。「我不會用這樣的說法。尤其是談論塔利班的時候！但我明白你的想法。我會選擇這樣說：好的談判者會溝通，不好的談判者則是廣播。」

克萊爾講了一個她在巴基斯坦的故事，這個故事直接跳到極點，可能是我聽過最好的框架範例。它說明了透過技巧性的及時插話，以正確的心理框架準備和呈現的、具說服力的訊息，可以──用第 5 章中的美術館比喻──將任何人的大腦拉近畫布，以獲得更親切、更少批評的目光。

在巴基斯坦和阿富汗邊界的深山中，穆斯林祈禱的召喚「宣禮」（Azaan）響徹雲杉、杜松和白松林，老鷹在大喀喇崑崙山覆雪的廊道上翱翔。在一片陡峭、石頭雕刻的壁架上，豎立著一所點著燭光的學校。突然間，一名驚慌失措的女子氣喘吁吁地從門

外衝進來，告訴兩位老師，有個反對婦女教育、惡名昭彰的塔利班代表團正向她們走來。

恐懼瞬間籠罩教室裡的 33 名女孩。男孩們在山谷對面的山口上，沒有人確知塔利班的心情或意圖，但是，他們此行目的不太可能是送蠟筆。事實上，他們八成是要來關閉學校。

也就是要所有人閉嘴。

老師們平靜地將女孩們送回各自的村莊。她們穿著天藍色的紗麗卡米茲（Salwar Kameezes）爬上山丘，回到她們在雲裡的家。但是，婦女們沒有撤退到更安全的地方，而是決定留在原地。大約半小時後，一陣腳步聲落在學校操場上。她們端上了一盆玫瑰果和小豆蔻茶，還有裝在碟子裡的巴菲（barfi）和拉杜（laddu）。

她們讓指揮官和他的手下放下戒心。

婦女們帶他們參觀教室和操場，在他們眼前打開櫥櫃，鼓勵他們看看裡頭的教具；那些整齊擺放在書桌和書架上的工作表、掛圖、單字卡和故事書。她們介紹課程和日常活動時，向指揮官解釋，透過學習閱讀和書寫，女孩們能夠繼續學習伊斯蘭教，並對《可蘭經》有更好的理解。並且，透過學習算術，她們將成為更好的妻子；在市場上努力地討價還價，不會受到無能或無良攤販的蒙蔽或欺騙。

以茶點為基底的臨時校園參觀日起了很大作用。第二天早上，清晨 7 點鐘，學校鐘聲在興都庫什地區的山路上迴蕩，女孩們心滿意足地坐在課桌前，準備開始上第一堂課。她們有了希望，就是教育，就是未來。透過選擇正確的框架，吸引深植於好戰、基

本教義派穆斯林文化中的激進、極端主義，這些老師們站出自己的立場，挽救了一切。在令人生畏的、危險的、絕望的不利景況下，她們成功戰勝了塔利班。士兵一進門，埋伏的教師們就控制了「現場」，讓學校不再被看成一種汙點、誹謗，或是對伊斯蘭價值觀的攻擊，而是知識傳遞的管道、哲學的訓練場。

很厲害吧？任何一位行銷大師、品牌經理或廣告主管，都會告訴你同樣的事情：不該低估這種初步的感知劫持對大腦決策路徑的影響。事實上，直接占據大腦的視角控制駕駛艙，對於確保影響目標能夠安全、順利並有效地通行到我們的觀點，可說是極為重要。而這種轉瞬即逝的第一印象，並不僅僅適用於我們對他人的評估。研究已經一次次地證明，它們在我們對數據、資訊和論證的評估中，有非常重的分量。如同其影響我們對陌生人的觀感一樣。

舉個例子，丹尼爾·康納曼和阿莫斯·特沃斯基的「亞洲病」典型，這項研究對流行病學推理領域中「注意力綁架」的影響，提供強而有力、具有啟發性的見解。回顧一下，從「收益」到「損失」的框架轉變，如何對參與者的方案選擇產生突然而巨大的影響？

其他例子比比皆是。

研究顯示，在大眾眼裡，標榜「90% 有效」的保險套，比那些「失敗率 10%」的保險套可靠得多。

　　如果要在兩種包裝相同的肉類產品中選擇，大多數人會選擇標示「75% 瘦肉」而不是「25% 肥肉」的產品。

　　在通貨膨脹率為 12% 時加薪 5%（「獲益」框架），和在通貨膨脹率為 0 時減薪 7%（「損失」框架），多數人會選擇加薪。

　　在足球比賽中，高壓、攸關勝負的點球殊死戰，出現兩種情況：失誤，便可能導致球隊輸球（成功率約為 60%）；進球，就能確保球隊勝利（成功率約為 90%）。在前者情況的球員表現更差。

　　框架是分類世界的政治化妝師、公關、宣傳人員、傀儡大師。如果類別是做言詞生意，框架就是在角度上引領市場。

　　事實上，早在 2016 年的英國脫歐辯論中，這種對於損失而非獲益的敏感度，構成了「投票脫歐」（Vote Leave）運動總競選主題的關鍵成分，凝聚為「奪回控制權」（Take Back Control）的口號，因此構成了整個勝利拼圖中關鍵的、贏得選票的一塊。

　　公投六個月後，「投票脫歐」的競選主任多明尼克・卡明斯談到：「當我研究關於歐元的意見時，我們能想到最好的口號就是『保持控制權』。所以，我把這句話做了點改變。很多人讚賞最後的句子，但我真正做到的是傾聽。」

　　使用「奪回」這個詞，是影響力的天才之舉。厭惡損失是一回事，但有機會扳平比分、消除損失，則是另一回事。「奪回控制權」的力量在於，僅用五個字就能同時引發獲益——「控制權」

（Control），以及損失——「奪回」（Tack Back）的框架，包裹在單一、爆炸性的修辭炮彈裡。事實上，卡明斯的評論說明了詞語對影響精神行為的強大作用，以及這些改變心智的強力實體所構建的框架，會在不知不覺中吞併我們的觀點和判斷。

例如，墮胎是婦女的「選擇權」，還是一種「謀殺」？支持選擇權的運動人士認為是前者，支持生命的遊說團體則認為是後者。毒品是「法律和秩序」問題，還是「公共衛生」問題？你如何**看待**它，決定你如何**處理**它。

在荷蘭，幾乎每個街角都能看到煙霧繚繞的「咖啡屋」。它們最初並非如大眾認為的合法毒窟，而是治療和預防計畫的一部分——保護大麻使用者不接觸更猛烈的毒品。其背後的思維是符合邏輯的、自由的，而且不是黑白二分。不分青紅皂白的禁制締造了一種二元的次文化，在這種文化下，習慣大不相同的吸毒者以及獨特的個案歷史，被集體歸為同一個群體。當然，隨著時間過去，他們有可能真的變成同一群人。此外，還有人擔心，讓年輕人背上犯罪紀錄，可能會無意中把他們往藥物濫用的方向推進；而他們原本說不定根本沒有想要冒險。

在菲律賓，我們看到的情況恰恰相反。雖然總統羅德里戈‧杜特蒂（Rodrigo Duterte）宣稱自己不願意將慣性吸毒者扣上犯罪紀錄，但他對於「死刑」的看法，顯然並未持相同的保留態度。2016 年，杜特蒂打著「勇氣與同情心」的旗幟上台，承諾要消滅數以萬計的吸毒者——成立專門的「特別行動」殺人小組。雖然沒有獨立的統計資料，很難準確統計他就職以來的死亡人數，但

警方聲稱，在一年多的時間裡，有 3,400 人在這項行動中被殺害。

「希特勒屠殺了 300 萬猶太人。」杜特蒂在一次新聞發布會上提到。「現在有 300 萬個吸毒者，我很樂意宰了他們。」

諷刺的是，語言是最難戒的毒品，而我們每一個人都會上癮。

注意力蜜糖

框架為我們提供的不僅僅是視角。除了賦予我們對事物的看法，還進一步為兩種基本、不可或缺的心理功能服務。其中一種功能與強調的問題有關。框架將我們的注意力引向一個問題的細節，引向好處和壞處、獲益和損失，以競爭的特性呈現。換句話說，框架標示會突出明顯的特點，或者說是框架製造者希望我們相信的特點。這有時符合我們的利益。例如，保健廣告，或是與環境、氣候變化有關的宣導。但在其他時候，它並不奏效，我們遂成為錯誤資訊的受害者。框架就像《哈利波特》中的魔法，是黑或是白。

為了快速掌握突出點，我們將迎來另一個語法習題。這一次，任務是把「只（有）」這個詞，插入此句中：

她告訴他她愛他。

事實證明，在這個詞可能出現的位置中，**所有**可用選項都能使句子以正確語法呈現……

只有她告訴他，她愛他。（她是唯一說出愛他這件事的人）

她**只**告訴他，她愛他。（她只說愛他這件事）

她**只**告訴他，她愛他。（她只對他這個人說）

她**只有**告訴他，她愛他。（她只有說愛他這件事）

她**只有**告訴他，她愛他。（她只對他這個人說）

她告訴他，**只有**她愛他。（她是唯一一個愛他的人）

她告訴他，她**只**愛他。（她只愛他一個人）

　　但是，字的分配順序改變了話的**含意**，在某些情況甚至是大幅改變。因為「只（有）」這個字詞天生具有說服力，當它被引進句中時，立刻成為構圖上的主視覺、詞彙組合的語義前鋒。因此，我們的大腦就像磁鐵一樣被它吸引。它的語言明星特質吸引著我們的注意力，無論它去哪裡、做什麼，都會成為頭條新聞。

　　它在風格上和心理上都變得很突出。

　　早在 90 年代初期，美國行為科學家埃爾達‧沙弗（Eldar Shafir）一系列關於決策的研究中，某部分是在實驗室裡進行一場令人震驚的顯著性操縱示範。沙弗向參與者展示一個虛構的法律場景，在這個場景中，兩位父母為孩子的單獨監護權進行訴訟。參與者會獲得父母雙方最低限度的資訊，如下：

A 家長	B 家長
所得為平均收入	所得高於平均收入
健康狀況一般	有輕微健康問題
與子女關係融洽	與子女關係密切
工作時間穩定	與工作相關的差旅很多
社交生活相對穩定	社交生活極為活躍

　　閱讀完描述後，參與者被分成兩組，分別面臨不同提問。一組被問到：「你會把單獨監護權判給哪一方？」另一組被問到：「你會駁回哪一方的單獨監護權？」

　　差別很大，對嗎？

　　不過，令人難以置信的是，儘管兩個問題截然不同，但兩組人都傾向選擇 B 家長，而不是 A 家長。在第一組中，64% 的人裁定**支持**（即 B 應該得到監護權）；在第二組中，55% 的人裁定**反對**（即 A 不應得到監護權）。

　　為什麼？

　　這一切都歸結於**突出性**。這個問題的措辭，對參與者在評估父母時參照的標準產生直接影響。從一開始，詞彙就框架了他們對父母的二元印象。仔細看一下這些描述，你會發現一個簡單的模式。A 家長是全面的「平均」，相比之下，B 家長由正面和不太正面的特質混合組成，這些特質在監護權爭奪戰中，會產生關鍵

性的影響。

在心理上，單獨監護權案例的審查參與者，自然會關注兩位家長表現出的積極照顧特質。而那些請求被駁回的案例，則是相應地放大了審查者對消極性的注意。但不論是什麼情況，實際上都沒有太大區別。A家長沒有得到機會，不是因為他不好，而是因為他太無趣了！這條線是由問題劃定的，而不是答案。普通、平凡、一般的父母沒能越過界線——沒能吸引注意力。

再舉一個例子，讓我們回想之前提過的墮胎爭論。根據你所支持的論點，通常可以用兩種描述方式來闡述。**胎兒**和**未出生的嬰兒**。從表面上看，這兩種敘述似乎可以互換，但是，仔細觀察，它們傳達了非常不同的訊息，並以完全不同的方式框架了爭論。

「胎兒」構成一個解剖學上、情感上的去汙名化，可以用來描述未出生的後代。不僅是人類的後代，而且是任何哺乳動物的後代。這是以客觀的、明確的分類學生物術語來界定生命實體，將人類在成形階段、幾個月大的生命「非人化」。既然社會上已經存在一種廣泛的共識，即我們可以出於任何合理合法的目的殺害動物，那麼，要承認可能存在一些嚴重性及社會心理複雜度不同的條件，允許終止子宮內的人類「生命」，就不需要跨越太多倫理信仰。那麼，透過使用「胎兒」一詞，墮胎可以被描繪得更公平、更實際，且在道德上不那麼令人反感。

相比之下，「未出生的嬰兒」強烈地將墮胎的做法情感化。它不只運用一個框架，而是兩個，與其對手所喚起的無情感、敷衍的對立面截然相反。

接下來想想「嬰兒」這個詞。嬰兒，在墮胎的脈絡下，將「後代」的概念框架為典型的人類，而不是一般的哺乳動物。其他物種的後代，如駱駝、袋鼠和鴨嘴獸等的後代，我們就不會稱其為嬰兒或幼兒，而是幼獸或幼崽。

因此，「未出生」帶來「正在進行」這一個獨特但相關的意涵。不是透過媚俗的硬性推銷，而是藉由暗示的力量悄悄地、巧妙地植入我們的大腦，間接提供了一個平滑連續體的願景。漸進式的人性，介於無可爭議的產後人身地位和爭議性的產前補充人格之間。

「未出生的嬰兒」和「胎兒」這個詞所引出的含意截然相反。由於只有在罕見的特殊情況下（例如戰爭或自衛），剝奪人的生命才被視為合理，且子宮內「未出生」的狀態成為其對立面「已出生」的延伸，一個連續分類的動能將生物調光器的開關，從柔軟的胚胎陰影轉換成鮮明、讓人精疲力盡的知覺，墮胎因而被視為不義。一種在人生行列中可恥、不可逆的緩刑。

僅僅是一個簡單的詞彙選擇，就使一切截然不同。

錯覺的威力

滾石樂團吉他手基斯・理查茲（Keith Richards）講了一個關於米克・傑格（Mick Jagger）和樂團鼓手查理・瓦茲（Charlie Watts）的故事。80 年代中期的某個晚上，傑格撥了電話到瓦茲的

飯店房間。當時是凌晨，他喝醉了，而瓦茲躺在床上，接起了電話。

「我的鼓手在嗎？」傑格恍惚地說。短暫的停頓之後，電話就掛斷了。傑格不以為意。

瓦茲有了個主意。他從床上爬起來，刮了鬍子，穿上西裝、襯衫、鞋子，打上領帶，然後下樓。傑格就在那裡，瓦茲逕自走到他面前。

砰！他一拳打在傑格臉上。

「不要再叫我『我的鼓手』。」他斥責道，接著帥氣地轉身，踩著喬治‧克萊弗利（George Cleverley）跟鞋，回到房間。

「你才是我他媽的歌手！」

等米克清醒過來的時候，真的應該好好反省一下，這件事對查理有多不敬。「我的鼓手」清楚表明了主唱對樂團的階級看法，也引起大眾對兩人關係的特殊關注。換句話說，他們讓這關係突顯了出來。但傑格真正的問題並不在此，而是第三個、也是最後一個構成框架的關鍵精神作用推理。

它影響了我們的**判斷力**。

透過向世界揭示我們對某特定問題的觀點，並操縱其中一個或多個基本要件的突出性，便能邀請觀眾來消化我們的觀點或看法。他們得以為自己的結論辯護、撤銷或調整。

若一切進展順利，他人的觀點改變為與我們的觀點更加一致，就是所謂的說服，那框架就能功成身退。但是當事情進行得不順利時——亦即它所傳達的角度和突出的要點，與我們試圖說服的人的主觀傾向相去甚遠，以致無法再定調，反而引起完全相反的

效果：徹底反感——那麼有時候，正如米克和查理那樣，情況就糟糕了。

我們不可能總是得到自己想要的東西。

當然，在深夜醉酒爭吵的情況下，「創造性差異」光譜的兩端在一個昏暗的飯店大廳裡對峙，沒有人會贏，兩邊都不代表理想的目標受眾，而兩種立場之間的認知和情感距離構成了巨大鴻溝，以致於具最強說服力的論點也無法在相反立場者的內心著陸。保持堅信、保留觀點，判斷力仍然毫不動搖。

但有時候，說服力的漣漪確實會沖上岸，也就是當對立的意識形態並沒有超過說服力可及的人類心理的時候。說服者菁英的標誌是，他們培養條件，以促進最大程度的近距離接觸。設計一個論點的框架，使其落在聽眾或個人的接受範圍內（相對於他們的拒絕範圍），是使其論點有效和成功的重要因素。

為了使這個比喻具體化，我們可以把大腦想像成一臺超載的認知計程車，從環境中接收各種零碎的資訊——意見、口號、咒語、音訊、任務——並將其投放到兩耳之間的不同位置。就像真實的計程車公司一樣，認知計程車也有一個叫車區，一個測量預定距離的徑向羅盤，超過這個距離就會拒絕載客。

這正是「說服」過程中發生的事情。當有人試圖改變我們的想法，就像打了一通電話到我們大腦深處的活動房屋裡。電話鈴響了，於是我們有了選擇：要記錄位址、接收對方的論點，或者拒絕這項工作，並接聽另一個電話。

為了體會框架令人改弦易轍的特性，為了真正「看到」它的

影響，我們只需要看視覺科學中，某些強大的光學幻覺令人瞠目結舌的手段，並透過類比的方式，思考在爭論、解釋和推理之外，我們眼前的人物、物體和景觀的神奇轉變。在物理感知而非認知感知的背景下，我們近距離地體驗到視角、突出性和判斷力是如何結合在一起，並發揮它們的作用。如果說服的目的，是使你的說服對象能夠以不同方式看待和處理事情，那麼用「一張圖片勝過千言萬語」來形容就再合適不過了。

舉例來說，圖 8.1a 中的線條，即是謝潑德錯覺（Shepard Illusion）。

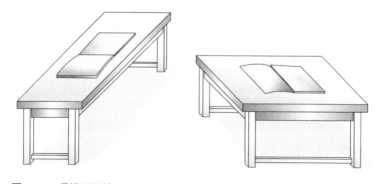

▲圖 8.1a：長邊和短邊。

這種錯覺以其創始人——美國認知科學家羅傑·謝潑德（Roger Shepard）命名，是有史以來最特別的心理魔術之一。即使你知道發生什麼事，也很難理解其中的道理。

那麼……到底發生了什麼事？難以置信的是，這幅畫中兩張

桌子的尺寸是一樣的。不相信嗎？證據如下：

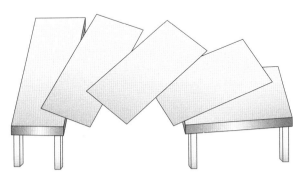

▲圖 8.1b：翻轉桌子。

　　這種錯覺的威力，在於另一個令人瞠目結舌的對等物：垂直－
水平錯覺（見圖 8.2）。

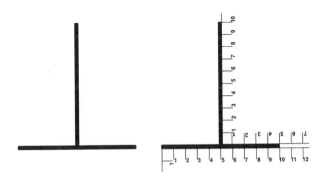

▲圖 8.2：垂直－水平錯覺。

　　簡單來說，我們常常放大或高估長度。大多數人認為左邊倒 T 字形的垂直徑比水平底邊長，如同認為圖 8.1a 中，左邊桌子比右邊桌子長一樣；因為在頁面上，它顯得「更高」、更直立、更垂直。然而，你可以從圖 8.2 中右邊的 T 發現，這兩條線，就像兩張桌子一樣，是完全一樣的長度。

　　至於我們為什麼如此容易受到垂直－水平錯覺的影響，人們有很多種猜測。有一種解釋是，大腦試圖補償我們視野高度和寬度之間的不平等，其在電視螢幕的配置中，實際上是水平拉長的，以最大限度擴大我們左右周邊的視覺範圍。

　　但我們之所以成為謝潑德錯覺的受害者，還有一個原因，與桌子本身有關。更具體地說，是與人類大腦選擇將它們**解釋**為桌子有關。因為它們肯定不是桌子。在現實中，這個錯覺**實際上**對我們呈現的是一對幾何圖形，在二度空間中以斜向對立的角度排列。僅此而已。但是，有一個問題。這些骨架的幾何構成有附屬物，就是「腳」，或者說，我們選擇認為是腳的東西。當平行四邊形長出腳時，會變成什麼？桌子。

　　同樣的學習、熟悉和意義獲取原則也適用於以下情況：它們不再有腿，而是長出精緻的陰影邊緣，與其他平行四邊形相伴，以適當的顏色和方式排列在道路中間。微妙的轉變產生了。平行四邊形變成了石頭，巨大的混凝土石塊詭異地懸浮在半空中，以不可思議的能力，讓機車騎士瞬間停止前進（見圖 8.3）。

▲圖 8.3：立體斑馬線帶給行人在空中行走的感覺，同時也把駕駛嚇得半死。

　　這種效果令人難以招架，原因很簡單。一旦大腦決定要對這些圖像「做」什麼，就會情不自禁地把它們當作立體的物品來處理。因為在日常生活中，我們的主要視覺系統就是這樣學會處理**真實的**桌子和混凝土塊，事實上，一切事物都是如此。大腦調動所有感知經驗，包括關於角度的一切，來理解周遭的三角測量法。透過線條和角度分析，盡其所能為我們提供一個合乎邏輯、合理的圖像，讓我們使用。在我們的兩耳中間，想像出最有可能和訊息量最高的物體，來代表我們眼前的「外界」。

　　因此，我們「看到」了東西，觀察到超自然地懸浮在道路中間的設計。而且，在圖 8.1a 中，我們觀察到左邊的「圖案」比右邊的「圖案」退得更遠。換句話說，是更長。

　　但是稍微回到圖 8.1b，這種錯覺就消失了。一旦我們把對桌

子表面的認知從底座上擰下來,並逐漸以相應的角度、漸進的幾何接近度導向彼此,我們就開始辨別出在冰冷、堅硬的數學光線下,其過分偽裝的真實面貌。

這都是因為**實際上**的框架變化。

為了瞭解它如何運作,我們先回到框架的三個認知功能——視角、突出性和判斷——並考慮其如何應用。首先,去掉桌子的腳,完全改變了我們對圖像的**視角**,這是錯覺主要的活動成分。再來,透過操縱桌面的角度,使它們逐漸變形,我們便逐步去除了兩個表面之間的空間方向差異,亦即在圖像的垂直和水平部分間的感知比較突出性,同時在此一過程中,減少感知到的「桌子」高度和寬度間的差異量。結果是判斷力的變化;我們不再把比例明顯不對的桌子看成大小不等。這種錯覺消失了。

當然,把家具搬來搬去是一回事,轉變思想、態度和觀點則是另外一回事。說服,其核心很可能只是用基本的心理操縱,讓人們從不同的角度看待事物;並沒有那麼複雜,只是讓他們從不同的、更友善的角度來處理事情。但是即便如此,談及三角測量的影響真的有意義嗎?**翻轉**桌子和說服力,真的有什麼關聯嗎?

答案是肯定的。這兩者不僅有關聯,還可視為同義詞。「說服」就是一種心理幾何學——小心地轉開桌腳,審慎地傾斜桌面。當然,不是指真正的桌面、桌腳,或是頁面上的投影,而是概念、論點、立場和觀點。藉由這些調整,讓面向和構圖都適合觀察者的眼睛,結構和方向都符合影響者的設計。

說服就是改變視角。說服是關於調光開關的顯著性。說服,

歸根結柢，就是框架，是形塑和操縱判斷。

　　做到這三點，你就不僅僅是旋轉桌子了；你可以把桌子踢翻。你能把黑的變成白、白的變成黑，使頑固的信念和先前僵化的心態潛越武裝的心理邊界。彷彿它們是開放的、看不見的邊界；彷彿你的話語是有魅力的，而你的影響力則不容抗拒。

| 第 9 章 |

有動機
就有出路

他做了好律師會做的事：順著聽眾正在走的方向，
改變他的論點。

——傑弗瑞・圖賓（Jeffrey Toobin）

2005 年，我寫了一本書，叫做《購物台專家為什麼能說服你？——心理學家教你突破心防的說服術》（*Flipnosis: The Art of Split-Second Persuasion*）。這本書講的是立即的現場影響，而不是經過精心策劃的既定程序和談判。不僅要一針見血地指出問題，還要「**翻轉**」情勢。本書在英國軍事情報界引起很大的迴響，某種程度上立於頗受崇敬的地位。我並不驚訝，因為他們的任務性質往往有嚴格的時間限制，此書主旨正中紅心。

在書出版後不久，我為英國廣播公司製作一部紀錄片時，有幸採訪到世界頂尖的說服學專家——羅伯特‧席爾迪尼（Robert B. Cialdini）教授。我向他提出的其中一個問題是：「您認為，我們可以說服任何人、去做任何事嗎？或者您認為社會影響的力量是有限的？」

羅伯特猶豫了一下才回答。「我認為可能有限。但是當你看到像瓊斯鎮大屠殺（Jonestown Massacre）這樣的悲劇時，就會懷疑這個限度到底在哪[43]。」

前一段時間，我也問了我父親同樣的問題。他對社會影響力原理的知識可能不如羅伯特，也沒有傑出的學術地位，但他很懂世道。不幸的是，他已經不在了。他還在世時，常常到市場賣東西，

---

43 1978年11月18日，吉姆‧瓊斯（Jim Jones）牧師自稱是人民聖殿的先知和領袖，他說服一群有900多名信徒的邪教組織，在圭亞那西北部叢林中的偏遠社區，喝下氰化物與酷愛飲料（Kool Aid）混合的致命雞尾酒，集體自殺。其中包括約200名嬰兒和幼童，大多是被父母或者邪教輔祭謀殺。

其中有很多物品的狀態不佳，他必須運用高深的伎倆才能賣掉貨物。如果有機會讓席爾迪尼教授和我父親進行一次說服力槍戰，看誰能在 2 月末的週日早上、倫敦西部的市場，賣出價值最低的東西，我會賭我爸爸。

他與羅伯特不同，沒有多想就回答：「不，我不認為有什麼限制。只要看看戰爭期間德國發生的事就知道了，你只要做一件事。」

「是什麼？」我問。

「**不管**做什麼，讓那個人發自內心**想要**去做。」他說。

「說服不是要讓人們做他們不想做的事，」他繼續說，「而是要給他們一個理由，去做他們想做的事。」

換句話說，每當你請求別人做某件事時，成功與否很大程度上取決於一個基本細節：這對他們有什麼好處？

黑白分明。這是比天擇更古老、更有智慧的普世類別：感知自我利益。

有人說，偉大的老師往往會以身作則，如果是這樣的話，那麼我爸爸就是最好的老師。通常，他會嘗試一些方法，看看是否能夠自圓其說。這些嘗試中，十之八九他都做得到。

我記得有一次跟他在澳大利亞的海灘上漫步，我們走過一個在陽傘下安靜看書的人。他躺在一條毛巾上、背對我們，在他身後，有一個裝滿啤酒的冰桶，這是悠閒午後的完美搭配。

「想喝一杯嗎，兒子？」爸爸問。我們停在這傢伙的身後。我以為他在邀我去當地的酒吧，便點點頭。但爸爸有別的想法。

「不要動。」他說，慢慢地躡足接近那個慵懶的書呆子。「有一隻非常大的蠍子在你的兩腿之間。」

他驚慌失措，臉色蒼白到你會以為我們是在冰天雪地的西伯利亞，而不是雪梨。

「天哪！」他尖叫，愣在那裡。「你能⋯⋯能不能把牠殺死⋯⋯？」

「好。你不要發出聲音，躺著不動，我應該可以做到。」爸爸說著，一邊默默地從冰桶裡拿給我幾瓶嘉士伯啤酒，拚命止住笑。

「只要直視前方，絕對不要動，你就會沒事的。」

他揮手要我去海灘。

五分鐘後，他仍然笑個不停。

「看吧。」爸爸說。「我一直告訴你什麼？讓他們想要**你想要**的東西！」

也許爸爸是對的，但羅伯特可能也沒錯。問題的答案或許就在他們兩人所說的中間點。要說服別人違背他們的意願、去做某件事，這是有限度的；但如果你能讓他們站在你這邊，那就完全不同了。

爸爸還提到第二次世界大戰。對他那一代人來說，在達豪和奧許維茲這些地方犯下的暴行，體現了人類心理流毒最卑劣的惡臭。如果他在有生之年聽聞 911 事件，可能就會改變說法了。哈尼‧漢哲（Hani Hanjour）、穆罕默德‧阿塔（Mohamed Atta）、馬爾萬‧阿勒－謝希（Marwan al-Shehhi）、齊亞德‧賈拉（Ziad

Jarrah），這些人分別是美國航空公司 77 號、11 號、175 號和 93 號航班的劫機者與飛行員。在那個悲慘的日子，這幾架飛機在幾個小時內分別撞上五角大廈、世貿中心雙塔和賓夕法尼亞州石溪鎮的田地。他們真的想完成那令人髮指、摧毀生命的任務？他們與人類基本同情心的自然秩序是否相去甚遠，如此邪惡地與日常道德脫軌，以致於在殘酷的自我意志下行事？又或者他們是受人脅迫而不得不這麼做？這是個無意義的問題。不過由於他們帶來迄今最大規模的恐怖攻擊，很難相信這些人並未與其行動的災難性結果完全相稱。

　　我給你越好的理由，去做你想做的事情，最後你會去做的可能性就越大。而如果我能說服你，把一架波音 767 開向世上最具代表性的建築物之一，並在此過程中奪走數千人的生命——如果我能讓你，把我的黑色看成你的白色——那麼我幾乎能讓你去做任何事情。

超好喝的石頭湯

　　把自身利益的力量，當作說服和影響的工具，現今在社群媒體上並不特別盛行，因為這個祕密已經公開有一段時間了。以《舊約聖經》為例，在《創世紀》中，蛇說服夏娃吃下知識樹上的果子時，用的策略實在非常老套。牠訴諸她的虛榮心，和她對地位與身分的渴望：

蛇比耶和華所造的任何野獸更狡猾，牠對那女人說：「神豈是真說，不許你們吃園中所有樹上的果子嗎？」

女人對蛇說：「園中樹上的果子我們可以吃。但神曾說：『唯有園中那棵樹上的果子，你們不可吃，也不可摸，免得你們死。』」

蛇對女人說：「你們不一定死！因為神知道你們吃的日子，眼睛就明亮了，你們便如神能知道善惡。」

我們都知道結果如何。

但我最喜歡的、關於影響、說服和自我利益的寓言，是一個18世紀初的民間故事，可以一直追溯到法國啟蒙運動時期，人們俗稱「石頭湯的寓言」。

某天傍晚，日光開始變暗，一個聰明、世故的旅行者在陸上漫遊。他來到一個小村莊，當他走近時，村裡的居民立刻起了疑心，跑進屋裡、把門鎖上，還關上他們的窗戶。

旅行者感到疑惑。

「為什麼你們這麼害怕？」他問。「我只是一個卑微的旅行者，想找地方休息一下、吃頓熱飯。」

一扇窗戶旋即打開，一張臉出現在窗子裡。「這裡周圍幾英里內都沒有任何食物。」一名看起來很凶的老婦人嚷道。「我們已經好幾天沒有吃東西了，連孩子都在挨餓。你最好繼續上路，

去山另一邊的下一個村莊。」

　　婦人指著遠處的大山，輕蔑地瞪了旅行者一眼。

　　他放下包袱，在她歪扭的小屋房簷下看著她，給她一個溫暖、令人放心的微笑。「啊。」他說。「妳不需要擔心。我在這裡不是為了要求妳什麼，我有我需要的一切。事實上，**我**剛剛在想要煮點東西給**妳**，像是一些美味的石頭湯！」

　　他從斗篷深處拿出一個大鍋，接著在這個苦毒老婦人惡狠狠的注視下，從附近的小河裡取水裝進鍋裡。然後，漸漸地，其他窗戶打開，更多面孔出現。他收集一手的灌木和落葉──樹莖、小樹枝、任何可以利用的東西，開始生火，撥動著燃煤，把鍋子放在火上面。

　　然後，當鍋裡開始沸騰時，他以隆重的儀式，從溪水中撈出三塊光滑、圓潤、中等大小的鵝卵石，把它們扔進水裡。

　　「啊……」他嘆了口氣，蒸汽高高升起，進入涼爽的傍晚空氣。「我真喜歡好喝的石頭湯！在路上辛苦走了一天之後，沒有什麼比這個更重要了。」

　　到了此時，村裡多數居民都在關注他的一舉一動。要麼從窗戶裡看他，或是謹慎地從半開的門縫裡窺視。他們最初的懷疑被好奇心打消了。沒有人聽說過石頭湯，它真的會像陌生人說的那麼好喝嗎？

　　幾分鐘後，太陽下山了，鍋子在火上繼續冒著泡。他拿出一個勺子，蘸著那鍋「肉湯」。

　　「嗯……」他舔了舔嘴唇，由衷地宣布：「好吃！當然啦，

雖然現在已經很美味了，但是再加上一些甘藍菜會更好……」

他環顧人群中越來越多的面孔。村民們現在已經相當習慣這個陌生人了，而且他不斷說著的這鍋湯，已經開始讓他們飢腸轆轆。果然，沒過多久，有個人拿著一小棵甘藍菜走過來，遞給他。

他感嘆道：「太完美了！」他把菜切開，扔進大鍋裡。「這正是我想要的！你肯定猜不到，幾年前，我曾喝過加了點鹽的牛肉石頭湯，真的是我吃過最好吃的東西……」

大家的目光都落在村裡的屠夫身上。五分鐘後，他帶著一塊牛腩回來了。「給你。」他對旅行者說，一邊把放在摺疊薄紗布裡的牛腩遞給他。「這放在你的湯裡應該會很好喝。」

陌生人接過牛肉，把它放進湯裡，誠懇地感謝屠夫。就這樣，一塊肉接著一塊肉，馬鈴薯、胡蘿蔔、洋蔥、蘑菇和花椰菜接續送來，這鍋美食變得越來越大鍋。

直到最後，鍋裡已經沒有剩餘的空間，全村人都站在鍋邊，拿著盤子、碗和湯匙，品味著香氣，準備隨時開動。

說服力的機密原則

自從我上次與羅伯特・席爾迪尼談論說服力以來，已經過了15年。再次見到他，跟他一起坐在坦佩市中心的咖啡廳裡，他已經是亞利桑那州立大學（Arizona State University）心理學和行銷學系的榮譽教授。我們重新談到這個話題。

1984 年，羅伯特出版了一本名為《影響力》（*Influence*）的暢銷書。在書中，他揭露他所描述的「六個順從的進化原則」，是基於天擇需求而出現的，也是所有人共通的，亦即：

互惠：接受他人的恩惠（如贈禮、服務、邀請）時，我們感到有義務回報。

稀缺性：某件物品數量越少，我們越想得到它。

權威性：我們尊重那些自己認為可信賴、有知識的人。

一致性：我們追求過去、現在和未來行為的規律性與相容性。

喜好：我們更願意對自己喜歡的人說好。

共識：我們參考別人的行為，來調整自己的行動——特別是在懷疑和不確定的情況下。

我在《購物台專家為什麼能說服你？》書中提到，這六項原則是在我對社會影響的 DNA 研究背景下進行的。這本書與《影響力》非常不同，但又相輔相成。因為它關注的是在缺乏這種核心順從的普遍性下，人們需要的說服類型。舉例而言，別人不虧欠我們或喜歡我們的情況下，那種自發的、單刀直入的交鋒；或者當對方擁有力量、權力或影響力的時候。

想想直接衝撞，而非軟性催促。

跟《影響力》一樣，《購物台專家為什麼能說服你？》也提出一套方便的原則——總共五條——稱為 SPICE 模型。每一條原則都為說服力的有效性提出獨特的貢獻。由於其自身的進化基礎，

以及在原始生存中的作用，這些原則完全只在自我利益的層面上
運作。

S －簡潔有力（Simplicity）：我們的大腦偏好簡單的資訊。

P －動之以利（Perceived Self-Interest）：利益是每個人的行
動動機。

I －不按牌理出牌（Incongruity）：出乎意料的事件不僅能吸

---

44 2019年，德國馬克斯・普朗克研究院（Max Planck Institute）的科學家進
行了一項研究，目的是要準確地發掘造就流行歌曲的因素。研究人員分析
了1958年至1991年間錄製的745首美國告示牌經典歌曲中的八萬個和弦，
並使用機器學習，根據每個和弦與前面和弦相比的「驚奇」程度，將每個
和弦打上分數。接著，他們選出30首具有代表性的歌曲，去掉歌詞和旋
律，以掩蓋曲目來源——從而除去與不同歌曲相關的記憶混淆——然後播
放給39名參與者聽。結果顯示，當參與者相當確定接下來是什麼和弦，
但歌曲卻出乎意料地出現不同轉折，因而使他們驚訝時，他們會感到愉
快。如果和弦的進展比較難預測，但是他們設法正確地預測了，也會感覺
良好。後續研究顯示，這種反應模式具有明顯的神經特徵。功能性磁共
振成像（fMRI）發現，當可預測的和弦出現偏差和不確定的和弦時，參
與者大腦中、被稱為依核（nucleus accumbens，與音樂性愉悅有關的獎勵
區域）的活性明顯增加。主導這項研究的文森・張（Vincent Cheung）解
釋：「我們認為，令人愉快的歌曲，能夠在我們知道接下來會發生什麼，
以及用我們沒想到的東西帶來驚喜之間取得良好的平衡。這首麥卡尼在
1968年創作的披頭四歌曲〈Ob-La-Di, Ob-La-Da〉，雖然被約翰・藍儂斥
為『祖母級的音樂垃圾』，卻在研究人員的排行榜上名列前茅；緊追在後
的是創世紀合唱團（Genesis）的〈超距力〉（*Invisible Touch*）和BJ・湯
瑪斯（BJ Thomas）的〈感覺上癮〉（*Hooked on a Feeling*）。此外，還有
傑克森五人組（The Jackson 5）的〈我要你回來〉（*I Want You Back*）、
拉氏（The La's）的〈她又來了〉（*There She Goes*）、范海倫樂團（Van

引大腦的注意，在某些情況下，還能讓我們感覺良好[44]。

C－信心（Confidence）：我們的大腦重視信念，喜歡確定它正在做對的事。

E－同理心（Empathy）：我們的神經迴路天生會對「我們認同」以及「會認同我們」的人做出反應。

說到說服力，SPICE 代表的是它的基本原理，在現代灰階世界中一種老式、黑白二分的影響力。一語中的、構成明確證據，證明有時二元論是好的，特別是需要在壓力下迅速做出決定，而且風險和緊張程度都很高的情況。也許這並不奇怪，人們在激進分子的行為中看到它的影子——純粹的、個人的、戲劇性的、高超的和光榮的極端主義分子，如 911 事件策劃者的故事——就像人們喜歡那些危機拯救者的功績一樣。

舉例來說，我曾經聽過一個關於拳擊手穆罕默德・阿里的故事。阿里當時在一架即將起飛的飛機上，卻拒絕繫上安全帶。

「請繫好你的安全帶！」空姐一再懇求他。

但阿里很堅持。「我是超人。」他宣稱。「超人不需要安全帶。」

「超人不需要搭飛機！」她反擊道。

轟！這位拳擊冠軍在面對這個特殊挑戰者時，肯定得到了意

Halen）的〈當這是愛〉（*When It's Love*）和UB40的〈紅的紅酒〉（*Red Red Wine*）。

外收穫。這位空姐對 SPICE 的運用堪稱典範。她的反擊乾淨俐落，符合阿里自己的利益，出人意料，充滿自信，而且無疑吸引了他對擊倒性出擊的喜好。只是這一次，他是被擊倒的人！

然而，羅伯特的影響力和我的 SPICE 原則，兩者在平行的情況下一起超時工作。若把這兩套原則並列，你就會得到一張說服力路線圖，幾乎可以適用於任何需要說服的情況。此外，它們還有一定程度的重疊，一個功能性的最大公約數。

仔細觀察每一種影響力模型，就會發現一種模式、一個統一的主線。某種程度上，每一條訓誡都指向：不是我們喜歡的東西，就是我們不喜歡的東西。換句話說，針對我們的自我利益。我們傾向於接近那些能帶來回報的事物，遠離那些傷害我們、導致痛苦的事物。舉例而言，就前者來說，我們在幾乎所有事情上都喜歡「個人魅力」；從政治競選文宣中，刻意只使用名字而不用姓氏，到服務員為我們點菜時，在我們的手臂上輕輕碰一下。這些都是在運用同理心的力量。與此相反，我的原則之一是，有多少人喜歡「不能回報」別人的感覺，或執著於不斷懷疑我們可能會「錯過」什麼？這兩種情況分別反映**互惠**和**稀缺性**，是羅伯特提出的兩個原則。下次當你聽到「幫我抓背」，或看到「數量有限」的標語時，你就會知道發生了什麼事。再有類似新冠病毒的東西出現時，也就不會恐慌地購買衛生紙了 [45]。

---

45 2020年3月初，人們因疫情擴散而一窩蜂搶購衛生紙。事實上，該病毒的主要症狀並非胃腸性，而是持續的乾咳和發燒，因此這個現象似乎不合邏

　　換句話說，我們的行為模式和偏好來自雙重動機。我們可能選擇一種行動方案而非另一個，其決策都有兩個基本的大原則來指導和支配：對快樂的期待、對痛苦的迴避。這兩者延遲一種若我們不採取行動，將不可避免地降臨到己身的可厭後果；與得到的承諾或滿足相反的報復或懲罰。

　　「所有物種都一樣，我們的動機是獎勵。」羅伯特說。「什麼讓我們感覺良好，這是最基本的東西。想一想，你如何訓練一隻狗，例如，讓牠服從坐下的命令。首先，每次你讓牠坐下，而牠做了有點含糊不清的動作時，你就給牠一個獎勵，犒賞牠。拍拍牠，或者給牠一塊餅乾，然後，一段時間後，再逐漸提高標準。狗必須更努力才能得到一塊餅乾。模糊的動作已經不能奏效了。

輯。此現象不限於任何國家，在英國、美國和澳大利亞——僅舉幾例——有很多人殺紅了眼，一心只想囤貨。為什麼？不列顛哥倫比亞大學臨床心理學教授史蒂芬・泰勒（Steven Taylor）博士，也是2019年《瘟疫心理學》（*The Psychology of Pandemics*）一書的作者，在書中提出了一個有趣的理論。「在大流行期間，當人們受到疫情威脅時，會發生的事情：他們對嫌惡的敏感度提高。人們更容易經歷厭惡的情緒，並且積極地想要避免它。」他在接受《獨立報》（*Independent*）採訪時解釋：「厭惡就像警報機制，警告你要避免一些汙染。所以，如果我看到沾滿唾液的欄杆，我絕不會去碰它；我會感到厭惡。這讓我們保持安全。因此，在被傳染的害怕和嫌惡之間存在一種非常緊密的關聯。而有什麼是比衛生紙更好的工具，能消除噁心的物體呢？這就是為什麼衛生紙成為臨時的安全象徵。」將這種對感染的恐懼加入同等且相反的、「有所準備」的需求——洗手，雖然相當基本，但在如此強大的病毒面前，感覺仍有點輕率——而實際上，過度購物和任何形式的過度補償，在感到無力和脆弱時，都是不可避免的。

相反的，牠必須採取一種符合標準的坐姿動作。」

「換句話說，你逐步獎勵牠。直到最後，當狗聽到『坐下！』的時候，就會聽從命令、立即坐下來了。這就是所謂的正面強化原則，書中最古老的勸說技巧，而狗主人是最高超的執行者！」

孩子們的家長也是如此。

我告訴羅伯特，英國出現對於外賣茶和咖啡杯的爭論。熱飲在超市和加油站等場所越來越容易取得，咖啡店的數量自本世紀以來增加了 4 倍，估計有 25 億個杯子——所有杯子都可回收再利用，但實際上的回收量只有 0.25%。

這嚴重不足的統計數字背後，與技術上的實用性有關。杯子內部有一層塑膠塗層，使其能夠盛裝液體和保持熱度，所以回收的杯子必須被運載到特殊的分離設備，將塑膠和紙張分離開來。但是有一個問題，這樣的場所在英國只有幾處。因此，情況通常是這樣的：當我們懷著美好願景，把杯子放入回收桶時，實際上是不知不覺害這些杯子進到某個不知名的混合垃圾分揀廠裡，以令人髮指的液壓方式死亡。工作人員會將它們從垃圾輸送帶上拽下來，最後不是送到專門的處理實驗室，而是掩埋。

那該怎麼做呢？放棄集中回收方案，引進「在地」獎勵措施？有些零售商正在這麼做，他們為重複使用容器的顧客，提供從 0.25 到 0.5 英鎊不等的價格優惠。後續的政府報告顯示，在所有的咖啡品項中，只有 1% 到 2% 的咖啡可以享受這種折扣。此外，該方案的整體參與度也偏低。同時，聯合國對於廢物和汙染的永續發展目標持續提出挑戰，政策制定者開始含糊其辭。如果糖果不是問

題的答案，那麼也許是時候來點酸的──「拿鐵稅」？獎勵的日子已經過去，現在該拿出棍子了。對使用一次性杯子的顧客收取 0.25 英鎊？應該值得一試。

羅伯特插話，他認為那些心懷不滿的政策制定者可能有點道理，也因此得到行為經濟學家們的支持。

他說：「徵稅有合理的科學意義。基本上可以追溯到丹尼爾‧康納曼和阿莫斯‧特沃斯基在 70 年代末到 80 年代初關於人類厭惡損失的研究。我們從可獲得 0.25 英鎊折扣中所體驗到的積極情緒，比不上被收取 0.25 英鎊稅金的消極情緒來得強烈。」

「這意味著顧客避免支付額外費用的動機，應該比他們獲得折扣的動機更強。」他想了想。「這再次突顯了框架對影響力的重要性。具說服力的溝通不只是關於訊息，還關於如何**傳遞**訊息；不只是關於贈禮，而是如何**包裝**禮物。卡迪夫大學（Cardiff University）心理學教授烏特‧普亭加（Wouter Poortinga）的研究清楚顯示，收取費用可能是最好的辦法。他對十幾家咖啡店進行了一系列實驗，結果顯示，如果商店免費提供可重複使用的杯子，同時對一次性杯子收費，則熱飲銷售量會增加將近 20%。」

此外，正如羅伯特指出，英國在這方面已經有一些經驗。「你們不是不久前才開始對塑膠袋收費嗎？」他問道。

沒錯。早在 2015 年，一個塑膠袋就得收費 0.05 英鎊。第一年結束時，塑膠袋的使用量大幅下降，減少了 80% 以上。

說服不是叫人們去做他們不想做的事，而是要給他們一個理由，去做他們想做的事。

我認為父親在這方面可謂專家。

不確定性的力量

在和羅伯特分開之前，我還想談點別的事情。獎勵、自我利益和偏好在說服中的作用，讓我想到更廣泛意義上的影響驅動力。特別是關於影響力的共同標準，這些標準很可能在一個更基本的層面上運作，而非那些已經包含在我們各自行為變化模型中的影響因素。

再看一下構成羅伯特的六項說服力進化原則，以及 SPICE 分類法的五個對應成分，即會出現第二種模式。在十一個要素中，很大比例是針對人類天生的、對不可預測和不確定性的排斥，因此，也暗示著對減少不確定性和模糊性的需要。

把灰色變成黑色和白色。

舉個例子，在羅伯特的框架內，權威、一致性和共識原則都能削弱那些在社會互動過程中產生的不安、自我懷疑和自我責備。換句話說，我們在知識（權威）、習慣（一致性）和數字中尋找安全感（共識）。

在 SPICE 架構中，簡潔有力、信心和不按牌理出牌的原則分別針對減輕困惑、消除猶豫及保持認知一致性。這些過程或多或少都與減少不確定性直接相關……諷刺的是，在不協調的情況下，須藉由適當的非正統與合宜的不協調手段來達成。不使用證據或

情感上的保證，而是驚喜的力量，以及主動地否定期望。

　　哈佛商學院的行銷學教授烏瑪・卡馬凱（Uma Karmarkar）進行的巧妙研究，說明了前面談及的內容。卡馬凱先向參與者展示一份正面評論——關於一家虛構的史卡洛拉（La Scarola）義大利餐廳。評論者給了這家餐廳很高的四顆星評等，並舉出非常好的理由，稱讚它有一流的食物、服務和溫暖、融洽的氛圍。但是，卡馬凱對美食評論家本身的特質做了一些調整。第一，他自己對該評論的確定性。第二，他的專業知識水準。

　　例如，某些時候，評論家看似對自己的評價非常肯定（「我保證史卡洛拉餐廳值得四顆星」）；其他時候，他則顯得更謹慎，帶點自我懷疑的猶豫態度（「我其實對史卡洛拉餐廳不太有信心，但我應該會給它四顆星」）。

　　在談到這名虛構的評論家資歷時，卡馬凱也採用了類似的詭計。對某些參與者，他將其描述為「全國知名的美食評論家，經常為一家地區大報的美食專欄撰稿」；但對其他人，他就描述為「經營個人網誌，是附近社區大學網路系統的管理員」。

　　卡馬凱想知道，這些變項是否會影響參與者本身對餐廳的評價？當然，除了這些變項，所有人得到的資訊都是相同的。

　　結果是肯定的。但耐人尋味的是，這兩個因素並不是獨立作用，而是兩者結合在一起，才產生了結果，而且是以相當不尋常的方式。當參與者受引導而相信評論者是專家時，相較於肯定性的評價，展現出**不確定性**的評價反而讓他們對餐廳產生較正面的印象。相反的，只有當評論家的地位降低、被描述為知識和經驗

不足時，不知情的潛在食客才會開始因他的確信、而非懷疑，受到更大影響，使他們對餐廳的整體評價與他們讀到的美食家讚譽更為相合。

這種奇特的差異原因為何？恰恰是卡馬凱所預料的動能，驚喜、不協調性以及超出預期的力量。

我們可能會想到大多數專家的表達方式。通常，我們會期望他們對自己的觀點充滿信心，而對非專家來說，正好相反；我們認為他們的表達，對自己的信念相對缺乏信心。當專家們搖擺不定、而新手們表現出自信時，在這兩種情況下，他們碰巧證明我們是錯的。我們不禁得出結論，有些事情不太對勁。所以我們的大腦做了雙重準備：密切關注。這反過來，又導致我們更加仔細地研究他們說的內容，並且更深思熟慮地消化他們的意見。

當然，人們需要確定性的此一事實已非新聞。正如第 6 章中，從艾瑞·克魯蘭斯基和其認知封閉性的研究得知，人們對於懷疑及模糊性的沉重、低迷腦霧的零容忍，有著深遠的起源。我告訴羅伯特，2016 年由阿契·德柏克（Archy de Berker）進行的一項研究。他是從蒙特婁來的數據科學家，其研究即採用這樣的典型，來說明不確定性在人們生活中的力量[46]。更具體地說，即使是在評估負面結果的可能性時——比如受到電擊的機率——人們也比較喜歡確定的，而不是模糊的結果。

---

46 德柏克在進行這項研究的時候，是在倫敦大學神經病學研究所（Institute of Neurology）任職。

　　這項研究採用電腦遊戲的形式。參與者必須翻開石頭，其中一些石頭藏著不受歡迎的蛇形驚喜，志願者們會被「咬」（微量電擊）。這只是輕微的不適，還不至於被歸類到死囚區。即便如此，也不是太令人愉快的經驗。

　　隨著實驗展開，參與者能夠推斷出哪些岩石可能最危險，哪些相對安全。但是有一個問題。一段時間後，機率發生了出乎意料的變化。「蛇」開始四處移動，因而產生不確定性的波動和參與者的生理壓力水平的相對變化。

　　或許人們會這樣認為，然而實際結果並不完全如此。德柏克和他的團隊發現，壓力反應和不確定性水平之間有明確的關聯──這一點從一開始就很清楚。但是，奇怪的是，假設我們當中大多數人其實並不期待被電擊的可能，這兩個變項之間的關係並不像起初看來那麼簡單。相反的，與其說研究指出壓力和不確定性之間的一般性關聯──隨著不確定性的減少和接受電擊的可能性增加，壓力水平也會增加──研究人員實際上發現的是很不一樣的東西。

　　當然，當受到電衝擊的機會從 0% 上升到 50% 時，壓力水平也隨之上升。但隨後的數據變得有點奇怪。隨著電擊的概率繼續從 50% 上升到 100%，壓力水平非但沒有繼續上升，反而開始下降。換句話說，當不確定性分別達到最高和最低時，壓力水平也分別達到最高和最低（亦即當受到電擊的可能性為 50% 時，壓力水平達到頂峰；而當受到電擊的可能性為 0% 或 100% 時，壓力水平則降至谷底）。

這個結論既清楚又令人驚奇。人類對模糊和不確定性是如此反感，以致於接受電擊的微小機率使大腦產生的負擔，比起確知電擊為絕對不可避免時更為沉重。

即使黑白二分思維容易造成傷害，甚至可能帶來實際的身體創傷，並預示著不可避免的痛苦和不適，我們還是喜歡它，而不是中間的灰色。

羅伯特點頭表示同意。「我相信。」他說。「想像一下，你在看你最喜歡的球隊比賽。什麼時候你的緊張程度會提高？情勢不利，而且獲勝機會渺茫的時候？勝券在握，還是像丟一枚硬幣，勝負在彈指間揭曉時？

「對大多數人來說，是在彈指之間——當比賽結果懸而未決時。就像你在申請工作，或等待考試結果時一樣。如果你已經有非常確定的結局，或至少當你自認很確定時，可能會感到輕鬆多了。」

不過，這項研究的有趣之處在於，其結果是架構在一種很明顯的負面方式：我會不會受到電擊？然而，我們仍然以完全相同的方式回應。這正說明了不確定性對我們的影響有多大，以及我們為了避免它而願意採取的各種做法。

「減少模糊性是筆大生意，一直以來都是如此。想想天氣預報和旅遊行程表之類的東西。但是科技進步已經把一切提升到全新層次，你的 iPhone 不只是一支手機，而是一個減少不確定性的引擎。即使沒有應用程式告訴你計程車的確切位置，提供你每分鐘的航班狀態更新，你還是可以打電話去遠端傳遞或接收資訊，

而不需要實際『到哪裡』。這個事實本身就標誌著，你已經遠遠超越只能等待、別無他法的昔日。過去你不得不讓事情『懸而未決』，直到你可以抵達現場，把事情解決。」

　　未來的影響者、說服者和思想領袖要注意了，如果你能抓住確定性的市場，你就成功了。其實任何時代都一樣，正如多年來創造出神祇、命運與未來的設計師那樣。

　　2020 年的新冠疫情，是對人類自由與團結的一堂漫長而艱辛的大師課。但是，經驗教訓告訴我們，如果關閉學校、在超市外大排長龍，或政府負擔工資是比較少人走的路，那麼灰色就是最無法容忍的顏色。

　　在英國，政府禁止人們前往酒吧和餐廳，但這些場所依然能夠繼續營業。此外，只有重要的工作人員和那些不能在家裡工作的勞工，才能離家去上班，而且必須確保能在工作場所保持 2 公尺的安全距離。但是，究竟「重要的工作人員」定義為何？很明顯，是醫生、護理師、藥劑師、送貨司機和食品店。那自行車和汽車維修店呢？哈爾福斯（Halfords）被政府指定為「基本服務提供者」，卻因其在 446 家商店中實施「部分商店覆蓋」（Partial Store Coverage）政策，而受到媒體嚴厲的批評。那麼在超市開始缺貨後，被列入名單的酒類專賣店或是社群媒體上的意見領袖呢？2018 年在芬蘭，這些意見領袖被添加至基本服務提供者的名單中，因為其國家緊急物資局（National Emergency Supply Agency，NESA）的通訊辦公室意識到，在發生重大危機時，僅靠傳統媒體並不足以涵蓋全國所有角落。那麼，被川普政府認定為重要商行

的、美國的槍枝經銷店呢？

此外，什麼才是 2 公尺的安全距離？難道在一個工作日內，完全沒有員工會通過彼此的這個半徑範圍？真的有可能一個人只待在一個場所，只在這個距離內通過另一個人？三個人、在三種情況下、通過這個距離內的另外三個人呢？連鎖悖論的幽靈再次從沙堆上升起。

這個訊息非常清楚。找到減少模糊性足跡的方法，為我們揮之不去的史前懷疑過敏症提供一管藥膏，破解將灰色變成邊界般堅硬的黑白雙色密碼，以及你通往權力的馬車──無論該道路可能帶你到哪裡──都在等待著你。

第 10 章

超級
說服術

如果一切不是非黑即白,那麼,有什麼事情做不到
的呢?

——約翰·韋恩(John Wayne)

房間裡一塵不染，沒有任何窗戶，燈光均勻而舒適。中間偏旁，擺著一張桌子和四把椅子。門邊放了一把沒人坐的椅子。

此時是 12 月某天的早上 8 點，離耶誕節還有 13 天。距離這個房間兩層樓高的街道上，倫敦正在開啟上班模式。公車停了又開，窗戶一一關閉。人們拿著手機、公事包和熱氣騰騰的咖啡杯，匆忙地趕往辦公室。

這裡是一個不同的世界，一個地下世界。牆壁和天花板上附著濃濃的寂靜，瀰漫著混合了熱咖啡、除臭劑和化學清潔劑的氣味。這是一個另類的辦公室，沒有地面上那些歡樂的城市感，沒有名片，沒有聖誕樹，沒有充滿樂趣的夜晚。在這裡，除了公事，沒有別的。

四個人圍著桌子坐，三個男人和一個女人。我以前見過這個女人幾次，她是一位著名的律師，專門處理恐怖嫌犯的案件。她30 多歲，身著石墨色的粉筆條紋商務套裝，頂著希拉蕊的髮型，打扮得一絲不苟。她旁邊坐著她的客戶：一個 20 歲出頭的亞洲男子，穿著運動鞋、霍利斯特運動褲和一件看起來很便宜的短羽絨夾克。大家都知道他是阿布·哈姆扎·馬斯里（Abu Hamza al-Masri）的同夥。這名激進的埃及神職人員因其在芬斯伯里公園（Finsbury Park）清真寺，那充滿仇恨的基本教義派布道而臭名昭彰。他已經被英國安全部門盯上一段時間了。最近，發生了一件有趣的事情。那天早上，他們拜訪了這個年輕人位於東倫敦的公寓，問他是否願意「提供一些資訊」。這些人總是很通情達理，甚至還安排了一輛車接送他。

現在他們知道律師是誰，也知道這趟任務沒希望了。唐納·川普（Donald Trump）在「男人幫」（Just For Men）廣告中出現的機率，高過於他們從關鍵線民那裡得到有用資訊的可能性。這名律師對坦率的、不設防的認罪態度，就像塔利班對鬍後水一樣。

我和另一位心理學家坐在桌子的另一邊。他們已經進行了一個小時的討論，還在不斷兜圈子。提問過程中，還曾發生角色互換：被訊問者扮演律師，讓他的律師沉默了片刻。

「妳不需要回答這個問題。」他舉起手告訴她。

如果這件事的風險不是如此高，整個場面可能還滿好笑的。但這件事非常嚴肅，一點都不誇張。

沒過多久，訊問就結束了。安全部門沒有任何理由拘留他，更沒有理由提告。因此，正如律師扼要的總結，就這樣了。

律師猛地起身，把她的檔案放進一個黑色的愛絲普蕾資料夾，拉上拉鍊，然後彎身在桌子上，像一個不高興的虎媽，對蕭邦夜曲中的流浪音符露出不屑神情。但她的客戶卻不著急。他打了個哈欠，抬頭看了看天花板，然後低頭瞥了一眼左邊桌子上的答錄機。一個小紅燈顯示它已經關閉。他嗤之以鼻。

「你們這些人對阿布·哈姆扎·馬斯里這樣的人一無所知。」他說。「你們認為他是個瘋子，一個殺人犯，一個罪犯。他不是。他是屬上帝的人，先知穆罕默德的見證者。你們譴責自殺式炸彈攻擊者是邪惡的、有精神病的、被洗腦的，但同時你們卻對在伊拉克和阿富汗的英國士兵大加讚賞。他們殺害無辜的穆斯林，轟炸婦女和兒童。

　　「你們是偽君子。你們是蛇。看著孩子們的眼睛，問問自己：誰是英雄？誰是壓迫者？誰是真正的信徒？誰是異教徒？阿布．哈姆扎．馬斯里並不怕你們。我也不怕。我們為了阿拉之名，願意把自己的脖子獻出去。

　　「我們的神比你們的神更神聖。

　　「我們的戰士比你們的戰士更強大。

　　「我們的善比你們的惡更深刻。

　　「我們命令心靈做出最大犧牲，為真主服務。我們昂首邁向死亡，心中堅如鋼鐵。

　　「還有什麼比我們可以向兄弟展現的這愛更大，還有什麼比這更慷慨激昂？」

超級框架高手

　　幾年前，我獲邀參與反恐培訓計畫，旁聽並評論一場疑似伊斯蘭國組織成員的模擬面談。那是在倫敦市中心一間很不尋常的地下室。作為研究論戰、對立框架的練習——探討憤怒、競爭心態如何導致不理解和不退讓——這是最有價值的。

　　前面讀到的，是當天的部分對話紀錄，是從我的筆記中擷取的。這場角色扮演無人能出其右，其中有些情節，後來發現根本就不是角色扮演：這段演員發表的結語，是一名真正的伊斯蘭國組織嫌犯在面談中說的。之所以選用這段話，是因為它們呈現的

極端主義和兩極化框架。這個框架不僅有異於正規英國安全部隊成員的慣用觀點，還切中年輕英國穆斯林憤青的胃口──他們對社會的批判，正是極端分子試圖劫持的。

請注意對「我們的」這個詞的強調，以及它如何先與「上帝」配對，然後是「戰士」，最後是「善」。現在將「我們的」與「你們的」進行對比，再將後者與「惡」搭配。這種爆炸性的黑白框架配置結合了戰爭、道德情操、戰友情誼和團結感等主題，具有極大的心理活性；經過精心計算與校準，以達到最大說服力。而且不僅政治極端分子和宗教狂熱分子，任何一個影響力領域的主要從事者都經常使用。法律、廣告業、媒體，甚至是孩子。

特別是孩子！

幾年前的耶誕節，我在朋友家吃飯。餐桌上，她 10 歲的兒子喬許藉此機會正式宣布他的新年志向：他要留長頭髮。他媽媽不太贊同，強烈表達她對該計畫的反對意見。

「我覺得這不是好主意。」她說。「你現在的髮型就很好，又短又整齊。」

喬許不以為然。「史賓塞的媽媽就允許他留長頭髮。」他反駁道。「前幾天，我們在車上的時候，他告訴他爸爸，在他不願意的情況要他剪頭髮，這是一種虐待。」

餐桌上一片寂靜。後來我才知道，史賓塞的母親是一位頂尖人權律師。

當時，我並沒有對喬許具攻擊性的說服力多想。孩子們是會操縱的，我們都知道。但第二天早上，在吃早餐的時候，我翻開報紙，

讀到一篇關於法國禁止民眾（穆斯林婦女）戴面紗投票的討論。文章的論點集中在三個核心領域：安全問題，維護「法國價值觀」，以及對女性的壓迫。人類迫切需求的三個二元類別：

戰鬥或逃跑。我們或他們。正確或錯誤。

我想，這名記者肯定做了很多功課。她知道如何獲得反應，按哪個按鈕來煽動公眾意見。然後我想到，這不正是喬許前一天晚上按下的「存在感」按鈕嗎？為什麼要把史賓塞的媽媽扯進來？除非——**戰鬥或逃跑**——他想讓自己的母親感到不安全，或者——**我們或他們**——是要利用她的「群體」價值觀。史賓塞的媽媽和喬許的媽媽認識很久了，她們幾乎對所有事情都有共識。那「虐待」這個詞是怎麼回事？它是不是意味著某種獨特的道德感，亦即**正確或錯誤**？

當然，這可能是一個巧合。喬許和這名記者恰巧挑了三組同樣的框架，來展示他們的說服力。但如果不是這樣呢？如果情況是，當我們與周圍的人打交道，有一種隱蔽的、固定的、最佳數量的「超級框架」，來展示一個人的推銷術呢？將某人的論點、呼籲和要求放入一個符合黃金配置的類別中，完全吻合那三個心理學原則（確定性、封閉性和自我利益），是否就是所謂的關鍵社會影響力進化基礎？

在第7章中曾提到最佳分類的概念，即顏色空間的劃分：在一個無限的連鎖悖論式連續體上，存在無數個準相同色調（例如，紅色什麼時候變成黃色），而人腦只能感知少數幾種原色。如果這樣的策略對於改變意志和思想也有同樣效果呢？如果所有已知

影響力的光譜只包括三種主要色調呢？一道「超級說服術」彩虹？

　　讓我們想想川普的兩極化言辭。在他獲勝的 2016 年美國選舉活動中，川普究竟承諾要讓**什麼樣的**美國「再次強盛」？答案是：充滿了憤怒和恐懼感的美國。他擔心美國人的價值觀會被不公正地侵蝕。穆斯林，移民，墨西哥人，「政治正確」者……川普宣布，為了讓美國「再次強盛」，必須透過任何可能的手段，將這些人排除在外。築牆，設立移民禁令，修改州法令，大肆嘲弄。

　　戰鬥或逃跑。我們或他們。正確或錯誤。

　　最近，面對新冠疫情，川普把這種病毒稱為「外國病毒」，並自我表揚說他「及早採取了強而有力的行動」，禁止所有來自中國的旅行者入境，以打擊疾病傳播，同時還聲稱「歐盟沒有採取同樣的預防措施」。這也恰恰利用了相同的原則。

　　戰鬥或逃跑。我們或他們。正確或錯誤。

　　讓我們重新審視英國脫歐的辯論，檢視成功的脫歐宣傳所提出的中心論點。歐洲對我們不好；布魯塞爾對我們提出的要求不利於國家安全、經濟完整性與文化認同。是時候表明立場了。

　　戰鬥或逃跑。我們或他們。正確或錯誤。

　　還有我們在模擬面談中遇到的伊斯蘭國恐怖分子嫌犯。「我們的神比你們的神更神聖。我們的戰士比你們的戰士更強大。我們的善比你們的惡更深刻。」將這些話與《野蠻管理》（*The Management of Savagery*）中的一段話一起思考。這是伊斯蘭教戰略家阿布・貝克爾・納吉（Abu Bakr Naji）於 2004 年撰寫的伊斯蘭國宣言：

「此處所說的兩極分化，是指讓群眾捲入戰鬥中，使所有人形成兩極分化。因此，其中一部分人將會站到真理的一邊，另一群人則會站到錯誤的那一邊，而第三類人將保持中立，等待鬥爭的結果，以加入勝利者的行列。我們必須吸引這群人的同理心，讓他們對有信仰之人的勝利抱有希望；特別是因為這群人在戰鬥的後期具有決定性的作用。」

或者，也可以把它們與溫斯頓・邱吉爾（Winston Churchill）1940 年 6 月 4 日在德國入侵的威脅下，於英國議會發表的著名戰時演說進行比較：

「我們將繼續前進，直到最後。我們將在法國作戰，我們將在海洋上作戰，我們將以越來越大的信心，和越來越強的力量在空中戰鬥。我們將保衛我們的島嶼，不計任何代價。我們將在海灘上戰鬥，我們將在登陸場上戰鬥，我們將在田野和街道上戰鬥，我們將在山丘上戰鬥。我們絕不投降。而且如果，這個島或其大部分地區將被征服和挨餓，那麼我們在遠方海洋的帝國，將在英國艦隊的武裝和守衛下，繼續戰鬥。直到受上帝保佑之時，新世界將用所有力量，站出來拯救所有人，並解放舊世界。」

戰鬥或逃跑。我們或他們。正確或錯誤。

圍繞這三個二元對立軸制定一個案例，設定你的立場，啟動這三個深層、古老的分類基本程式。這就等於把你的論點用大大

的文字，大膽地寫在牆上。不管你說什麼，也不管你怎麼說，其他人都會聽你的。

　　這是一個連 10 歲小孩都能掌握的說服技巧。

黑白思考的進化歷程

　　剛到牛津不久的某個晚上，我在一個正式的學院晚宴上，坐在一名古生物學家對面。開胃菜剛上桌，他就問我在做什麼；當主菜結束、盤子被收走時，他已經完全進入前陸生動物話題的超級框架中，用鬼魂般斷然的腳步踩在失落的史前沙地，以及影響力原型的超級和弦上。最後，當起司蛋糕盤出現時，他非常清楚地表達了他對這一切的看法。

　　「很迷人。」他說。「真的很吸引人。但你要如何確定你真的**發現**了這些超級框架？我是說，發現，而不只是，自己**發明**的？」

　　他的觀點很好，值得認真思考。你很容易認為自己發現了一些原創性的東西，其實只是你自己把它埋在那裡的。幾年前，我看了一部電視紀錄片，講的是一個無畏的、不屈不撓的捉鬼人追尋麥田圈的故事。他搭著直升機在田野上盤旋，果然，有一個麥田圈在下方的地面上奇蹟似地形成了……是由螺旋槳的作用產生的。因為他無法看出兩者之間的關聯，所以他以為自己走運了。

　　這裡也發生了同樣的事情嗎？是理論推動了數據，還是數據

在驅動理論？

　　幸運的是，我已經投入了足夠多的研究里程數，相信答案是後者。這些超級框架中的第一個——戰鬥或逃跑——是我們與其他生物的共通點。儘管近來，經過一點現代的改造之後，人類大腦將我們對於權威、自我概念和世界觀的挑戰視為「把握現在」、「不成功便成仁」、「生死攸關」的必要條件，會觸發高階認知中心的進化煙霧警報，關閉視角及合理、理性的論證。其結果熟悉得令人痛苦：先行動，再思考，而且往往會後悔。當熱度增加，溫度上升，而我們又最依賴它們時，就會真的「失去理智」。

　　但是，如果說「戰鬥或逃跑」是所有生物體共有的超級框架，它的兩個伴隨物就只屬於一種生物體。天擇開始將大腦塞進人類柔軟而緩慢的弱小身體裡，並需要確保這些身體待在一起。當我們的史前祖先開始小群體同居時（約 250 到 300 萬年前），「我們或他們」有助於促進群體內的向心力；而隨著語言和意識出現，群體規模和數量增加（約 10 萬到 30 萬年前），「正確與錯誤」作為一種社會控制的工具，進一步刺激了凝聚力（見第 359 頁〈附錄五〉）。這些簡單的原始分類原則構成一條三線道的認知大道；人類在天擇機制下狂野、不可預測的險惡進化之旅，就在這條大道上迂迴地展開。

　　崎嶇不平、坑坑窪窪，這些原則帶領人類走到了今天。但是最近，這條路已經變得更快、更繁忙。分岔路成倍增加，寬闊、危險的交叉路口不知從哪裡冒出來。我們祖先的世界遠不及現今的世界複雜。首先，它的直徑只有幾十英里，社會規模很小，人

數不超過 50 到 100 人，並且與其他群體隔離。環境相對穩定，面臨的挑戰較簡單、短期，分類也很明確。要用矛刺羚羊（戰鬥）；要躲避獅子（逃跑）。親屬會互相幫助（我們）；要抵制來侵占的部落（他們）。狩獵的戰利品要分享（正確）；避免與其他部落成員的配偶過於親近（錯誤）。

換句話說，我們的決策，是為了商討清晰、乾淨、黑白分明的軌道，不受背景和環境的影響，開闢一條筆直、不間斷的道路，通往安全、成功和生存。這條進化的高速公路，把我們從寒武紀史前的黎明，帶到了後真相的搖籃，至今仍然繼續發揮作用。這三條認知需求分類交通線道的好處，就在於直到今天依舊可以通行。熟悉這塊土地的說服者和影響者，充分利用了這一點。

然而，我們生活的時代，這條「我們或他們」的車道特別擁擠，已經變得越來越不寬容。短視近利的「真相」儲藏者與批發商——政府、遊說者、政黨名人——賣力傳遞他們的標籤，分發他們的名稱和關鍵字便道。這種二分法的瓶頸和無休止的部落隊伍，標誌著現今與過去的情況已截然不同。不久前，傳播罪行和道德責任被限制在「正確或錯誤」的通道上；在那裡，通往良知的高速公路上，有原則的、負責任的行動車隊不斷啟動，轟隆隆地駛向消失的道德地平線。但是，真理、現實和客觀性從那時起，就像一些同步的形而上學車隊一樣，一致地改變了方向。例如，2018 年在杜馬（Douma）發生的事件。針對敘利亞叛軍的化學攻擊，同情這種暴行的人質疑這是否為真實事件；阿薩德之流的否認論者則聲稱，這實際上是「敘利亞民防組織」（Syria Civil

Defence，媒體多稱其為「白頭盔」（White Helmet）[47]）精心設計的宣傳活動，目的是為了激勵聖戰分子和恐怖分子。

其他例子並不難找。以共和黨全國委員會（Republican National Committee）建立的 LyinComey.com 網站為例，該網站是為了配合前聯邦調查局局長詹姆斯・科米（James Comey）的回憶錄發布而建立的。科米早在 2017 年春天就被川普解除職務，原因是他過於親近不明、詭異、誹謗性的俄羅斯風潮；除此之外，他們兩位顯然存在著某種程度的交惡。任何自傳，更不用說如此明顯歌功頌德類型的自傳，總是要用各種自我保護的狂妄、自我吹噓的奉承和避重就輕的開脫來呈現。但是，即使考慮到該書發行的激烈背景，白宮的做法仍然特別值得注意。白宮對該書的反應，一方面對科米斷言的事實淡然處之，另一方面又表現堅決。科米的評論在 LyinComey.com 上被駁回；抨擊他扭曲事件真貌，破壞了既存的事實。

一、兩個月前，在佛羅里達州帕克蘭的馬喬里・斯通曼・道格拉斯高中（Marjory Stoneman Douglas High School）發生大規模槍擊事件，導致 17 人死亡，17 人受傷，從該事件可以看出類似的有毒意識形態。右派人士對第二修正案的續行不甚滿足，且對政府廢除槍枝管制措施的敷衍（或是大眾激動的譴責）心存不滿，

47　「白頭盔」是一個志願者組織，在飽受戰爭蹂躪的敘利亞叛軍控制區，提供人道主義援助。他們在阿薩德政權發動攻擊之後展開搜救行動，因為拯救數千名平民的生命而受到讚譽。

因此決定把事情鬧大，宣稱這場屠殺根本沒有發生過。而那些悲痛的父母，以及沮喪的青少年，只是一群「危機表演者」。

笛卡兒錯了。與其說「我思故我在」，不如說「我們在，故我們思」。

也許在這個 Twitter、Facebook、Instagram 等社群平臺興盛的時代，這種現象並不令人驚訝。即一個聲明的真實性或虛假性，並不取決於其可驗證性，而是取決於發表聲明的人是否被認為是「我們」的一員。這個現象已經有一個名稱，叫做「部落認識論」（Tribal Epistemology），是由美國部落格主大衛‧羅伯茨（David Roberts）所提出，指的是一種有偏見的思想模式。在這種模式中，「資訊的評估，並非基於其是否符合共同的證據標準，或對世界的共同理解，而是基於它是否支持該部落的價值觀和目標，並且得到部落領導人的背書。『對我方有利者』和『真實』開始融為一體。」

雖然羅伯茨很可能說出了重點，但這個前提並不新穎。事實上，它已經存在了相當長的時間。古老的部落主義容忍力，一直對我們有直接而強大的影響；我們思考世界的方式，我們看待一切的方式。

打從遠古的穴居時代以來，「我們」就一直作為「我」而存在。

我，我們

1951 年 11 月，一個風雪交加的週六下午，達特茅斯印第安人隊和普林斯頓老虎隊——兩支美國大學足球隊——在普林斯頓的帕爾默體育館進行對決。這是本賽季的最後一場比賽，普林斯頓大學勢如破竹，開球後幾分鐘，情勢很快就明朗。這不是一場乖乖牌的比賽。球員脾氣火爆，開始揮舞拳頭。第二節，普林斯頓大學的四分衛就因腦震盪和鼻梁骨折而不得不離場；在第三節，他們的對手腿部骨折。

幾天後，普林斯頓大學的《普林斯頓校友週報》（*The Princeton Alumni Weekly*）稱這場比賽是「令人厭惡的展示」，並認為「主要責任必須歸咎於達特茅斯」。他們的球隊可能是拔出了拳頭，但紙頁和球場是完全不同的競賽。好在比賽已經結束，球員的腿和鼻子也安全地限制在石膏上，而新聞室的戰鬥才正要展開。

奇怪的是，達特茅斯大學的《達特茅斯報》（*The Dartmouth*）看法卻不太一樣。它承認這場比賽有人動粗，這一點不可否認，但是老虎隊四分衛受傷是比賽的正常情況。此外，報導還指出，普林斯頓大學自命清高的慣用報導手法，說好聽點是不坦率，說難聽點就是胡說八道。據稱，老虎隊在不敗的賽季中，幹掉了對手的幾個明星球員，事後看來，像極了某種策略。

終場哨聲響起，辯論仍然繼續。但並不是所有指控都是心懷憤怒的。對於他們所見的事實，兩個對立陣營之間的分歧之大，

不僅僅是觀點上，似乎是基本的、生理上的知覺，激發了一些競爭對手大學的心理學家，想做一些事情。攜手合作，看看他們是否能弄清楚到底為什麼，這兩所知名大學的成員，會因為一場季末足球賽而幾乎大打出手。

比賽結束後一週，他們對達特茅斯大學和普林斯頓大學的學生進行了問卷調查。**是誰先開始的**？結果令人驚訝。普林斯頓大學多數學生都有同樣的想法──客隊先開戰；達特茅斯大學的學生則認為，公平地說，雙方都有責任。但這種調查方式有一個問題：這種觀點上的差異很容易被歸因於變幻不定的選擇性記憶，或者，是否接觸到帶有偏見的報導。

因此，研究人員做了一些別的事情。為了解決偏見和先入為主的問題，他們邀請兩批新的學生進入實驗室。一批來自普林斯頓，另一批來自達特茅斯。這次，他們向兩校學生展示的不是完全依靠主觀回憶的「證人陳述」，而是一段比賽當天的錄影。

現在，**是誰先開始的**？

反應很驚人。即使證據擺在他們眼前，兩所學校的學生仍然在爭論。研究者們啞然失笑，得出的結論是：「……來自足球場的『相同的』感覺衝擊，透過視覺機制傳遞到大腦，顯然也在不同人身上產生不同體驗。」

他們推測，這場比賽「實際上是許多不同的比賽」，而且「每一個發生的事情版本，對一個特定的人來說都是『真實』的，就像其他版本之於其他人一樣。」

眼見並不為憑；眼見是**歸屬**。

　　不難理解社會心理學家所稱的「內團體偏誤」（In-group Bias）的力量。它幾乎在所有比賽中出現，或只要在 Facebook 上花 5 分鐘，你很快就會明白了。然而，它在日常生活中的重要性和普遍性往往被低估。我們與團體的聯繫——從朋友，到家人、團隊、政黨和國家——對我們如何看待、解釋和回應周圍的行為，有著深刻而長遠的影響。其後果往往遠超出隨意的、一次性的接觸範圍。

　　為了說明這一點，請回憶一下 10 歲的喬許如何告訴他母親「史賓塞的媽媽」——她從學生時代就認識的人——「讓孩子留長頭髮」的。接著他又補充：「那天我們在車裡的時候，他告訴他爸爸，在他不願意的情況下，要他剪頭髮，這就是虐待。」

　　他在搞什麼鬼？為什麼要這樣做？正如我們現在所知道的，喬許幾乎可說是心理學天才。他故意啟動社會認同、觸發人際關係的類別：「最好的朋友」（史賓塞的媽媽）。而最好的朋友通常會怎麼做？以同樣的方式看事情，有相同的磁場。

　　喬許本能地認知到一個深刻的事實：人類對於歸屬感的需求，比做對事情的需求更強烈。事實上、道德上、心靈上、身體上……在任何意義上都是如此。現實存於感知者的心中，而感知者的思想往往在其他志同道合的感知者心中。

　　「我們」和「他們」，就像黑與白一樣分明。

　　幾年前，來自美國耶魯大學、天普大學、喬治‧華盛頓大學和康乃爾大學的研究團隊進行了一項研究，與 50 年代在紐澤西州常春藤聯盟那些神聖的大學球場上進行的研究非常相似。但這一

次的球是道德和意識形態，而坐在電視機前的是清醒的共和黨人和民主黨人，不是頭腦發熱的達特茅斯和普林斯頓球迷。

參與者收看一段政治抗議活動的影片——兩組都是一樣的標準化內容，但是，稍微有一點不一樣。共和黨人和民主黨人都被分成兩隊，一隊被告知抗議者是自由主義者，聯合起來反對禁止同性戀士兵在軍隊中服役的規定（當時有這樣的禁令），另一隊則被告知這些活動分子是支持生命的保守派，在示威反對墮胎合法化。換句話說，共和黨和民主黨的支持者都看到他們認為符合其政治敏感度，以及不符合其政治嗅覺的影片。

問題是，這會有什麼不同嗎？政治立場，就像對體育團隊的忠誠一樣，會不會影響他們實際所看到的東西？是否會使他們懷疑自己眼睛所看到的證據？

答案是肯定的。一個巨大、二元、黑白分明的答案。共和黨人認為，當示威者公開表明自己為自由主義者，抗議不公正的恐同性戀徵兵時，他們對員警干預的可能性更正面看待；而當他們認為示威者是保守派，為反對墮胎遊行時，則不那麼樂觀。民主黨人的情況恰巧相反。

就像達特茅斯和普林斯頓的球迷一樣，就像喬許和他的媽媽一樣，「我們」是在「我」的眼中。

我們是誰，決定了我們看到的事情。

說服力混音臺

70年代初，布里斯托爾大學已故的心理學家亨利・塔吉菲爾（Henri Tajfel）做了一項實驗，為幾乎所有關於群體的工作定了調。這項實驗成為經典，在社會心理學領域被命名為：最小團體研究典範。

塔吉菲爾帶領一群高中生參與實驗，並向他們展示一些圓點。「你在螢幕上看到多少個點？」他輪流問每個人。螢幕上有很多點，但規定的注視時間卻不到半秒，學生們完全沒有頭緒，不知道自己離實際數字有多遠。但他們還是提供了估計值，完全沒有意識到這是一個聰明而狡猾的計畫，目的是在他們之間置入一個臨時的楔子，巧妙地將他們分成兩個任意的「最小組」：低估者和高估者。

將學生分類完成後，塔吉菲爾開始工作。他指示每個學生把點數（在實驗中，相當於金額）分配給參加研究的兩個同學。其他學生是匿名的，只能藉由代碼和以下標籤來識別：「你所在的小組」、「另一個小組」。

屬於某一組，這個簡單的事實，會影響他們的點數分配嗎？答案正如塔吉菲爾一開始預測的，會。儘管在研究之前，所有參與者都沒有見過面，而且日後很可能也不會再見面，但金錢上的獎勵承諾會在自己組內的成員中拋來拋去，完全避開另一組成員。

好東西，毫無顧忌地、白紙黑字地發送出去。我的好運對上你的命運。

　　當你看著這個世界時，不難發現歸屬感和適應的需求，對我們所有人的影響甚遠。也不難看出，如果使用像「傑出」和「可怕」這樣的黑白字眼，會如何促使我們變得更極端。那麼，正如我們在第 8 章提到的，啟動像「我們」和「他們」這樣黑白分明的超級類別認知，也有同樣的能力。但是值得人們注意的是，從「我們－他們」的框架內提出一個問題，能在多大程度上將他人帶入我們的思考方式，並且，使他們堅定地去實踐新發現的信念。

　　為了進一步說明，來看看昆士蘭大學的社會心理學家尼克‧史特芬斯（Nik Steffens）進行的一項研究。史特芬斯仔細研究了澳大利亞主要政黨領導人的選舉演說內容。這些演講可以追溯到 1901 年聯邦時期，他發現隱藏在語言中的祕密訊息。最後贏得選舉的領導人，平均每 79 個字就使用一次「我們」；而敗選者每 136 個詞中只使用一次。此外，在他分析的 43 次選舉中，有 34 次是由最頻繁使用「我們」字眼的候選人，最終成為勝利者[48]。

---

48 對代名詞使用和個人風格之間聯繫的研究顯示，領導人在演說中多使用「我們」一詞，可能不是他們在選舉中取得相對成功的唯一因素，與頻繁使用「我們」這個代名詞高度相關的性格特徵也可能有所影響。例如，外向人更常使用「我們」、「我們的」和「對我們」等詞，而內向人則傾向於使用單數和分離的「我」、「對我」和「我的」。進一步證據顯示，在某些情況下，「我」這個詞出現的頻率提高，意味著威脅感、不安全感和防禦性的增強──這些特質通常與魅力型人格和鼓舞人心的領導力有些差距。2007 年，美國心理學家詹姆斯‧彭尼貝克（James Pennebaker）與美國聯邦調查局（FBI）合作，仔細研究了蓋達組織領導人奧薩瑪‧賓拉登在 911 事件後的通信，以及他的副手艾曼‧查瓦希里（Ayman al-

在權力的走廊裡悄悄地說吧。不是談論你的想法，而是談論我們的想法。

我們來看看反面：當一個人破壞了團隊中的「我們」動能，改變心理舞臺上的燈光，使普通的角色集體陷入陰影，而一、兩個高調的人卻沐浴在價值聚光燈下時，會發生什麼樣的事情？如果你是一個大型足球俱樂部的經理，口袋裡有本急著開出的巨大支票簿——這就是每個賽季換球隊的窗戶打開，你有機會招募新球員的關鍵時刻所面臨的困境。目前的情況是，在大多數文化和組織中，設法增加自身的競爭優勢——無論是在體育界、商業界，甚至是學術界——首選策略是納入外部人才。但請注意，和大牌球員簽約有幾個問題，這有一些很棒的科學可以佐證。

大約 20 年前，美國聖母大學的組織心理學家麥特‧布魯姆（Matt Bloom），對加拿大和美國的 29 支大聯盟棒球隊進行研究。

Zawahiri）在2003年入侵伊拉克之後的通信。當時他們兩人都在努力逃避追捕。結果顯示，這兩位聖戰大人物所表現出的溝通模式存在明顯的差異。首先，賓拉登使用所謂的「排除性」或限定詞語，如「除了」、「但是」、「然而」和「沒有」。這些詞語通常與減少黑白思考和提高認知的複雜性有關。在所分析的58份過程紀錄中，這些詞的使用有所增加，而他更具「二元對立」色彩的副手對此詞語的使用卻下降了。這個傾向可能顯示，後者在壓力下對於嚴格的意識形態封閉性的需求提高了。其次，查瓦希里在伊拉克戰爭開打時對「我」這個代名詞的使用增加了3倍，賓拉登對「我」的使用量卻維持不變。這個傾向提供了一個獨特的視角，讓人們瞭解這位蓋達組織創始人具遠見的領導風格——他對大局有更深刻的認識——以及很可能，是他更強大的心智。（註：2011年5月，賓拉登去世後，查瓦希里成為蓋達組織的新領導人。）

他的發現讓全世界的球類粉絲，以及想讓團隊和球員發揮最佳水準的領導者們不寒而慄。在八年時間裡，團隊內部的薪酬差異，與個人和團隊表現的顯著下滑之間存在明顯的關聯。這是一個簡單的教訓，也是一個很難學會的教訓。**我們或他們**可能在不同團**體之間**產生──如伊斯蘭國組織；然而，在團體**內部**，這將會非常致命。

　　三個進化的超級類別──戰鬥或逃跑、我們或他們、正確或錯誤──應用在屈服意志和改變心靈與思想，並不只限於造就最佳表現。雖然它們在煽風點火方面肯定很有效，但也可以用來滅火。作為個人、團隊或大型組織的一部分，無論你多麼努力或如何嘗試，總會在某些時候出現問題。當關係破裂，困難和分歧出現時，這三個超級類別也可能被部署，以減少和解決衝突。

　　最近肖恩・戴奇的經驗，提供非常好的說明。第 5 章提到過，他目前正坐在英超聯賽伯恩利足球俱樂部的熱門席位上。2019 年 9 月，新賽季剛開始，沒幾場比賽。當時為伯恩利效力的英格蘭中場丹尼・德林沃特（Danny Drinkwater）遇到麻煩，他在一家夜總會外，被五、六個男人毆打，最後傷到腳踝，有一個月的時間無法靈活運動。

　　德林沃特並不是伯恩利的永久固定球員，而是從切爾西租借到該俱樂部。就在幾個月前，他還因酒後駕車被判刑。戴奇如果願意的話，可以對這個球員提出嚴厲的警告，但是他沒有。相反的，當媒體問他是否對德林沃特採取任何行動時，這位教練決定偏袒德林沃特，支持這個有問題的中場球員，並承諾採取一切必

要措施，使他的職業生涯回到正軌。

　　以下是肖恩當時對此事的發言：

　　「首先，我想查清楚事實。我查了。再來，檢視現實，忘記他是個足球員這件事。他們也是人，也有私人生活；但有時生活很難私人，有時人們會陷入麻煩。他已經 29 歲了，我想他知道，在他這個年齡，必須注意自己在做什麼，要去正確的地方，而不是錯誤的地方。

　　「我的責任是給他機會採取行動，並制定一些準則。他的責任是把原則說清楚。在足球方面，他這幾年過得很艱難，沒怎麼踢球。這主要取決於他和他的動力、意志和願望。不是關於這起事件，而是要做回一個頂級的足球運動員。他希望那股飢渴和欲望能重新回到他身上，但他必須要努力去爭取，這不是天經地義的事。有時，當你在球場上遇到不順心的事情，它們也會在球場外顯現出來，讓你感到失衡。

　　「因此，我將陪著他，讓他適應、幫助他，引導他回到想去的位置。

　　「情況好的時候，我們很容易和球員相處。有時候，在情況不對時，和球員站在一起更令人滿足。每位教練都希望球員有良好的態度，都能神采飛揚地出現、踢球，然後回家吃雞肉和義大利麵，多喝水。但事實沒有那麼簡單。他們是人，我有缺點，他們也有缺點。」

　　肖恩的闡述為我們的大腦提供了一個溫暖、令人興奮的、「瞬間擊中」的黑白思考招式——戰鬥或逃跑、我們或他們、正確或錯誤的認知。也許不是我們目前為止習慣的方式：火熱、堅硬、蠻橫的進化刺激，這是對武器的激進號召，一種說服力和影響力的「上層」，不過是以同理、和解的形式。肖恩設身處地的反應，巧妙、有洞察力地擊中了超級說服力「混音臺」上的三個按鈕。

　　在這樣的情況下，十之八九的人都會自然而然地抨擊，希望嚴懲球員或撤換他。但這是正確的做法嗎？是聰明的做法嗎？如果不考慮情感因素，什麼是對個人來說最好的行動？或者，單就此事而言，對俱樂部最好的做法？是對球員說：「你自己想辦法」——把「他們」的聲控推大，或者反過來，把「我們」的音量開到最高，與他們並肩站在一起，在他們面對自己的錯誤時，審視他們的偏差行為，並解決根本問題？

　　正如我們所看到的，肖恩選擇了後者。他調高「戰鬥」按鈕；不是針對選手，而是針對他們正在對抗的惡魔。而且他謹慎選擇措辭，在兩個不同的場合中，他沒有把德林沃特歸類為「足球員」，而是歸入「人」的範疇。這不只一舉消除可能存在於雙方之間的道德障礙，還放倒了球員和教練間的藩籬：「我有缺點，他們也有缺點。」

　　無論你對英國超級足球聯賽的看法如何，這個資訊都是響亮而清晰的。無論你是想說服別人離開——就像老師在第 8 章中對塔利班軍隊所做的，或是像邱吉爾在戰時議會所做的——作為說服力和影響力「製造者」的直接成功，將不可避免地取決於你在三

軌超級說服力混音臺上的技術專長。

　　把思緒拉回塔利班指揮官和他的手下闖入教室時看到的場景。熱茶和糕點本能地將「我們」的音量調高，「更好的妻子」調高了「正確」的音量，而「更加理解《可蘭經》」這句老話，則調高「戰鬥」的音量。

　　出於一個簡單的原因，這些老師們得到她們想要的。她們被失落的原始天才之手摸了一下，按下超級說服力混音臺的三個按鈕。戰鬥或逃跑，我們或他們，正確或錯誤

　　這是每一位雄辯家的三個祖傳標誌。

第 11 章

心想事成的祕密科學

影響力的祕密,始終是保持祕密。
——薩爾瓦多·達利(Salvador Dali)

在擊退敵人某次進攻的第二天早上，德國人開始收集他們的傷患，除了一個躺在戰壕裡痛苦呻吟的士兵。

我們的隊長從他的戰壕裡跳了出來。德國人開槍，擊中了他。

他跟跟蹌蹌地站起來，盡最大的努力鎮住腳步，衝向那名受傷的德國人。雖然受了重傷，但他還是把他抱起來，將他帶進德軍的戰壕裡。

他輕輕地把屍體放下，並且敬了個禮。我們聽到歡呼聲。一個德國軍官從他的戰壕裡爬起來，摘下自己的鐵十字勳章，別在我們的英雄身上。

遺憾的是，回到我們的戰線後，上尉因傷勢過重而死亡。令人心碎的是，他的十字架是木製的，而不是他應得的維多利亞十字勳章[49]。

以上摘自 1914 年 11 月 11 日《星期日郵報》（*Mail on Sunday*）上發表的一封信。

去年夏天，在康瓦爾郡的某個週末，我和妻子出門散步。微風吹拂，陽光穿過樹梢，牛隻在樹籬後嗅著草地，空氣中瀰漫著鄉村寧靜的味道。我半信半疑地期待著電視節目《鄉村檔案》

49　大英國協的最高級軍事勳章。

（*Countryfile*）的主持人約翰·克雷文（John Craven）突然從灌木叢後面跳出來，揮舞著一小簍草莓和一支用接骨木花製成的閃亮笛子。

然而，我看到的卻是《老爸上戰場》（*Dad's Army*）中的主角——大嘴巴曼瓦林上尉（Captain Mainwaring）——和瓦昆·菲尼克斯（Joaquin Phoenix）的小丑化身組合。

「喂！你！這是一條私人道路！」

我們轉過身，看到一個人正沿著小路向我們走來。他並沒有拿著雷筒，也沒有說：「滾出我的土地。」但他穿著布羅克鞋、長褲和狩獵夾克，是個典型的鄉村紳士。

「對不起，我們不知道這是私人道路。」我解釋說。「我們幾乎要走到路的盡頭了，你願意讓我們繼續走下去嗎？這樣我們就可以不擋你的路了。」

這個非常合理的建議引起一陣輕蔑的笑聲。

「喔，我明白了……你認為你可以這樣做，是嗎？繼續走你的快樂小路？我的答案是：你不能這樣做！我希望你現在就離開我的道路，立刻循原來的路回去。」

妻子和我交換了眼神。這樣肯定說不通。如果他的目的是為了儘量減少對柏油路的磨損，那麼合理的選擇是，讓我們繼續前進。我們聳聳肩，轉過身，重新踏上來時的道路，回到剛開始的地方——道路另一端的四分之三英里處。

如果你需要任何說服力來證明黑白思考不是黑與白，而是在一個光譜上，而我們每個人都占有自己的位置，那麼這兩個描述

應該很對你的胃口。當受傷的英國上尉跋涉過無人區的泥濘和鮮血，去救那名德國士兵時，並沒有多想他將要越過的界線。在一個非常無私的行為中，他完全無視「英國人」和「德國人」的標籤，只想到更廣泛的類別：「士兵」。另一方面，那個農民把他的世界分割成「我的」和「你的」兩個類別，就像他的牧羊犬一樣流著口水，目不轉睛，頑強地咬住一根骨頭。

這聽起來好像我在評判這些人，其實不然。在其他情境中，那位英勇的英國上尉可能只顧個人利益，而那個農民，如果他心情好一點的話，很可能會想：「誰在乎呢？讓他們走吧。」沒有人知道。但我們確實知道的是，有時候人會有隧道視野。有時我們的想法像是在通達理性的寬闊弧形上的火把；有時我們的思考像在狹窄的基本教義光束中的雷射。這一切都歸結於我們的取景器，它指向的位置和設置方式。上尉的取景器被調整為特寫，模糊了我們與他們、我與你之間的界線；農民的鏡頭被調整為對準地景，明確界定這類界線的角度。

我們要感謝希臘詩人阿爾基羅庫斯（Archilochus），他率先想到黑白思考的棋盤式思維可能適用於光譜。他採用一個比喻，將單色思考的概念提前了大約 2,500 年，將人們以絕對的二元方式分為兩個對立的種類：狐狸和刺蝟[50]。

「狐狸知道很多事情。」阿爾基羅庫斯宣稱。「但是刺蝟知道一件大事。」

50　見第362頁〈附錄六〉，關於幾世紀以來，黑白思考的文化和歷史差異。

　　很久以後，在20世紀中期，出生於拉脫維亞的哲學家以賽亞·伯林（Isaiah Berlin）對這個比喻進行了闡述。伯林認為，刺蝟的力量——包括柏拉圖、但丁、黑格爾和尼采——在於他的專注和堅持的眼光。他在人生中的表現完全是由對一個總體原則的盲目忠誠決定的。另一方面，狐狸的力量——只舉幾例，如亞里斯多德、莎士比亞、歌德和詹姆斯·喬伊斯——在於他對經驗的靈活性和開放性。伯林提到，他行動的基礎是多重的，與刺蝟不同。他們不能被簡化為一個包羅萬象的世界觀。刺蝟從不動搖、從不懷疑，狐狸更取巧和實際，也更傾向於看到複雜性與細微差別[51]。

　　對心理障礙領域的研究證實了阿爾基羅庫斯的想法，並指向我們正在討論的黑白思考光譜；全有或全無的認知連續體兩端，可能被固定在一組功能失調的心態，兩者就像黑與白本身一樣大相逕庭。

　　在此一臨床二分法的向度，即過度流動對比過度約束的自我之間的滑動尺度間，一個極端叫做精神病——在這一頭，所有事情都是聯繫在一起的，所有事情都與個人相關，而且所有事物都被賦予更深的意義和重要性，表現為妄想、幻覺和失序的言行。在另一個極端，我們有此／彼和殘酷的不連貫世界——被秩序和

---

51 諾貝爾獎得主丹尼爾·康納曼在他的跨國暢銷書《快思慢想》（*Thinking, Fast and Slow*）中，論證了一個類似的例子，亦即存在一種他稱為第一類和第二類認知之間的二分法。前者的特點是快速、本能、直覺和情緒性的思考過程，後者的特點是速度較慢、含邏輯性及較高的分析性。

僵化、遵守規則的行為奴役，其範圍可能很自然地包括自閉症譜系障礙 [52]。

當然，我們之中大多數人都落在中間的某個位置。我們的抽象思考和分析心智，在大腦中繁忙的認知宿舍裡愉快地住在一起。但是這種自然差異的基礎是什麼？灰色的祕密仲裁者是什麼？驅動這種功能失調的二元對立性、阿爾基羅庫斯的狐狸－刺蝟機器中，單色幽靈的機制是什麼？結果，答案帶我們回到熟悉的領域，回到我們在第 6 章，從艾瑞·克魯蘭斯基那裡瞭解到的，對認知

---

[52] 黑與白、「全有或全無」的思考，是多種心理健康問題的基本特徵，不僅僅是自閉症或自閉症譜系障礙患者所遭遇的問題。其中記錄得最完整的，或許是所謂的「災難性認知」（Catastrophic Cognition）。許多正在復原的成癮者，在面對小型復發時，會出現這種認知。僅僅是喝一杯酒、吸一次毒或抽幾口香菸，就會視為完全破壞了數週、數月、甚至數年來的戒斷，而且經常預示著想戒除的習慣將再度復發，伴隨之前造成的內疚感重新回歸。為了對抗這種全有或全無的思想，諮詢師通常會設法在成癮者極端心態的黑白支柱之間，插入灰色的陰影。有時會訴諸譬喻，例如：「每個人在學騎自行車時，至少會摔下來一次」和「這只是路線上的一站，你不必一直走到終點」，這樣的暗喻獲證是有效的。反過來說，如果你執著於做困難的決定，那麼災難性的、非黑即白的思考實際上更會是一種祝福而不是詛咒。曼徹斯特聯隊的前傳奇教練亞歷克斯・佛格森爵士（Sir Alex Ferguson）在暢銷書《領先》（Leading）中，講述了這樣一個故事：在某些夜晚，當他還是亞伯丁隊的教練時，他和助手阿奇・諾克斯（Archie Knox）經常需要來回奔波六個小時，去格拉斯哥看對手的比賽。「每當我們想跳過一場比賽，休息一晚時，」艾力克斯爵士回憶道，「我們總是對對方說：『如果我們錯過一場格拉斯哥的比賽，我們就會接著錯過第二場。』」

複雜性的不同層次需求。讓我們再次重溫這個概念，但這次要看得更詳細一點。

認知複雜性是由兩個變數定義的：區別和整合。區別的複雜性，指的是在思考一個問題時，考慮到的問題特徵或面向數量。當一個人以好／壞的方式思考時，例如，以二元選擇的視角出發，他或她顯然是以無差別的方式思考。相對的，當一個人從多個角度看待一個問題，而考慮到相當程度的細微差別時，就會出現高度差異化。

另一方面，整合的複雜性則取決於個人認知：這些不同的特徵是相互孤立地運作（低整合），還是在多種偶然的模式中運作（高整合）。因此，對認知複雜性有高需求的決策者，通常會評估一個問題的所有相關觀點，然後將其整合成一個連貫的立場。然而，對複雜性需求低的人通常只接受一種觀點，並且以教條式的方式堅持己見。

以三個孩子為例，每個孩子都被送上一盤抱子甘藍菜。第一個孩子帶著嫌惡的表情推開他的盤子說：「我討厭甘藍菜。」這個孩子對甘藍菜有一個簡單、無差別性的看法。第二個孩子疑惑地撥著盤中的菜說：「我喜歡它的味道，但是它的口感很糟。」這個孩子對這種蔬菜有更複雜和具差別的看法，對它同時有兩種不同想法。第三個孩子的思考方式更細緻：「甘藍菜的味道不錯，但口感很糟糕。不過，正是這兩者在我嘴巴裡結合的方式，使我吃這道菜的體驗如此獨特。」這個孩子不僅同時對抱子甘藍菜有兩種想法，還把它們相互交織，創造出第三種想法。這就是整合

——以及《少年廚神》（*Junior Masterchef*）冠軍——的行為。

極端主義之必要

　　證據顯示，對認知複雜性的不同需求跨越各種鴻溝，不僅僅是涉及精神障礙的症狀時才適用（或對蔬菜的偏好）。

　　例如，研究顯示，政治方面，共和黨人對認知複雜性的需求平均低於民主黨人。自由派和保守派的斷層線是一個認知複雜性的邊界地帶。那些對結構有高度需求的人，而且對新經驗較不持開放態度的人，往往持小寫「c」型的保守派（Conservative）觀點。這就是為什麼，如果你是一個大寫「C」型保守派，會更有可能相信傳統，並希望保持現狀，認為變化等於不確定性和界線模糊化。與大寫字母「L」的自由派（Liberal，或者說，小寫「l」的自由派）相比，保守派更有可能以絕對的方式思考，而自由派對模糊性和複雜度的容忍度則更高[53]。

　　宗教，毫不意外，是另一個恰當的例子。極端分子對認知複

---

53 除了對認知複雜性的需求不同外，保守派和自由派在其核心人格結構的某些要素也有差異。研究顯示，在所謂的「五大」人格變數中（經驗開放性、嚴謹性、外向性、親和性和神經質），頭兩個變數與意識形態傾向明顯相關。嚴謹性——可拆成兩個子成分：「秩序感」（須保持事物的組織和整齊）和「勤奮」（與生產力和職業道德有關）——傾向於右派；而對經驗的開放性——包括「活躍的想像力、審美敏感度、對內心感受的關

雜性的需求低於溫和派。研究顯示，激進分子常把世界分為二元群體，新教基本教義派文化就是一個很好的例子。它將人分為「得救」和「未得救」、「綿羊」和「山羊」、「失落」和「尋回」兩種。

伊斯蘭國組織的旗幟上只有兩種顏色：黑色和白色，這不是巧合。

但背景也很重要。回到政治，研究顯示，在特定情況下，黑白思考的領導人往往是我們投票支持的人。我們更喜歡他們非此即彼的決策風格，而不是深思熟慮的分析態度，這種時候往往充滿不確定性。例如：英國脫歐的投票、美國大選的川普、第二次世界大戰期間的邱吉爾[54]。在這些情況下——存在疑慮、分裂和不安——這類型的領導人往往比其他候選人更受歡迎，即使後者常受到尊重和欽佩，擁有大量支持者。在不同的社會或政治條件

注、對多樣性的偏好，和對知識的好奇心」——則傾向於左派。親和性也被證明與政治傾向有關，但只有在將其解構為兩個積極成分時才會如此：「憐憫」與自由主義呈正相關，而「禮貌」則與保守主義呈正相關。

54 1940年5月，邱吉爾取代內維爾・張伯倫（Neville Chamberlain）成為英國首相後不久，美國作家兼出版商拉爾夫・英格索爾（Ralph Ingersoll）報告說：「我在倫敦所到之處，人們都欽佩他（邱吉爾）的精力，他的勇氣，以及他對目標的專心致志。人們說不知道沒有他，英國會怎樣。他顯然很受敬重，但沒有人覺得他會在戰後成為首相，他只是一個對的人，在對的時間擔任對的工作。當時正是英國與敵人進行絕望戰爭的時候。」果然，第二次世界大戰歐戰勝利紀念日後僅79天，工黨的克萊曼・艾德禮（Clement Attlee）便在1945年的大選中，把邱吉爾掃地出門，以壓倒性的優勢奪得政權。

下，他們通常會充滿自信、令人信服地上臺。原因很簡單，人們要的是會做事的人，或者至少是大眾認為會做事的人。我們想要的總統、首相或總理，是能夠降低不確定感的人，是所謂「任務導向」的人，正面、自我肯定、積極、果斷的領導人。

當然，諷刺的是，思考黑白分明的領導人，有時反而是創造出最多不確定性的人，這方式似乎常讓他們得逞。以歐盟脫歐公投運動者和英國脫歐黨的前領導人奈傑爾·法拉奇（Nigel Farage）為例，他將政治提煉為最基本的意識形態原則，將問題歸納為最小分母。這在短期內可能有效，但是，正如我們看到的，英國脫歐是「人類歷史上最簡單的交易之一」。如同政府當時的國際貿易大臣連恩·佛克斯（Liam Fox）在 2018 年所說的，情況變得如此錯綜複雜，以致於需要來自各界經驗豐富的政治評論家共同努力，才能向氣急敗壞的選民解釋。

奈傑爾的取景器牢牢地設定為景觀模式，如同我們從阿拉斯泰·坎貝爾那裡學到的，這在政治上並不總是好事，也不像我們從英勇的英國上尉那裡學到的那樣。事實上，奈傑爾的取景器被設置得如此深入，以致於偶爾會拍到攝影機本身！這對於他的論戰式政治敘事來說，是有意義的。你若不是在歐洲，就是不在歐洲，就這麼一回事。但是，當取景器的鏡頭從風景向外延伸到人像，當我們的焦點從超廣角到極端、集中的特寫時，生活就會有那種持續的、令人惱火的習慣，因而變得更加複雜。

有時候，這種複雜性可能是一件好事，就像英國脫歐。但有時候，像是氣候變遷的問題，這些細微差異也會阻礙進步。青少

年環保主義者葛莉塔・通貝里（Greta Thunberg）就是一個很好的例子。她向全世界廣播自己獨特的黑白思考，並認為患有亞斯伯格症（Asperger's Syndrome）是她人生中的正面因素、她的「超級力量」[55]。2019 年，她在英國廣播公司的《今日》（Today）節目中表示，這個疾病「讓我與眾不同，而與眾不同是個禮物……我不太容易被騙，我能夠看清真相[56]。」通貝里並不在乎反對者的想法，因為正如她有時不厭其煩指出的，如果其他人沒有看到我們正在趨向的環境災難，那麼他們的意見又有什麼意義？

　　就像英國獨立黨領導人奈傑爾・法拉奇，他那黑白分明的腦子裡「對一個狹隘的主題有著強烈的專注」，和其黨派「片面的冗辭」，是經特別設計，而能將他的重要資訊傳達到位。

　　最重要的問題是，黑白思考是否能讓我們在日常生活中受益？當然可以。如果說不可以，那就太過黑白分明了。重要的是，要記住天擇使我們的大腦不易產生懷疑，是有其原因的，而這種史前的生存需求——戰鬥或逃跑、我們或他們、正確或錯誤——在

---

55 更多關於亞斯伯格症的明顯特徵，請見：http://www.autism-help.org/aspergers-characteristics-signs.htm。

56 完整採訪，請至此網址收聽：https://www.bbc.co.uk/programmes/p07770t8。

現代社會也不是毫無用處。

在 2020 年的疫情危機中，蘇格蘭的首席醫療官凱薩琳・卡德伍德博士（Catherine Calderwood）沒有遵守自己的社交隔離原則，在連續假期的週末，她從愛丁堡的住所驅車 40 英里到她在法夫的度假屋。因為這起事件被《太陽報》揭發，她辭職了。第二天，蘇格蘭首席部長妮古拉・史特金（Nicola Sturgeon）在接受電視採訪時，對她的行為進行了評論。她顯然很惱火，表示這不是「對她有一條規則，對其他人有另一條規則」的情況。這是政界為數不多、大家都同意的規則 [57] ——幾個月後，發生了完全相反的事件。多明尼克・卡明斯在妻子出現新冠肺炎症狀時，驅車 250 英里，遠赴他父母在杜倫的農場找人照顧孩子，而首相鮑里斯・強森則為其辯護。兩件事形成了鮮明的對比。

想像一下，你有兩個年幼的孩子，而且你們住在交通繁忙的十字路口附近。大多數父母都會承認，在這種情況下，「不准在街上玩耍」這一道白紙黑字的規定是沒得商量的。沒有「如果」

---

57 英國政黨政治光譜的各方人士普遍認為，政府的「待在家裡，保護國家醫療服務系統，拯救生命」口號，是現代政治史上最有效的溝通方式之一。它獨特地體現並直接反映了超級說服力的三個原始軸心——戰鬥或逃跑、我們或他們、正確或錯誤——完全符合此順序呈現。這並非巧合。事實上，這項資訊是如此有效，以致於當首相鮑里斯・強森在 2020 年 5 月 10 日晚間向全國發表談話，宣布修訂後的、解除封城口號：「保持警覺」時，大眾普遍譴責這一指令相形之下太模糊、太籠統、太多種解釋。「待在家裡，保護國家醫療服務系統，拯救生命」是再黑白分明不過了。相較之下，「保持警覺」含有灰色地帶的細微差異。

和「但是」，沒有中間地帶。

　　再想像一下，你有一個必須完成的重要計畫。當最後期限到來時，會發生什麼？你不是已經完成，就是沒完成，對嗎？灰色地帶對你沒有任何好處，藉口也是。到最後，你只會有一個明確的二分法，完成計畫或沒有完成計畫。

　　家庭暴力呢？在某些情況下，也許是合理的？絕對不是。任何有理智的人都會這樣回答。

　　而且，在高壓工作中，比如醫療和軍事單位，當一個人面臨絕境時，能否下定決心，幾乎總是跟他劃分的領地有關。

　　斯蒂芬‧韋斯特比（Stephen Westaby）是世界上最偉大的心臟外科醫生之一，也是個強硬的角色。他在牛津大學約翰‧拉德克利夫醫院（John Radcliffe Hospital）領導心臟與胸腔科將近 30 年，最近剛退休。他做的手術會讓其他外科醫生嚇得尿褲子。韋斯特比對這項職志的奉獻精神，讓他不眠不休，甚至用導管排尿，以將手術時間最大限度地延長。在不那麼古板的官僚主義年代，他贏得的聲譽，就是穿著他的橄欖球裝備，勇猛地揮舞著手術刀和鋸子，一邊播放著平克‧佛洛依德的音樂，滔滔不絕。他被診斷為精神病患者；在凌晨時分巡視黑暗的醫院走廊，像是某種無情的、掠奪式的反連續殺人犯，盯著「死神的鐮刀」，隨時準備搏鬥。如果幸運地發現任何戰鬥機會，他通常能夠取得勝利。

　　2019 年秋天的切爾滕納姆文學節（Cheltenham Literary Festival），我在座無虛席的觀眾面前採訪了韋斯特比。同時接受採訪的，還有劍橋大學皇家帕普沃斯醫院（Royal Papworth

Hospital）的心臟外科醫生薩默‧納舍夫（Samer Nashef）。採訪前，韋斯特比告訴我，在他的職涯中，偉大和不那麼偉大之間的區別。

「在這個行業中，出類拔萃的那些人，」他說，「往往是有勇氣堅持信念，並在激烈的戰鬥中支撐自己的人。外科醫生，尤其是心臟外科醫生，往往負擔不起這種奢侈的心理狀態。

「當一個『決定』包裝整齊地出現在恰當的時間，這是非常理想的。但是，當事實並非如此，你仍然必須做出決定。這就是偉大的外科醫生贏得聲譽的地方。不是透過剪裁、切割、嫁接、縫合，而是透過決策，透過不假思索地把一個想法放在另一個想法前面的能力。」

幾年前，當我在寫《非典型力量：暗黑人格的正向發揮，不受束縛的心理超人》（*The Wisdom of Psychopaths*）時，曾與一位海軍海豹突擊隊上校談過，他對外科手術有類似的看法。「在扣動扳機時，要三思而後行。」他不帶一絲感情地告訴我。「你腦子裡想的下一件事，很可能就從 AK-47 步槍發射出去了。」

但黑白分明思考的好處，不只侷限於秒速決策的殘酷心理樂透，或是一時衝動、轉瞬之間的認知。當比賽漫長而艱難，當時間產生的是利潤而不是虧損，或當戰鬥變成一場戰爭的時候，它也能派上用場。

許多人認為拉努夫‧范因斯爵士（Sir Ranulph Fiennes）是最偉大的在世探險家。多年前，他是一名特種部隊成員，崇尚黑白思考的好處，將其視為不行動就死的冒險家入門級思考方式。這個行業不適合弱者或心靈脆弱的人，也不適合灰色思考的人。

「每當我在挑選出任務的人時，」他告訴我，「我總是首先考慮性格和動機，其次才是技能。技能可以教，性格是教不了的，至少在短期間內不可能。」

他繼續說，他看重的是能看透事情的能力。「把工作做好，不管是在地獄還是在泥沼，都能找到出口。把一切拋諸腦後——痛苦、飢餓、寒冷、恐懼、疲勞——而專注於目標的能力。成為第一個插旗的人，第一個與未知的惡魔爭戰的人。

「想一想，有兩個登山者在互相競爭，看誰先到達山頂。一個人一直停下來欣賞風景，另一個則持續前進，穿過痛苦的障礙，最後到達山頂。

「前者可能感覺更好，並且在到達前有更多時間品味美景。這種人甚至可能有更長的預期壽命！但是贏得比賽的是後者。如果他們在過程中受苦，被各種自然氣候、疲憊以及山裡可能突發的任何狀況弄得遍體鱗傷，那麼，對他們來說——對他們黑白分明的思想來說，這一切都會是值得的。[58]」

前英格蘭橄欖球隊隊長勞倫斯・達拉格里奧（Lawrence Dallaglio）也同意黑白思維有其必要。勞倫斯是 2003 年世界盃冠軍隊的一員，該隊在澳大利亞擊敗地主隊。一個春天的早晨，我們在倫敦西部泰晤士河畔的飯店休息室裡，吃著小鬆餅和瑪德蓮

---

58 然而，拉努夫爵士也強調，除非別無他法，否則絕不能在冒險中承擔不必要的風險。他告訴我：「在我所面對的挑戰裡，成功的關鍵，幾乎可以歸結到精密的計畫和對細節的強迫性專注。」

蛋糕。他講了一個故事,幾乎概括了黑白思考的力量。

「我們贏得比賽後,哈利王子來到球隊更衣室祝賀我們。我正在脫球衣,衣服下面有很大的紅色瘀傷,那是我在球場上被澳洲隊的人狠踢了一腳的地方。哈利注意到我的傷。

「『哇,勞倫斯!』他說。『看看你的背!』(類似的話。)

「我顯然知道他指的是什麼。但對我們來說,這只是正常現象,就像一般上班族在辦公室的日常。在世界盃橄欖球賽中,會有各式各樣的事情發生在你身上。賽事進行的 80 分鐘,你處在身體和心理的颱風眼裡,完全依賴隧道視野;完全的自信和對隊友的信任,是穿越它的唯一途徑。

「這是你的時刻、你的機會,是你一直以來為之努力的事情。這就是過去四年來所有血、汗和淚水的原因。贏家只有一個,獎盃只有一個,只有一種看事情的方式:不要讓他們拿走獎盃。」

説服行動

當然,和特種部隊突擊隊員、心臟胸腔科醫生、極限冒險家、金牌或贏得世界盃的運動員相比,我們有更多的心理迴旋空間來做決定。然而,在日常生活中,仍然有需要迅速決策、劃清界線的時候。讓孩子在繁忙的路口附近玩耍的家長,都是在自找麻煩;任何不時把家暴合理化的配偶,顯然需要加強建立關係的能力。事實上,我們需要劃線以創造秩序;將現實區分為嚴謹、不連續

的類別，並使周遭的世界變得有意義，正是使其運轉的因素。這不僅將我們作為影響者的成就編碼，也將我們作為被影響者的開放度寫入密碼。

但這在實務上意味著什麼？是否意味著，我們越是善於辨識論點的分類基礎，越是善於把它們計入最低（也最有影響力的）分類分母，越是善於準確地察覺到別人在哪裡劃線，以及將來自己要在哪裡劃線，就能改變他人的思想，也就更有辨別能力，來抵抗自己被他人說服？

毋庸置疑，答案是肯定的。天擇從來不會參照說明書。但是，如果所有人出廠時都是被裝在一個有使用手冊、DVD 和授權合約的盒子裡，我們的分類傾向和天生的黑白思考就會出現在「開始啟用」的章節下。瞭解事物的運作方式，通常會讓一切變得更容易處理，人類也不例外。

這一切都概括為界線，側邊和柵欄，周長和參數，轉捩點和翻轉點。我們生活在一個不連貫的、棋盤式的現實中。我們對「外面」的事物——正如數學家及哲學家阿爾弗雷德・諾斯・懷海德曾說的「物質的匆促，無休止、無意義」——進行剖析、分解和區隔，以避免一種冗長、活躍、模糊的「東西」呼嘯聲。我們的大腦對其分解的方式如同把食物切給孩子們吃：不可能把現實整個吞下去，但若能把說服性的訊息放入框架，反映上一章提到的三個二元對立超級類別——戰鬥或逃跑、我們或他們、正確或錯誤——就能每次都成為萬無一失的贏家。

拿我最喜歡的主題為例：脫歐公投運動。

這三種類別全都涵蓋在內。

戰鬥或逃跑：讓我們站出來，抵制布魯塞爾強加給我們的瘋狂法令。

我們或他們：我們將在海灘上與他們戰鬥（捕魚配額）；我們將在飛機場上與他們戰鬥（機場費用）。

正確或錯誤：我們應該掌握自己的命運，而不是受制於某個不知名的外國組織的法律。

這也是脫歐贏得公投的原因。超級說服力！就這麼簡單。無論脫歐是否正確，都無關緊要。與留歐不同的是，脫歐的遊說必殺技，是把這三個進化的超級類別拉到自己的戰線；把一個不可估計的複雜論點，變成零電阻的超級導體，在毫無戒心的民眾大腦中嘶嘶放電。

我們來解讀一下英國首相鮑里斯・強森的發言。強森在 2020 年 3 月 23 日晚間發表全國談話，宣布將進一步加強對抗新冠病毒上的種種限制。

戰鬥或逃跑：「在這場戰鬥中，毫無疑問，我們每個人都直接被徵召入伍 [59]。」

我們或他們：「這個國家的人民將迎接挑戰。我們會通過這項考驗，變得比以前更強大。我們將共同戰勝新冠病毒。」

正確或錯誤：「簡單來說，如果短時間內有太多人患病，國家醫療服務系統的量能將會崩潰。這意味著可能會有更多人死亡。不僅是死於新冠病毒，也可能死於其他疾病。因此，減緩疫情的散播極為重要。」

　　但是，這是政治。充滿超級說服力與影響力的大巫師。至於其他人：我們想要做些什麼？我們所有人，都能在日常生活中攀登這種令人眼花繚亂的說服力高度嗎？我們全都能成為超級說服者，以零摩擦的輕鬆和閃電般的原子速度，將想法傳進他人的神經通路嗎？

　　答案是肯定的。但就像學習任何新技能一樣，都需要練習、自我意識、時間和努力。

　　以下有幾個簡單的步驟，我們可以從此處進行。

---

59 我們之前提過，使用針對性語言有助於「框架」具說服力的溝通，並提升其效果。就此而言，強森使用了「入伍」一詞，一個與從軍密切相關的詞語。事實上，媒體對「打擊」新冠疫情的報導中，也充滿軍事化語言，例如：「宵禁」、「口糧」、「前線」、「贏得戰鬥」、「擊敗敵人」和「戰時政府」等。在2020年4月5日星期日晚上8點，當病毒造成的死亡人數持續增加、感染率飆升時，女王向全國發表的談話最能證明這一點，也最令人感慨。她將社交疏離帶給人們的「分離痛苦感」，與二次大戰期間兒童被撤離的經歷相提並論。這位93歲的君主提出這個喚起希望的訊息：「我們應該感到欣慰，雖然我們可能還要忍受更多，但是好日子終究會回來。我們將再次與朋友相聚，我們將再次與家人相聚。我們將再次相見。」事實上，在女王將疫情與戰時經驗相提並論的基礎上，倫敦國王學院的高級醫療服務顧問及創傷專家尼爾‧格林伯格（Neil Greenberg）教授隨後指出，如果國家醫療體系的工作人員沒有獲得足夠的心理支持，他們很可能會成為創傷後壓力症候群的高風險族群——就像從戰爭返家的現役軍人。

步驟一、揭開可能為某個特定論點基礎的隱藏連鎖悖論。

　　為了說明超級說服力的第一個原則，請參考孟加拉裔足球運動員哈姆扎・喬杜里（Hamza Choudhury）的案例。喬杜里天賦異稟，第一次遭遇種族霸凌時只有 10 歲，後來卻成為少數在英國超級聯賽中踢球的亞裔職業球員。但是，在他 21 歲後不久，一具分明的種族主義骨架，從他自己有些搖晃的櫃子裡翻倒出來。他 15 歲時，在推特上發表了一個關於黑人和體能的粗俗笑話。該則笑話頗不合宜，後來他還為此道歉。足球協會指控他有「嚴重不當行為」，並予以罰款 5,000 英鎊，命令他參與教育課程。

　　問題是：他應該受罰嗎？

　　讓我們把取景器調幾個檔次，檢驗一下事實。他當時還是個孩子、還在上學，並不知道自己幾年後會成為一名高知名度的足球運動員，需要承擔重大責任。如果他是在更年輕的時候，寫了那則推特呢？ 12 歲、7 歲或是 5 歲？

　　我們應該在哪裡劃線？如何定義「年紀太輕，還不能負責任」的類別？

　　同樣的，讓我們想想關於輔助自殺的辯論。這個詞語中藏著兩個類別：「輔助」和「自殺」。但是，確切地說，前者的內涵是什麼？如果你請求我助你結束生命，而我給你注射一種能立即殺死你的藥物，那麼這肯定算是輔助。但如果我只是幫你訂購去日內瓦的機票，或是載你去機場呢？這能被定義為輔助嗎？如果

不是，它是否可以被理解為不斷擴大的厄運開端？在這個案例中，歐布利德斯那難以捉摸的沙堆，會從哪裡開始形成？

　　這個練習並不是遊戲，而是一次嚴肅的認知鍛鍊，有雙重目的：磨練一個人的邏輯推理能力，以及提高思考清晰度。確定你的論點落在界線的哪一邊，以及反對的論點在哪一邊，你就更能知道該把它們歸入哪一個類別。

　　更重要的，也許是要在旁邊貼上什麼標籤。

步驟二、一旦你選擇合適的分類單位來表達論點，就要確保其遵循 SPICE 模型的五個成分。

　　英國廣播公司前華盛頓記者蓋文・休伊特（Gavin Hewitt），曾是唐納・川普 2016 年競選期間隨行的媒體人員。幾個月下來，他對這個人有了一些瞭解。蓋文告訴我，有一次，川普在推特上發了一張自己的照片；他坐在私人飛機上，就著一桶家庭號肯德基炸雞，拿著銀製的刀叉伸進桶子裡。新聞界（至少有一大部分媒體）都把他慘批一頓。

　　然而，根據蓋文的說法，這則推文是天才之舉。他指出，川普對迎合他人沒有絲毫興趣，向來如此，他**想要**製造二元分化。他的觀眾是由白人、工人階級和未受過大學教育的人組成，他們覺得自己完全被忽視了；他們感受到自由主義、左派知識分子的

忽視和剝奪。只要這群人夠多，而且願意投票給川普，那遊戲就結束了[60]。

但為什麼那則貼文的影響力那麼大？裡面有什麼特別成分，讓它成為這麼響亮的聲明？答案是，它含有大量的 SPICE。

簡潔有力：還有什麼能比私人飛機上的肯德基更生動和「駭人聽聞」呢？

動之以利：沒有什麼比炸雞更好了。對嗎？吃吧！

不按牌理出牌：肯德基⋯⋯純銀餐具⋯⋯白宮？

---

60 在川普的總統任期內，他的分裂傾向也許沒有比國防部長馬克・艾斯培（Mark Esper）更明顯。他懇請各州長大幅增派國民警衛隊，以「主控戰鬥空間」來對付抗議者。這場一觸即發的抗議事件，起因是2020年5月25日，59歲的黑人喬治・佛洛依德（George Floyd）在明尼亞波利斯的堡德洪（Powderhorn）社區被四名白人執勤警官壓制時喪生。佛洛依德當時被戴上手銬，臉朝下躺在街上，旁邊有一群圍觀民眾。他反覆告訴其中一名警官：「我不能呼吸了」，懇求他把膝蓋從他的脖子上移開。這位名叫德里克・肖文（Derek Chauvin）的警官沒有照辦，最後導致佛洛依德喪生。這起事件引發全世界的譴責，並在數個大城市——倫敦、紐約、雅典和雪梨等——舉行了反對體制性種族主義的大規模集會。肖文後來被控犯下二級謀殺罪，而逮捕過程中在場的其他警官，也被相應指控為協助和教唆罪名。一週後，政府人員為了替川普開道，強行將示威者從道路上架走，川普——之前曾指責各州長在面對後續發生的民眾動亂時過於被動，督促他們要「採取主控，否則你們看起來會像一群混蛋」——穿過華盛頓特區的公園，站在一座關閉的教堂外，右手高舉著聖經。由於年末的選舉迫在眉睫，總統「控制街道」的獨裁承諾和他作為「法律與秩序的總統」的冷酷自我描述，吸引了許多支持者。他對宗教意象的使用也是如此。達拉斯第一浸信會的牧師、川普的堅定支持者羅伯特・傑佛瑞斯（Robert Jeffress）

　　信心：嘿，為什麼要假裝？就算我可能很有錢，還正在競選總統，但我真的很喜歡這桶雞。

　　同理心：我是一個普通人，瞭解你、並且想為你發言。希拉蕊可是有一位私人廚師呢！

　　但不只這樣。川普的貼文還與三個二元超級類別保持一致，以增強他的資訊。

　　戰鬥或逃跑：我就是這樣。就算你不喜歡，也只能接受！

　　我們或他們：你是要吃炸雞還是……豆腐？

　　正確或錯誤：不要裝腔作勢，做真正的自己。吃炸雞的人將拯救地球。

　　要擊中這些說服的熱鍵，你必須先為訊息加點料。

步驟三、使用隱喻，以確保你的想法能在影響目標腦中遊走，不會面臨太大阻力。

　　一開始，用圖像、類比和寓言的方式來思考問題，可能會感覺很笨拙和做作，但如果你練習將想法轉化為一種形象化、隱喻化的格式，不用多久你就會獲得回報。不僅會感覺更自然，你也

　　說：「我所接觸的每一位信徒都非常讚賞總統的做法，和他所傳達的訊息。我認為這將是他總統任期內的歷史性時刻，尤其是在我們國家發生暴力事件的黑夜背景下。」然而，全世界有數百萬人並不認同；其中包括喬治‧佛洛依德的家人和朋友們。

會成為更好的說服者。語言，如同我們在第 7 章和第 8 章中提到的，可以產生強大的影響效果——使用比喻和隱喻的時候，這種效果特別有力。

擔任菁英運動員的表現顧問時，我與英國一些頂尖田徑耐力運動員合作。在體育運動中，心理學是很重要的，因為當你把身體磨練得完美無缺，像個可能奪牌的奧運選手一樣時，腦袋裡的東西才是改變平衡的關鍵。我告訴他們，95% 關鍵是心理因素，其他的在大腦裡！

幾個月來，我一直試圖找出一種方法，讓學生明白在比賽中均勻分配力氣的重要性：不要一開始就衝得太快而過早洩氣，但也不能起步太慢。但這似乎都沒什麼作用，他們聽不懂。突然有一天，我想到用金錢做比喻。

「把能量看成你口袋裡的現金。」我解釋說。「出去玩的時候，你不會希望在玩得盡興前就把錢花光，對嗎？當你的朋友們玩得不亦樂乎，而你卻口袋空空、不得不回家時，你會有什麼感覺？明智地花錢，掌握好節奏，你就能在夜晚將盡的時候，依然精力充沛。」

謝天謝地，這個比喻發揮了作用，效果還非常好，以致於現在、就連我不在場的時候，它也成了玩笑話的一部分。為什麼？這個嘛，雖然這些人並沒有真的賺大錢，但有些人確實享受到企業贊助和彩券收入的好處，而且在他們的職業生涯中，第一次有現金可以揮霍在偶爾的小享樂上。他們能認同這種說法；這對他們有某種意義，隱喻使之成為現實。

　　菁英級運動員還有另一項特點：他們寧願下地獄，也不願向教練承認自己受傷。這不是個好主意，但他們仍然堅持這種適得其反的策略。因為當飛機起飛時——前往世界錦標賽，參加奧運會、參加歐洲錦標賽——每個人都想在飛機上。當然，諷刺的是，你越是保持沉默、什麼都不說，就越有可能被禁賽：你會在機場揮舞著手帕告別，然後一路拿著手帕擦眼淚，前往復健中心。在受傷的情況下訓練，不可避免地會讓情況惡化，而且幾乎總是以淚水收場。你如何解決這個問題？

　　正因為這沒有通用的解方，所以是隱喻能夠發揮價值的情況。一名接受我輔導的運動員是 F1 賽車迷，還有什麼比中途「進站」更好的比喻呢？

　　「想像一下，你是一名車手，你知道自己需要把車開進維修站。」我告訴他。「但你一直在拖延，因為你不想失去寶貴的時間。接下來會發生什麼？汽車會完全炸毀，你必須離開比賽，甚至到不了終點線，更不用說在領獎臺上開香檳慶祝了。」

　　「另一方面，」我繼續說，「如果你去檢查車子（所有車手在一定的時間都需要這麼做），雖然在車子維修時可能會損失一些時間，但至少你還在賽道上，還在戰鬥中。」

　　幾乎一夜之間，運動員的心態就產生巨大的變化。起起伏伏的歷史變成了一面方格旗。

　　練習步驟二和步驟三時，你可以請朋友向你拋出一些論點，你則選擇適當的類別來框架這些論點，並用言語加以表達。但無論你最後決定用什麼狡點的比喻，都不能是隨意憑空想像的東西。

最重要的是，它必須與你說話的對象有關。運動員們喜歡金錢和賽車的比喻，是因為這兩者都與他們的興趣和視野有關，都是他們認同的。請把它想成掌握正確的頻率——適當的心理頻寬——來傳遞你的資訊。

幾年前，美國的研究人員在一項研究中證明了這一點。他們選擇一堆包含運動隱喻的資訊（「如果大學生想和最優秀的人打球，他們不應該錯過這個機會」），並將這些訊息與一堆中性訊息比較，（「如果大學生想和最優秀的人共事，他們不應該錯過這個機會」）。他們想知道，這兩種資訊類型中，哪一種會引起更大的興趣？學生們會認為哪一種更有說服力？

答案正如他們的預期。分析顯示，含有體育隱喻的資訊不僅較引人思考，也具有更大影響力，但只針對那些體育迷學生。對於那些對體育不感興趣的人來說，這種意象適得其反，結果顯示出更低的說服力和興趣。

紐西蘭總理潔辛達・阿爾登（Jacinda Ardern）在新冠疫情危機的早期就已經敏銳地掌握了這個技巧。3月14日在奧克蘭召開特別內閣會議後，她在記者會上宣布，紐西蘭需要「全力以赴並及早行動」，以壓平確診案例的曲線，避免醫療系統不堪負荷。儘管阿爾登當時並沒有說太多，但她的話一定是精心思考之後才說出的，以便與這個滿是橄欖球迷的國家的體育意識共鳴。正如阿拉斯泰爾・坎貝爾後來在《獨立報》的一篇文章中指出，構成她核心訊息的九個關鍵字「聽起來像是全黑人隊的談話」。

這些數字不言自明。在撰寫本報告時，紐西蘭只有12人死於

新冠肺炎；英國則有 16,509 人。

隱喻，似乎就像假牙，只有合適時才能發揮作用。

步驟四、閱讀或觀賞新聞報導時，請特別注意影響者試圖描繪的圖像。

或者，更具體地說，找出他們用來構建論點所使用的類別，然後看看你是否可以想到其他更合適的論點和類別，來超越它們。

短跑運動員克利斯蒂安・科曼（Christian Coleman）以艱難的方式學會這個教訓。當他在 2019 年杜哈世界錦標賽以 9.76 秒的成績摘下百米短跑金牌、成為歷史上第六快的人時，他都還沒真正大展身手呢！此前，他曾被美國反禁藥協會指控違反行蹤規定，如果不是因技術原因被駁回，他早就被判禁賽兩年。他的罪行是什麼？他沒有記錄在過去的一年中，自己某一天、某一時間在三個地點的實際位置。

測試制度是這樣運作的：運動員每天都需要在手機上更新一個應用程式，說明他們在某個時間的位置。如果測試人員決定隨機抽查他們的尿液，就可以知道在哪裡找到他們。這件事很痛苦，肯定的，但是由於大眾對世界田徑運動員撰寫報告的信任度很低，這個做法是必要的。當然，我們感興趣的不是科曼做了什麼，而是他說了什麼；如果他認為自己是無辜的，他選擇如何讓自己脫罪，或是如果他認為自己有過失，會如何舉手投降。

他選擇的是前者。

「我沒有做錯什麼。」他說。「我沒有任何失誤。每個人都不完美。我只是一個年輕黑人，生活在我的夢想中，但人們試圖抹黑我。」

這裡使用了三個說服力的超級框架。

戰鬥或逃跑：運動員選擇為自己的行為（或是無行為）辯護。

我們或他們：對他來說，這是一個年輕黑人男子對抗媒體種族偏見的故事。

正確或錯誤：如果你有種族偏見，那是你不對。

但是科曼有一個問題。他把超級說服力混音臺上的三個按鈕都按對了，卻混了錯誤的音軌，選擇了錯的說服力類別。據瞭解，對大多數人來說——包括其他黑人運動員——這個問題與種族無關，與膚色無關。相反的，這與錯過藥物檢查有關，而藥物檢查對運動誠信度，以及成為世界冠軍的條件非常重要。無論他是年輕還是年長、黑人還是白人都不重要，重要的是，他是運動項目中的高規格榜樣，也應該表現出相應的行為。他因此在媒體上受到嚴厲抨擊。

科曼的案子是近期新聞中高規格的「類別戰爭」之一。億萬富豪企業家伊隆・馬斯克（Elon Musk）在推特上將英國潛水員弗農・昂斯沃斯（Vernon Unsworth）暗指為「戀童癖者」，後者在 2018 年的一項救援行動中扮演關鍵角色——救出受困睡美人洞（Tham Luang cave）的 12 名男孩和他們的足球教練。馬斯克的律師認為這只是一種**侮辱**，昂斯沃斯的律師則認為這是一項**指控**。

侮辱贏得了最終勝利。

演員兼喜劇演員薩夏・拜倫・柯恩（Sacha Baron Cohen）在對反誹謗聯盟（Anti-Defamation League）的談話中，提到 Facebook 長期拒絕從社群媒體平台上刪除政治廣告和其他帶有仇恨言論、惡意謊言和無端錯誤訊息的貼文，尖銳地區分了「言論自由和觸及自由」。

關於這一點，陪審團還沒有定論。

那麼，科曼是如何用不同方式比賽的？有什麼其他類別，可能更適合他的主張？嗯，「不成熟的年輕人犯了一個錯，並發誓將來會改進」這個類別如何？換句話說，就是經驗不足的類別。呈現的方式可能像這樣：

戰鬥或逃跑：好的，我會公開表明立場，面對懲處。

我們或他們：好吧，我太愚蠢、不成熟。但是，誰不曾犯錯過呢？

正確或錯誤：好吧，你是可以在這個問題上譴責我，但再給我一次機會也是正確的。

結果，最後所有對科曼的指控都被撤銷。這名運動員的行為被豁免了。

明智地選擇你的語言。

還有你的類別。

步驟五、永遠要回到三個超級說服力的二元類別：戰鬥或逃跑、我們或他們、正確或錯誤。

想像一下，你獨自在貝爾法斯特的公園裡，時間大約是 1985 年[61]。此刻是萬聖節凌晨 2 點，你能在冰冷的鈉光燈空氣中看到自己的呼吸。很好，如果你能看到，其他人也能看到。當你在監視一個共和黨異議領袖時，你可以不接無謂的社交電話。

一陣沙沙聲刺破了寂靜。在你左邊幾公尺的灌木叢中，有東西在騷動。你檢查了一下，什麼也沒有。你心想也許是一隻狐狸，但這聲音是不會錯的。然後，他們氣勢洶洶地從黑暗中走出來，就在你前面十幾呎的草地上。派克大衣、運動服、飛行夾克……一群年輕人傍晚出來運動。這個地點正巧是年輕人在深夜搗亂的好地方。

你知道他們在想什麼：你跟「他們」是一夥的——警察、敵人。雖然你已經被訓練到幾乎能應付任何生死攸關的事，但此時若能

---

61 動亂（The Troubles），又稱北愛爾蘭問題，是北愛爾蘭的暴力派系鬥爭，以各種非法軍事活動為標誌，始於1960年代末期，一般認為是因1998年《受難日協議》（Good Friday Agreement）結束的。此衝突具有政治和民族主義的本質，關鍵問題在於新教聯盟主義者（Protestant Unionists，或稱忠誠主義者）與天主教民族主義者（Catholic Nationalists，即共和黨人）之間的對立。前者希望該省留在英國境內，後者則要求北愛爾蘭離開英國，成為一個新的、統一的愛爾蘭共和國。

有一點轉圜空間也不錯。這些小夥子比你強，更糟的是他們的酒瓶空了。這可不是好事。在這些地區，人們對待空啤酒瓶有個非常討人厭的習慣，就是扔到人臉上。

這可能會滿有趣的。

「先別激動。」你邊說邊從內袋掏出一包菸，輪流分給在場的人。「你們知道我是誰，我是警察。但是聽好，我對你們沒有興趣。我正在進行一項臥底工作，要追蹤一個戀童癖者，他在這裡狩獵小孩子。」

沒有人動作。你幾乎可以聽見一根針掉下來的聲音。突然間，不知不覺地，所有人表情出現了變化，肢體語言慢慢解凍，僵局很快就解決了。小夥子們轉身面向彼此，點點頭，然後靜靜地走開了。

這像是只在電影裡發生的事情，對嗎？這是幾年前我採訪的英國安全部隊成員告訴我的真實故事。他只有一次讓自己脫身的機會。值得注意的是，他正中靶心。

怎麼做到的？

超級說服力！

戰鬥或逃跑：這是你想要的嗎？讓戀童癖者在這裡狩獵兒童？

我們或他們：你不幫我，就是在幫助戀童癖者。你要哪一個？

正確或錯誤：破壞追捕兒童強姦犯的行動，你的良心不會過意不去嗎？

你對超級說服力原則的意識越強——如何說話，以及別人說的話如何符合這三個超級影響力類別——就會成為更好的說服者，

也更能抵抗超級說服力的操控。

最後，讓我們再呼叫一次肯德基炸雞，只是這一次，沒有私人飛機和銀製刀叉。幾年前，在英國，肯德基把它的外送合約換給一個新的供應商，成功地讓全國 250 多間分店賣掉全部的雞肉庫存。對於一家幾乎只賣雞肉的公司來說，這是絕不可少的關鍵原料。這是什麼情況？沒有雞肉，他們該怎麼辦？

答案根本是一個公關奇蹟。在沒有雞肉可點的幾週內，大眾注意到《太陽報》和《都市日報》（Metro）上出現一系列的醒目廣告，上面印著桑德斯上校著名的紅白小桶。所有人對這個事件感到不同程度的有趣和驚訝。

有趣？驚訝？發生了什麼事？嗯，這個桶子有點不一樣。桶子上印的不是肯德基的縮寫 KFC。

而是 FCK。

下面還寫著：「真的很抱歉。」

你一定能看出有趣的地方。肯德基很清楚知道，這麼做，某種程度上貶低了自己的產品，而且客戶特別不喜歡企業式口吻、拐彎抹角的道歉：「出了錯誤」或「很抱歉造成任何不便」這類的話是不可能有效的。反之，他們的方法運用了三個超級說服力類別，同時加入一撮香料。

戰鬥或逃跑：糟糕了！但是我們不會就此倒下認輸。

我們或他們：我們相信我們的客戶，也就是你們，會理解這個情況。其他人可以走開沒關係。

正確或錯誤：我們冒著極大風險，在這裡向你們伸出手。所

以，再給我們一次機會，如何？

簡潔有力：KFC 變成 FCK ？根本是史上最拙的新包裝。

動之以利：這種情況太適合自嘲了。

不按牌理出牌：在全國性的廣告宣傳中罵髒話？這種情況還真不常見。

信心：這一定會引發高度討論。

同理心：這有點像賭博，但我們相信這會引起更多笑聲，而非驚恐。我們不都曾搞砸事情嗎？

想在所有事件中淘金嗎？如果你想成為偉大的說服者，絕不要當膽小鬼。

第 12 章

重劃界線

你知道，人的聲音是唯一純粹的樂器嗎？它有其他樂器所沒有的音符。就像在鋼琴琴鍵之間，存在的無數音符；你可以唱出來，但你無法在任何樂器上找到它們。就像我。我生活在這，在兩個世界裡，黑與白的世界之間。

——妮娜・西蒙（Nina Simone）

2019 年 7 月，英國廣播員、作家及前報紙編輯皮爾斯・摩根（Piers Morgan）主持了一檔名為《精神病患者》（*Psychopath*）的電視節目，他在節目中採訪一名已被判刑的殺人犯。大約在該節目於英國播出的同時，我為了配合節目，在《廣播時報》（*Radio Times*）雜誌上發表一篇文章，評估皮爾斯本人在「精神病光譜」中的位置。為了完成評估，我提供十幾條經過心理測量驗證的陳述，讓他透過四分量表，根據他認為的描述準確程度做出回應。

結果正如預想，他不是殺人魔漢尼拔・萊克特，但也不是丹尼爾・沃克 [62]。確定的診斷為「良好的精神病患者」——我用這個詞來描述那些能夠視情況，喚起內心殘酷面的人；同樣的，他們也能視需求降低良知和同理心。這是幾年前我和前特種部隊軍官安迪・麥克納布共同著作的書名。這本書探討精神變態的特徵——在對的背景下，用對的意圖，在正確的組合與層次上部署——可以有什麼助益。那本書為我們帶來不少麻煩。

皮爾斯喜歡麻煩，所以我跟他說了這件事。在我們還沒有開始提筆寫書的時候，當局就禁止我們以「好精神病患者有限公司」的名義進行交易；他們認為這個名字觀感不佳。我們提出上訴，而且贏了，然後就收到粉絲的來信，其中有一些是正面評價，有些，

---

62 皮爾斯・摩根和記者蘇珊娜・里德（Susannah Reid）共同主持ITV早餐時段節目《早安英國》（*Good Morning Britain*），丹尼爾・沃克（Daniel Walker）則是在英國廣播公司（BBC）主持同一時段的節目《早餐》（*Breakfast*）。皮爾斯常在節目中稱丹尼爾・沃克為「聖人」。兩人維持一種（大致上）善意的競爭關係。

嗯……不是那麼好。例如，在書出版後的幾年裡，我為《美國科學人》雜誌（*Scientific American Mind*）寫了一篇文章，評估四位候選人——唐納‧川普、希拉蕊‧柯林頓（Hillary Clinton）、伯尼‧桑德斯（Bernie Sanders）和泰德‧克魯茲（Ted Cruz）——在精神病光譜上的位置。在後記裡，我補上他們在知名歷史人物的「精神病聯賽成績紀錄及名次表」中的落點。

牛津大學的總機被打爆，媒體簡直瘋了。我收到一連串川普支持者的電子郵件，憤恨地向我表示不滿。其中一封信附有我在毒氣室裡的照片，川普正在按下開關[63]。

信的結論是以下這段話：

很高興聽到你被禁止出入美國。我相信進一步調查，會證實你的犯罪行為。所以下次你在葡萄牙的海灘上曬太陽的時候，如果美國特務抓著你的蛋蛋（如果你有的話）、把你拖到一架特殊航班上，請不要感到驚訝。

我知道路易斯安那州有一些不錯的機構，能治療像你這樣的精神病。花五到六年的時間，學習採摘棉花的精髓，對你會有很大的幫助！長期食用玉米麵糊和髒水，應該可以確保你身體健康。

---

63 諷刺的是，我的文章並沒有貶低川普，而是提出一個科學論點，即某些心理變態的人格特徵，是在某些高風險、高壓力的職業中取得成功的必要標準，而政治就是其一。

準備在你抵達美國時歡迎你的，

韋恩

這張照片就掛在我的房門上。

川普，毋庸置疑，是名列前矛的——在光譜和排行榜上都是如此，他引發一連串臭名昭著的新聞頭條。英國《每日鏡報》（*Daily Mirror*）這篇黑白名人堂就是最好的總結：「瘋子川普贏了希特勒」（Psycho Don Trumps Hitler）。

皮爾斯笑著說，他曾經擔任《每日鏡報》的編輯。

「我想過這個問題。」他說。「在我看來，我們已經繞了一圈。幾百萬年前，當穴居祖先生活在小而緊密的部落時，他們曾經拿著石頭堆到處跑。如果部落間發生爭執，他們就會拿石頭互相攻擊或殺害對方。然後，可能在某一個時間點，人類發展出語言和理性的高階功能，幫助我們以更有建設性、更少敵意的方式解決分歧。

「但時至今日，在社群媒體上，我們似乎又回到糟糕的舊時代，回到史前時代的做事方式：本能的、全面式的攻擊模式。看看任何人的社群，你就會明白我在說什麼。這很荒唐，而且說實話，讓人有點沮喪。」

如果某個現代部落的人說了讓另一個部落的人不悅的話，會發生什麼事？人們按了讚就跑。他們會從線上洞穴湧出來，用他們的聊天室棍棒和關鍵字長矛，長驅直入。

「在過去幾百萬年裡，天擇是否一直在浪費時間？是否劃錯

重點，或者說，被打敗了？在當前這個沽名釣譽、尖酸刻薄、滿街受害者的時代，進化論是否將有著巨大、高解析度、寬螢幕的大腦袋假人賣給了我們？按照事後諸葛的眼光，我們是不是應該去買更便宜的模型？」

皮爾斯說的完全正確。現在，「我們或他們」──或可稱為「小團體誘餌」──是前所未有的大生意。社群媒體可能有它的問題，但如果說有一件事是它所擅長的，那就是能把志同道合的人聚集在一起，以致於政治和意識形態在這個無限擴大的電子大草原氾濫成災。不只是像皮爾斯指出的那樣，缺乏友善、和平、互助的部落，而是充滿敵意、鷹派、好戰的部落；而且已經過度擁擠到危險的地步。各種掠奪性的線上部族──論壇、平台、社群、標籤──先放餌，才問問題。匿名性助長了攻擊性。時間和最大字元數限制，使細微差異成為人們負擔不起的奢侈品。如我們從艾瑞·克魯蘭斯基身上學到的，這些因素提高了我們對認知封閉的需求。在節目進行到一半時，公正、知情的分析帷幕就被拉下來了。分歧程度已經不再是法定貨幣。貨幣是真理，絕對、無可辯駁的真理，而且只有一種面額：我的。

異議的代價非常大。擾亂人們的分類，貶低這種激進、主觀、絕對主義的貨幣，正如我從付出的代價中發現的，你會陷入困境，等同於在背上畫上一個箭靶。在我出版關於精神病患的書之前，每個人對這個概念都非常滿意。市面上有數百萬種關於黑幫、強姦犯和連環殺人狂的書，都在告訴我們他們有多邪惡；但是沒有人眨一下眼睛，仍然沒有。我們的大腦建構了一個病態的心理動

物園，其中有最黑暗的噩夢怪獸和妖魔，被分類學的鎖和鑰匙牢牢地拘禁，在無法逃脫的分類籠子裡碰撞著，允許其他人在閒暇時巡迴參觀——因為我們知道，彼此之間有一道強化認知鋼筋。

但《非典型力量》一書改變了這一切。它打開了那些精心建造的籠子，讓怪獸自由自在地遊蕩。突然間，牠們隨意地「出來」了，遊走在我們之間。

輕輕打開分類的開關，「我們或他們」這個由臨床診斷和鑑識科學等搖搖欲墜的犯罪學圍牆所設置的緩衝區，就像售票口窗戶上的遮罩一樣，巧妙地掀了起來。人們粗暴地爭相將其拉回原位。《非典型力量》提出一個革命性的想法：並非所有精神病患者都是壞的，有一些是好的。正如我們並不總是「對的」，精神病患者也並不總是「錯的」。這挑戰了我們對自己的真實認知。它把天擇在人類大腦的模式識別桌面上安排的心理蠟筆——我們用其來為日常生活和經驗的輪廓上色，絲毫不在乎細微差異——全部打亂了。它抹去人們思考和生活的路線。那三條包羅萬象的超級分類線，從史前時代最早的肇端開始，就形成我們部落式的、三方大腦的關鍵發展軸。

戰鬥或逃跑：天使與惡魔，共同點是否比我們想像的多？

我們或他們：誰有資格扔出第一塊石頭？

正確或錯誤：品德和罪惡有可能隸屬於同一塊布嗎？

重新劃定的界線，需要花一些時間來適應。

事實與真相

　　我們在第 5 章的開頭有提到，自從一個多世紀前、我們在俄羅斯和芬蘭的邊界上生活以來，人類已經走過了很長的路。就連那條線也需要重新劃定。俄羅斯和芬蘭的冬天非常不同，至少在一個芬蘭農民心目中是這樣。當然，向左或向右，向東或向西幾公尺，對等壓線不會造成太大的區別。而且，農民和那天去巡查的俄羅斯與芬蘭官員，可能都有注意到這個事實，但也有可能他並不完全是出於馬基維利主義、利己的詭辯。當這個腹背受敵的邊疆居民開始用黑白分界來思考時，他對邊界兩側的情況就開始產生真正的誤解。劃線是為了區隔，但也會加劇分裂。人與人之間、概念與概念之間、信仰與信仰之間、哲學與哲學之間、行動與行動之間⋯⋯「這一邊」和「另一邊」的東西之間。為任何動物或生物建造一個籠子，或像我們對精神病患者所做的那樣，把一個假定的「野獸」或「怪物」關在籠子裡，他們就會變得更加危險——如果不是在實務上，那肯定是在我們的想像力領域。有一些科學可以佐證。

　　以顏色為例，研究顯示，在判斷三種不同色調的相似性時，即使每對色調間的感知距離（以電磁波長計）是相同的，觀察者仍會認為來自同一語言部落的兩種色調（例如圖 12.1 中的 A 和 B），比來自不同語言部落的兩種色調（B 和 C）更接近。

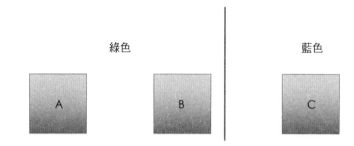

綠色　　　　　　　　　　　　藍色

A　　　　　B　　　　　　　C

▲圖 12.1：顏色偏見。

色調 C 被判定為藍色色彩部落的公民，這一項簡單的事實，足以使之在主觀上與色調 B 共用的電磁 DNA 小於色調 A（綠色的公民）。

要瞭解強調原則（社會認知領域專家們都知道的）在日常生活中可能的運作方式，讓我們把注意力從色彩轉移到動能，並做一個小小的思想實驗。想像一下，你必須評估 A、B、C 三輛汽車的最高速度。你開著這些車在賽道上行駛，每跑一圈就踩一下油門，然後得出一個估計值（里程計是分隔的）。但是有一個問題。A 車是一輛法拉利，B 車是一輛瑪莎拉蒂，而 C 車是一輛飛亞特。還有一個問題。每輛車都裝上了限速器；法拉利的最大速限是 90 英里／小時，瑪莎拉蒂是 80 英里／小時，飛亞特是 70 英里／小時。

你會怎麼做？除非試一試，否則沒辦法知道答案，對嗎？但有一件事你可以確定：你會判斷 A 車（法拉利）與 B 車（瑪莎拉蒂）的最高速度，比 B 車（瑪莎拉蒂）與 C 車（飛亞特）的最高速度

更相近；儘管這就像顏色的例子一樣，每組車的速度差實際上是一樣的（10 英里／小時）。

　　原因很簡單。在其他條件相同的情況下，你可能會合理地假設，更貴的汽車跑得也更快。因此，當你被要求評估一輛車的速度（它的「焦點」屬性：你被要求評估的特徵），你對該屬性的評估，可能會被它的品牌，以及該品牌在聲望光譜（或「周邊」向度）上的位置所汙染。這是一輛跑車（如法拉利或瑪莎拉蒂），還是一輛家庭用車（如飛亞特）？越往前走，意味著車速越快。

　　換句話說，一旦我們引入實體，持續落入不同的、獨特類別的概念——國籍、顏色、名牌、性別、精神病患者等等——我們對這些實體及其各種焦點屬性的評價將不再是純粹、未經過濾的感知結果，而是受到類別成員屬性更高階評判的影響：我們、他們、這個、那個、另一個等等的認知「周邊」。

　　一談起類別，就很容易會陷入黑白二分的處境。

　　這方面有一個很好的例子。2020 年 3 月，為了減緩當時蓄勢待發的新冠疫情，英國前首相東尼・布萊爾在接受《天空新聞》（*Sky News*）採訪時表示，對英國大部分人口——「幾乎所有人」——進行篩檢是抵抗疾病的必要措施。這個發言在推特上引發非常兩極化的反應。有些人認為這是很明智的建議，有些人則藉機譴責布萊爾是個「戰犯」；因為在他們看來，他在 2003 年將英國軍人的生命投入一場「不公正」和「非法」的伊拉克戰役之前，沒有進行盡職的調查。他們認為這很荒謬，甚至有人發誓要設立請願書，禁止首相就這個問題發表任何進一步聲明。

在意見如此分歧的情況下，不難看出發生了什麼。對處理伊拉克戰爭時關於政治忠誠和不滿的「周邊」標準，搶走了打擊新冠病毒「焦點」問題的風頭。由於注意力聚焦在布萊爾而非病毒上，人們批評言論的標準不是內容，也不是其智慧或可行性，而是發言者[64]。

新聞採訪後一週左右，在基爾‧斯塔默爵士（Sir Keir Starmer）成為工黨新領導人的那天，我對東尼說，政治局面一向如此；有些人寧願選擇水砲，也不要打開水龍頭裝水。他的回覆坦率而富有哲理，足以成為整本書的縮影。

他告訴我：「政治中一直存在高度批評，而且往往是針對與我們看法不同者。政治是有爭議的，政府強硬得令人難以置信。每下一個決定，就會產生分裂。取悅所有人是不可能的，也是不可取的。這已經不是什麼新鮮事，看看 1920 到 1930 年代，那些針對亞伯拉罕‧林肯或溫斯頓‧邱吉爾的謾罵就可得知。

「文化才是新的。在這種文化中，尊重的式微和媒體的興起意味著各方審查愈趨野蠻，人們對政治生活的理解更少；最重要的是，現在有社群媒體。」

這實際上改變了批評——以及隨之而來的虐待——的背景脈絡。每個人都有自己的觀點，也都有平臺可以表達，藉此影響他人、發揮作用。越是極端，越是黑白分明，就越有影響力，而理

---

64 關於布萊爾的言論導致激烈負面反應的詳細解釋，請見第364頁〈附錄七〉。

性在這局面中，似乎無關緊要。

　　「儘管如此，大眾確實明白，這個新世界並不是真實世界的指引。政治家或任何公眾人物，有時都必須容忍不該容忍的東西。但如果你能做到這一點，就能夠保有合理辯論和意見交流的空間。

　　「大多數人都能夠對不同意見保持禮貌，他們並不打算分化。追求極端的人可能會獲得他們渴望的名聲，但是那些有理智的人，才是當代社會的最佳解藥。而你只須具備知道這一點的性格和耐力，透過不糾結其中來克服打擊！

　　「但這說起來容易，做起來卻很難！」

　　在廣告業工作的人們，不會放過「強調」的奇特魔力。品牌建立，以及後續的品牌管理，是市場成功的關鍵。一個好的品牌不只是一個標籤，而是一種體驗，有時候會在不知不覺中影響我們。例如，回到顏色的問題上，幾年前有一個美國市場研究機構，在七喜罐頭上試驗不同的背景色調。有些罐子偏黃，其他則偏綠。沒多久，總部的電話線開始忙碌了起來；那些購買黃色罐子的人說，裡面有一種奇怪的「檸檬」味，而購買綠色罐子的人，則抱怨飲料中的「萊姆」太多。

　　但是，當我們談到人，以及分類和強調對關係所產生的影響時，暴風雨雲便開始聚集。無論我們產生對他人評判的焦點向度性質為何（例如，某種特定的能力或技能），類別屬性的外圍標

準——社經地位、宗教傾向、政治派別、性取向、性別、種族——都會像心理學上的虎杖（一種生長速度極快的植物）一樣纏繞在我們的社會認知過程根部。我們假設，跳到結論，填補空隙，完全按照進化的意圖，從最小的認知努力中，取得最多資訊。

簡而言之，我們開始有成見。

這一點都不令人驚訝。自從大腦開始取代大塊肌肉、飛毛腿和長尖牙以來，天擇就做出了永恆的約束性決定，迫使我們團體行動。這種成群結隊的傾向，很快就加到人類天生的分類能力上，把世界劃分成位元大小的最佳可編碼和最大訊息量的數據塊。我們開始自找麻煩。我們與他們變成好與壞的代表。

我們不僅開始定型，還開始貶低。

要瞭解天擇如何快速安裝我們的部落電路，不費吹灰之力地打開它的詭詐開關，從 50 年代看達特茅斯印第安人隊和普林斯頓老虎隊的殊死對決即可知曉。在餘波盪漾中，我們又學到了別的東西。「我們做的是對的，他們做的是錯的」如何構成強大的道德經驗法則，不僅影響我們的想法，還影響我們所看到的事物。

這種集體與修正之間的聯繫證據，現在已經獲得證實，以致於在信仰形成領域工作的專家——研究我們的態度和觀點，是透過何種精確認知與心理手段形成——一致認為，我們所認同的內群體，在我們的感知中，不僅比那些「不同的人」更友好、溫暖，也更親切、敏銳、精明，對現實有更可靠的瞭解。換句話說，我們不只更喜歡這些人，也更信任他們。

90 年代初期，肯特大學社會心理學教授兼群體歷程研究中

心主任多明尼克・艾布拉姆斯（Dominic Abrams）做了一個非常
優雅的實驗，精準地捕捉到這種現象。艾布拉姆斯首先在一個漆
黑的房間裡，讓 6 名參與者看一場經典的光學幻覺——自動效果
（autokinetic effect）。這個幻覺並不複雜，卻很強大。在大約 15
秒的時間裡，一個靜止的光點在完全黑暗的背景下隨機擺動。參
與者的工作很簡單，在一系列試驗中，他們必須估計聚光燈相對
於其原始位置所走的最遠距離。

有一個問題。

這群人中有一半是共謀。艾布拉姆斯指示他們，要把參與者
的判斷延長 5 公分。另外，艾布拉姆斯還巧妙地操縱了其中一些
祕密特務的社會身分，使他們與真正的參與者有或多或少的相似
之處。

他的問題很簡單。群體「歸屬感」的吸引力，是否會導致參
與者增加他們的估計，以補足他們和相仿臥底者的預估？

答案很簡單：是的。

結果顯示，參與者和誘餌之間的感知差異越大，亦即他們越
屬不同社會群體，估計的差異值就越大。相對的，感知到的相似
性越大，他們判斷的一致性就越接近。

資訊很清楚。同意我們的人是正確的，反對我們的人是錯誤
的。不僅如此，那些「更我們」的人更正確；而越是「更他們」，
就越是落入歧途。

世界末日？！

我的一位老師曾說過：「有事實，就有真相。」

我問他，兩者有什麼區別。

他說：「番茄是一種水果，這是事實；但大多數人不會想把它放進沙拉，這是真相。」

如果你喜歡鼓舞人心的名言佳句，可能會有這樣的印象：在人生的生存撲克遊戲中，「一對真理」能擊敗「事實同花順」。但是，從艾布拉姆斯暗房中的聲音和光線來看，這句話可能有待商榷。這項研究創造了一個幻覺性的主觀現實室，其中真實和非真實的虛構無縫地嵌合在一個身分重疊、競爭的、想像的、發光的判斷力盛宴中。

我所看到的……就是我……就是我們。

事實是，聚光燈並沒有移動。其位置上的任何變化只是一種視覺幻覺。運動感知永遠須相對於一個固定的參考點才會發生，而且，由於所有這樣的點都會自動被黑暗遮蔽，因此任何物件在特定時間的立體位置，都必須保持未定義。

但真相是另外一回事。聚光燈四處遊蕩，有時（真相1）移動相當遠——尤其是對於那些認同魔術師學徒的參與者；有時（真相2）沒有移動那麼遠——尤其是對於那些沒那麼多共同點的人。

事實只能有一套，但真相可以很多。你會在水果沙拉裡放番茄嗎？我不會，但是我們都知道有人會。

這個嚴格控制、精心策劃的研究和現實生活之間，存在著一

個明顯且重大的差別。現實生活中，事實暴露在我們面前，在做出決定並承諾面對結果之後，我們有機會重新思考自己的立場，重新評估並改變想法。

但在這項研究中，情況並非如此。艾布拉姆斯的主要關注點，是真相的主觀變化：聚光燈移動了多遠，而不是事實的主觀變化：它是否有移動。在參與者說出自己的估計之前，沒有人質疑可能什麼都沒有發生，即燈光實際上是靜止的。實驗結束後，他們也沒有任何機會重新思考自己的答案。

這項研究是關於真相。不是事實或事實如何影響真相，而是沒有事實情況下的真相。現實生活則是兩者兼具。

當然，面對新的資訊，改變自己的立場似乎是明智的做法，但我們往往都不夠聰明。我們常常走一條更緩慢、更擁擠和迂迴的路線。我們加倍努力，堅定不移，把信念緊抱在胸前，就像玩具店裡的孩子，拒絕放棄某些爸媽叫我們放回貨架上的玩具。當情感過了保鮮期，最好的辦法就是把它們扔進垃圾桶，用新鮮、健康、有認知營養的產品，來補充我們的信仰貨架。但我們沒有這樣做，反而把信念存放在罐子裡，放在思想櫥櫃的後面。它們不僅礙事，還會占用寶貴的推理空間。

我們用真相來醃漬和保存它們。

關於銷售期限的問題，以下是它的運作方式和原因。早在1950 年代，美國社會心理學家里昂‧費斯廷格（Leon Festinger）對當地報紙上的物件產生了興趣。一個位於芝加哥的末日邪教組織──自稱「尋求者」──拼湊了一個精確到不可置信的預言。

就像金屬啟示錄樂團（Apocalyptica）的展演，這個預言雖然有點自以為是和自鳴得意，它還是很吸引人。在 1954 年 12 月 21 日午夜時分，少數被選中的人指出，世界將毀於一場神聖的大災難，而他們將是唯一倖存者，即將前往宇宙祕密安全屋。

一方面，費斯廷格和他的同事們猜測，他們的邀請函是否在郵寄過程中遺失了，另一方面，如果完全無法想像的事情發生了，他們該怎麼辦？

什麼事都沒有。

雖然感覺很荒謬，但如果預言沒有實現呢？

為了提高賭注，讓事情變得更有趣，費斯廷格，一位群體動力學專家，選擇提出他自己的驚人預言。如果在 12 月 21 日的指定時間，星際騎兵沒有出現，那麼對邪教的效忠，和對邪教領袖——名叫桃樂西．馬丁（Dorothy Martin）的芝加哥家庭主婦——的支持，不會消失在排水孔中，留下其餘安全健康的宇宙，而是將變得更強大。

費斯廷格提出，原因與我們對真實性的需求有關，與我們對「忠於自己」的渴望有關。或者，更具體地說，這是人類大腦進化出來的傾向，確保我們的行為是合理和理性的，與信仰相稱。他指出，如果我們不這樣做，就無法保持自我意識的一致性，也沒有辦法預測別人的行為。

為了達成這個目標，每當我們陷入一個棘手的情況，以致行動與信念相抵觸時，腦中的空氣就會因為心理上的緊張感而變厚——一種令人討厭的計算鋒面，費斯廷格稱之為認知失調——我

們不得不藉由心理重整，來驅散這種緊張感。透過矯正平衡，試圖恢復我們的態度和信念，以及各種決定和自我矛盾主張之間的平衡。

當然，有時候，我們只要透過改變思想的行為就可以達成。如果不是太嚴重的情況，我們都很樂意重新審視自己做的事情，依額外的證據來修正行為。想像一下，你從商店買了一件大衣，回到家後又覺得自己不喜歡它了，而這家商店恰好提供明確的退款政策，你會怎麼做？很簡單。你會把衣服拿回購買地點，要不選擇買另一件，不然就是退費。事實／行為（購買大衣）和信念／態度（不喜歡）間的矛盾解決了。

認知不協調也消除了。

我們以類似的方式，來看看英國脫歐的問題。如果你投票支持脫歐，但最後並不像當初那樣堅決地支持某項觀點（例如：移民問題），那你很可能被所謂的「控制 VS. 削減」論點說服[65]，在其他條件相同的情況下，決定在第二次公投中支持留歐。

---

65 「脫歐」陣營的兩位主要人物鮑里斯・強森和麥可・戈夫（Michael Gove），在整個競選過程都非常謹慎，沒有攻擊移民或相關政策，而是將重點放在表面上相關、但實際上明顯不同的控管問題上。雖然在宣傳期間，大多數人都沒注意到這一點，但我可以確定這個事實——同時說明大規模移民對英國的好處——戈夫和強森都不曾承諾過削減移民，只談過澳大利亞式的、以積分計的移民制度，並向居住在英國的歐盟公民承諾，他們的權利將得到保護。這個暗示意味著，那些合法居住在英國的人將自動獲得無限期居留權，而且優惠待遇比以前更好。

但問題是，正如費斯廷格的推斷，要重塑一個人的行為並不容易。若非因為簡單的可行性因素，往往就是和先於我們的行動，或是其根深蒂固的頑強動機因素有關。這時發生的事就很有意思了。由於已經喪失「時光倒流」或「重新開始」的機會，我們不是改變行為，而是加倍確認信念。我們不會劃定一條不同的路線，而是為正在走的路進行辯護。

這就是伊索寓言裡《狐狸和葡萄》（*The Fox and the Grapes*）故事中，狐狸的命運。這則寓言在費斯廷格遇到追尋者的 2,000 年前問世，是可以出現在任何心理學教科書上的故事。一隻餓極了的狐狸花很多時間和力氣，去搶摘一串掛在藤上的葡萄，但卻徒勞無功。出於後見之明，牠說服自己，牠其實並不真的想要這些葡萄。「喔，那些葡萄根本還沒成熟。」牠宣稱。「我才不想吃酸葡萄呢！」

這種感覺很熟悉。想像一下，例如，在買大衣的例子，你發現商店沒有簡單直接的退款政策，你就頓時卡住了。要協調你已經購買的事實，以及你不再喜歡這件衣服的信念／態度，並消除隨之而來的不和諧，唯一可行的辦法就是改變你對這件衣服的感覺。要「回心轉意」喜歡它，並且下這個結論：它其實沒那麼糟糕。它就是你一直在尋找的大衣！

同樣的，在英國脫歐的例子中，如果你對移民的負面影響，以及歐盟成員資格對英國的有害影響看法堅定不移，而且你的同伴都知道你持有這些觀點——事實上，你甚至可能會在社區裡為這個觀點拉票——那麼，再一次，當面對一系列無可爭議的相反

事實時，為了保持你的行為（支持脫歐運動）和信念（離開歐盟將使英國減少移民和「奪回控制權」）之間的一致性，最簡單的選擇是：拋棄和質疑最新獲得的資訊，加強你目前所持的立場。

舉例而言，你可能會指出，儘管那些發起脫歐運動的人從未明確承諾要削減進入英國的外國移民數，但控制移民湧入顯然是同一件事；而且，大家的潛在共識是，「大規模移民」對英國社會的結構造成有害威脅。

同時，為了支持自己的承諾，你可能會考慮標榜若干英國脫離歐盟的其他「好處」。比方說，可以免受一些過度規定性的法律影響，以及關於更大的經濟自由、與其他國家建立更強大快速的貿易等訴求。

這個難題既瘋狂又荒唐。一個人越執著於自己的論點，對自己立場的心理投資就越大。那麼，提供矛盾的證據，以達到與最初意圖相反效果的可能性就越高。不僅不會如願地促使人們改變想法，反而會讓他們更加堅定，並使資料接收者採取更加頑固的姿態[66]。

結果正如里昂・費斯廷格所預言的，這就是追尋者的情況。

---

[66] 演員兼說書人彼得・烏斯蒂諾夫（Peter Ustinov）講過一個關於長距離賽車的故事。有一天，一名駕駛經過比賽路線上的村莊時，意外將一名觀眾撞倒在地。村民們非常生氣，把駕駛殺死了。後來，那名受傷的觀眾搖搖晃晃地站起來的時候，他們也把他殺了，以此為他們殺死駕駛的罪名開脫。雖然我無法擔保這個故事的真實性，但不管是否為虛構，這都是一個無與倫比的例子，能說明大腦對認知一致性永不滿足的需求。

他們在桃樂西·馬丁精明的精神督導下，提出了一個預言：世界將在一個神聖的巨大宇宙冰桶下滅亡。

事實當然並非如此。

但是，邪教成員是否因此在憤怒和懺悔的恥辱中退避陰影下？不，肯定沒有。等待他們的陰影確實十分陰暗；許多人已經在這個事業中投入大量資金，有人賣掉房子、有人遞出辭呈，結果是全面性的關係破裂。

桃樂西·馬丁的信徒實在無法承認錯誤，這個結論讓他們覺得損失太大了，所以他們沒有這麼做。相反的，「事實」被同化為一個持續進行的說法，將這個團契的妄想信念和行動，即興發揮成華麗的神聖意圖。當星際 Uber 沒能在指定的關鍵時刻出現，將他們的靈魂從即將到來的毀滅中接走時，馬丁在一個很詭異時間點收到一個訊息。這就是她發送到全球各地的光，說明上帝以祂的憐憫之心，取消了這起計畫，給予地球一個暫停毀滅的機會。

不僅如此，相較於該組織在面臨宇宙浩劫前，自主實施的嚴格媒體禁令，災難免除後，新的消息開始廣為傳播，彷彿信徒們的生命取決於此似的。這一點，從各方面來看，確實如此。

原始、客觀、粗糙的現實與原始、主觀、被誤導的個人機構之間，存在這麼多不和諧——而且這些預言家對其幻想所投入的金錢、情感和心理承諾竟是如此之大——以致於讓自己回到正軌的唯一方法，就是留在他們的軌道上。

身分擠壓

自從里昂・費斯廷格在半個多世紀前，首次公布他的認知失調理論以來，這種情況已經屢見不鮮了。導致重度菸癮者罹癌的主因，竟是他們摒棄吸菸習慣，這項證明被斥為「模稜兩可」與「未經證實」；世界各地的節食者也常受困於彈性的暫停機制（「偶爾放縱是有益的」、「我會在健身房多待 30 分鐘」、「含糖量沒有那麼高」），以及想要消滅贅肉的鋼鐵意志。

英國脫歐也參與其中。在英國選擇離開歐盟的六個月後，CNN 對英國選民進行了一次民意調查。他們想瞭解，如果再來一次歐盟公投，結果會是什麼。調查結果非常具啟發性，而且與費斯廷格預測的情況吻合。儘管英鎊貶值，儘管有人指責英國政府沒有制定明確的脫歐計畫，儘管所謂的「留歐派」發表了貶低言論，指稱英國在偏執的民族主義浪潮和民粹主義廢話中，被歐洲掃地出門，儘管近半受訪者都知道此決定會讓他們的經濟遭受損害；在受訪者中，47% 的人說他們會投票支持退出歐盟，45% 的人會選擇留在歐盟，剩下的 8% 民眾則是舉棋不定[67]。結果可說是正如費斯廷格所斷言，脫歐陣營再次獲得了勝利。

如果你不能讓時光倒流，那麼，正如桃樂西・馬丁和她那群怪異的占卜亡命之徒，有時候你無法回頭。

67　2016年6月的實際公投結果是52%（脫歐）和48%（留歐）。

　　然而，近年來，事情開始有了變化。我們處理認知失調的方式和手段發生了重大而明顯的轉變。傳統上，當我們面對與自身信念互相矛盾的證據，並有意積極維持這些信念時，從大量事實縫隙中篩出真相的金塊——對事實進行解釋，使其與我們的想法一致——一直是維持身分認同的必要方法。對我們「真正」的身分，產生強烈而穩定的印象。

　　但在過去幾年裡，一種替代性方案正在穩定地獲得關注。是的，作為信仰的堡壘與價值和原則的守護者，反駁、異議與否定一直是我們的好幫手，但是，完全否定事實卻顯示出追求認知一致性的新出發點，以及對於保持清晰、一致和有價值的自我意識之渴望。這預示著一個嚴重的黨派式「後真相」否認主義的新世界。當然，隨之而來的是「假新聞」崛起。事實曾是公有的，對所有人來說都一樣，但在流量與逐次點擊之間，它正被私有化，我的就是你的，你的就是我的……只要我們站在同一邊，只要我們屬於同一個意識形態部落。

　　也許這並不奇怪。由於此情事常在政府或政治局面中客串，近來出現許多關於後真相價值觀的文章[68]。在部落客吹哨人中名列

---

68 這種現象比比皆是，此處只舉兩例。川普在2016年總統選舉獲勝後不久，知名的川普代理人兼CNN政治評論員史卡蒂・尼爾・休斯（Scottie Nell Hughes）接受美國國家公共廣播電台的《黛安・雷姆秀》（*Diane Rehm Show*）節目訪問時宣稱：「不幸的是，已經沒有『事實』這樣的東西了……因此，川普先生的推特，對於很大一部分人來說，就是真相。」在莫斯科，被俄羅斯總統普丁（Vladimir Putin）任命為國家媒體集團「今日

前茅的議題，是傳統上名聲響亮的新聞機構之線上分裂。注意力經濟方興未艾，其特徵是資訊超載和減少批判性評估內容的出現。在神經行銷、精準投放、搜尋引擎和社群媒體演算法中存在分類偏見，這些演算法並非根據真實性，而是根據使用者的需求和偏好來發送及推播內容。在所有形式的新聞媒體中，醜聞、政治宣傳、詐騙和剽竊氾濫，加上編輯原則普遍煽情、小報化，走向軟性新聞和資訊娛樂；綜合所有因素，過去幾年，已出現一種否認主義、後真相時代的文化和社會徵兆。

　　一方面，可以肯定的是，即使存有世界上最好的意圖，大多數人也會找理由來詆毀我們的選擇，以便為自己的行為製造藉口——反疫苗者、否認氣候變遷者、911 陰謀論者——另一方面，點擊、滑動和捲動已經使我們比以往更容易粉飾事實，甚至完全將其掩蓋，假裝它們並不存在，也永遠不會存在。

　　但我認為，在否認主義、假新聞和主觀客觀性激增的浪潮中，還有一個構成因素，更多關於身分的問題，這是一個更深層的思考。讓我們回到皮爾斯·摩根所說的群體和強調原則；一條線或一個邊界的存在，不只創造差異，還放大了差異。

　　我們在第 10 章中討論過，社會心理學家亨利·塔吉菲爾對人類知識進步的傑出貢獻：如何讓一群未曾謀面的人互相討厭。他

俄羅斯」（Rossiya Segodnya）負責人的記者兼前電視節目主持人德米特里·基斯列夫（Dmitry Kiselyov），對此也有同感。基斯列夫最臭名昭彰的宣言是：「客觀性是一個神話，它是被強加給我們的。」

發現，解決方案非常簡單。只要把他們任意分成兩個小組（紅組
對藍組、勇士隊對老鷹隊……），然後給每個小組一點時間來融
合。很快地，所有人都開始對所屬群體的成員展現偏好，對另一
群體的成員表現出敵對情緒。我們對歸屬的需求是出於本能，甚
至這些所謂的「最小群體」也能使我們展現忠誠。

時至今日，無須贅言，隨著標籤、線上論壇和社群的激增，
最小群體四處湧現，致使我們不斷按下反應敏銳的群體忠誠鍵。
將這些群體維繫在一起的心理黏合劑，通常是對某個目標、個人
或意識形態的厭惡或反感。但即使不在這種情況下，仍有一件事
是毫無疑問的：此刻共存的群體比歷史上任何時候都多，這意味
著群體認同從未如此突出或重要，也從未如此「被擠壓」或受到
威脅。

法國哲學家及人類學家皮耶·布赫迪厄（Pierre Bourdieu）在
其 1979 年的著作《差異》（Distinction）中指出：「差異，是針
對最接近的東西所做的宣稱；後者即代表最大威脅。」

這種差異、這種認同感，可能在任何地方出現。沒有什麼比
一條分隔線更能將其觸發。

舉一個例子。在撰寫此段文字時，線上音樂串流服務 Spotify
列出 4,000 多個線上音樂類別（含子類別）。從「任天堂核」
（Nintendocore，只在舊電子遊戲原聲帶上疊加重擊的、殘酷死亡
金屬的頹廢音樂流派），到色輾（Pornogrind，用抒情方式處理色
情主題）和輾核（Grindcore，死亡金屬與硬蕊龐克的混合）的最
高次類別。

　　人類在差異上運作。電腦可能會努力對兩種音樂形式進行有意義的區別，加以系統化和編碼。就所有意圖和目的而言，本質上是可以互換的音樂形式，但我們似乎刻意要找出一種區別。具體情況是：「純素正派龐克」（Vegan Straight Edge）與「仇恨蕊」（Hatecore），這一對音樂上同卵雙生的流派，在不瞭解的人看來，幾乎有著共同的 DNA。然而，並非如此。如果你完全不熟悉這類音樂，便很難將它們區分開來。但就像同卵雙胞胎的父母一樣，這兩派對立的死忠愛好者會非常樂意詳述兩者的主要特徵。

　　這是一個基本問題。人類作為社會生物，隨著網際網路的引力將我們越來越緊密地聯繫在一起，也就越容易碰到這個問題：身分空間的過度分割，以及因過度擁擠的分類而來的「身分焦慮」。我們區隔不是為了征服，而是為了達成共識。我們把床貼上標籤，然後躺在上面；我們和合意的、志同道合的床伴一起尋求類似的分類鋪位。

　　這種人與人之間的品牌化越是細緻入微、層次分明，界線就越細，距離就越短，人們在緊密、競爭激烈的集體自我認同貨架空間上的距離也就越近，我們擁有的身分感就越高，維護它的欲望和決心也越大。即使我們居於少數，也不會想要適應社會的習俗和規範；我們會採取相反的做法，試圖將社會的步調調整為與我們一致。

　　2018 年 10 月，曼徹斯特大學的學生投票否決「鼓掌」這件事，並以英國手語中代表「無聲的爵士手」動作來取代掌聲，以對患有自閉症、感官問題或失聰者展現更大的包容性。一年後，牛津

大學的學生們也效仿之。2019 年 11 月，演員工會（Actors' Union Equity）發布新的指導方針，英國劇院逐步取消「各位女士和先生」這句話，採用性別中立的說法，以展示對劇組和觀眾中變性成員的包容性。同年 12 月，一名推特用戶在網路上抨擊易捷航空「恐變性人」。在倫敦大學伯貝克學院（Birkbeck College）教授社會科學研究方法的變性講師安迪‧富加德（Andi Fugard）博士寫道：「親愛的易捷航空（@easyjet），貴司是否在進行某種不知名的競爭，想測試你們能多麼強調性別二元論？到處都在說『女士和先生』、『男孩和女孩』，就連香水也嚴格按照『女香和男香』來區隔。像你們這樣的大企業，應該能做得更好才是。」24 小時內，易捷航空迅速採納了富加德博士的建議，並向飛行員和機組人員發布指導意見，以更加「包容和友善」。

　　人人都需要身分感，今日更甚於歷史上的任何時期。我們會捍衛自己的身分，並為之奮鬥。

　　為了更加突出身分擠壓和自衛間的複雜、衝突關係，讓我們回到音樂的主題上。想像一下，你是樂器（例如吉他、小提琴或豎琴）上的音符：A、B、C、D、E、F、G。回想一下，在你的進化史上，第一次從無限連續的可能音調聲音空間中被撥動（或彈奏、挑動、拉動）並被賦予聲學標籤時——為方便提出論點，且說是 D ——在你獨特、七聲道的皮膚裡，你可能會感到很舒適。你的一邊是 C，另一邊是 E，但你們之間有足夠的音域和和聲迴旋餘地，讓你對自己離散的、漸進的身分感到相對安全。你不必為了讓別人聽到你的聲音而奮鬥；人們知道 C 調聽起來像什麼，也

知道 E 的聲音是怎麼樣。

　　但後來出現了升調和降調。半音。隨著它們出現，音調變得多樣化。升 C 插在你和 C 之間，降 E 在你和 E 之間開張。突然間，你緊張了起來，這些新來的孩子離你太近了，你覺得不舒服。發音焦慮症開始發作。我還能像我希望的那樣出色嗎？人們是否仍能在一開始演奏時就認出我？

　　「我必須比以前更努力地成為一個 D。」你對自己說。「現在這些吹奏者已經來到現場，我需要更加小心地踏著我的特殊頻率。」

　　然後……災難發生了！你從小道消息得知四分音符的現身。傳聞指出，在黎凡特和阿拉伯半島的麥地那一帶，有一個新的異國土著音符部落，既不是升調、降調，也不像你一樣是大調，而是介於兩者之間。現在你真的開始擔心了。你想，如果這些跨音調移民開始朝這裡前進，會怎麼樣？你的傳統將被摧毀，就像其他六個主調同儕一樣。每個人在音階中都有足夠空間的說法，都是一派胡言，根本就沒有，而且這裡現在已經額滿了。你們這些主調必須團結起來，挺身而出。升調和降調怎麼做，完全取決於他們，但如果他們是聰明人，就會照著做。因為，別忘了，是他們開始這一切的。

　　有想到什麼嗎？

　　近來，新聞中也出現了類似的音符。混亂、嘈雜的分類音符。界線變得越來越不清楚，邊界更顯模糊。個人身分「尺度」的空間更緊、限制更多。目前在 Facebook 上有 70 多個性別分類、40

多個性向的選項。這不是在擁抱現實的灰階，是將最佳化的黑與白切割成迷你、微型、次優的黑與白。

去年，安東尼·埃昆達約·列儂（Anthony Ekundayo Lennon），一位 54 歲的愛爾蘭裔白人劇場總監，獲得藝術委員會 40 萬英鎊補助金中的一大筆。該基金旨在支持少數族裔的演員——這個族群的身分長久以來遭到誤解。列儂黝黑的皮膚、鬈曲的「非洲人」髮型和獨特的面部特徵，使得大家對他的評斷「不是黑人，肯定就是混血兒」。「地球上的每個人都是非洲人。」列儂說。「至於你是否接受，那是你的選擇。有些人稱我為重生的基督徒，我更願意自稱為重生的非洲人……雖然我是白人、父母也是白人，但我經歷過黑人演員的掙扎。」

他並不是唯一有這種想法的人。前年，荷蘭一名 69 歲的退休老人，在從醫生那得知自己的身體年齡是 45 歲之後，便試圖將自己法律上的年齡減少 20 歲，好讓自己重返工作崗位，並在約會軟體 Tinder 上更吃得開。

「變性人現在可以在他們的出生證明上更改性別。」他爭論道。「同理，我應該也有更改年齡的空間。」

無論這些問題的對錯為何，或是你站在哪一邊，只有一件事是肯定的。在當前全球逆襲的社會氣候中，迅速擴散的年齡、性別、種族和性取向頻道充斥著身分電波，並與傳統二元的男女、黑白、同性戀和異性戀，以及青年、中年和老年的電臺爭奪空間。自遠古時期就開始區分人類差異的邊界，正變得越來越細，越來越模糊、脆弱。身分頻寬正在縮減。現今，在脆弱和波動的性格、

個性與自我身分的頻率之間，被鄰近頻道干擾的可能性，比以往任何時候都大。

這表示我們現在更加保護我們的儀表板；哪怕只是最輕微的調整，我們也變得非常抗拒，而且極為重視保持高品質的訊號強度。這終究意味著，當我們像膽怯的購物者，遇到無法退款的大衣時，可以選擇攤開雙手，放棄信念（「我買這個的時候到底在想什麼？」），或是構建一個真理，使我們的信念與事實對齊（「它其實沒有那麼糟糕」）。但我們都不要。承認自己錯從來就不是我們的強項。現在就連真相也有問題了。即使是將我們的核心、基本信念架構往這邊或那邊挪一點點，只要稍稍偏離我們獨特的個人飛行航線，就有可能進入另一個身分的領空，陷入失去方位的險境。如果負責管理該領空的人有意報復，那對方就很可能會逼近，並從空中擊落我們。

那該怎麼辦？我們做了在這種情況下，唯一能做的事情。撒謊、否認、假裝。對我們自己，對其他人，對世界。我們將資訊「意識形態化」。不是所有人，而是一個新的、成熟的、越來越有發言權的少數群體。也許你對氣候變化的核心信念會受到一份關於溫度異常、碳排放和海平面上升的政府報告而動搖？改變想法或調整你對全球暖化和溫室氣體的立場之「身分轉換成本」，會不會大到你無法承受？這不是問題。譴責該報告和其中的資料是廢話連篇不就得了。

不喜歡嚴格的槍枝管制法？沒什麼大不了的。駁斥媒體對於學校大規模槍擊事件的假新聞，或者，是政府策劃來破壞第二修

正案的陰險和精心計謀[69]？

這就是發生在佛羅里達州馬喬里·斯通曼·道格拉斯高中槍擊案的情事。同樣的事也發生在 2012 年，康乃狄克州紐敦鎮的桑迪胡克小學（Sandy Hook Elementary School）槍擊案——此事件造成 26 人死亡，包括 20 名學生和 6 名學校教職員。由極右派陰謀論者兼美國電台主持人艾力克斯·瓊斯（Alex Jones）主導輿論。

這是一個前所未有、相互關聯、高度自我暴露和無限制的公開接觸時代，信仰、觀點與個人意識形態，在我們的社會和認知

69　當然，陰謀論並不新鮮。新冠病毒此刻正在全球各地肆虐；有人指稱，新冠肺炎最初現身於中國的軍事實驗室，之後以某種方式逃脫了。雖然將矛頭指向某個被汙名化的外團體，可以燃起民族主義熱情，促進內團體的凝聚力，從而在恐懼和不確定時期鞏固內團體的認同感；但是，未經證實的造謠和偏執指控的結果，毋須心理學家來強調。14世紀，當黑死病在歐洲蔓延時，人們同樣不知道這種疾病的起源。不久之後，消息開始傳播，說猶太人必須對這場流行病負責；因為他們在水井中投毒，企圖控制世界。消息導致一連串大屠殺和顛沛流離。同樣的，為了解釋西班牙流感爆發的原因，許多人把目光轉向德國人。資料顯示，在1918年和1920年之間，有多達5,000萬人死於此流感——比第一次世界大戰多出約3,000萬人。1915年在伊普爾（Ypres），德國軍隊從加壓鋼瓶中釋放了氯氣。這是人類在戰場上首次使用化學武器。他們會不會故技重施？病原體會不會被摻入德國製藥公司拜耳生產的阿司匹靈中？德國潛艇不會帶著有毒的小瓶子偷渡到波士頓港，在劇院、火車站和其他擁擠的地方放出病菌，進行生物恐怖攻擊？種種臆測對正在發生的危機進行諸多危言聳聽的包裝，概括了人們驚慌、恐懼和懷疑的情緒。

身分中占據較以往更大的比重。敏銳的洞察力被人格面具掩蓋，正直被形象掩埋。因此，當我們的思考和行為方式受到挑戰時，我們不是為自己辯護，而是為我們的自我辯護。我們貶低、詆毀，不像科學家一樣試圖解決難題，而是像羅威那犬般的律師，摩拳擦掌地想打贏一場官司。

如果我們不能讓時光倒流，不能把信仰拿去退款；如果我們不能構建一個真相，讓事實和虛構唱出同一首讚美樂章，就選擇唯一可以幫助我們恢復內在認知一致性的選項，以維持我們的所想、所信，與行動之間平衡一致的關係。

我們改變情況的事實，不管它們是什麼、情況為何。我們否定、捏造、指責，在公有的現實土地上，提出詐欺性的要求，敲下圍欄和「禁止入內」的告示，把它們變成私有財產。

真實一點

我和多明尼克・艾布拉姆斯坐在一起。他是光學幻覺研究的心理學大師。很久以前、當我還是學生時，多明尼克是我的導師，多年來我們一直保持聯繫。此刻我們正在倫敦購物中心外、英國國家學術院附近的咖啡廳裡。他是學術院社會科學部的副主任。我告訴他，我修正的認知失調理論——即在精確認同的祭壇上屠殺事實的理論——他點頭和撫摸下巴的次數，足以表明我可能說對了。

　　問題是，該怎麼辦？如果現實繼續分裂成緊繃、極權主義的微認同戰場，到頭來將沒有什麼是真實的；因為一切都將是真實的。我們最後會回到喬治‧歐威爾筆下的 1984 年，只是原因完全不同。分散的、去中心化的現實，與其專制、國家贊助的對應物一樣糟糕。要讓現實起飛，就需要民主。

　　「問題核心存在一個巨大的悖論。」多明尼克解釋道。

　　「我們原本就是社會生物，天生的社會性迫使我們以潛在的反社會方式行事。為了遏阻後真相革命的浪潮，阻止假資訊、假新聞的發展，我們必須思考為什麼人們一開始會加入團體；人們崇拜這個神或那個神、支持這個隊或那個隊的理由，或是投票給共和黨、民主黨、保守黨或自由黨的原因。

　　「是的，我們需要安全和地位。是的，我們需要歸屬感，但我們也需要證明自己是對的。或者，至少要讓自己相信我們是對的。要有夠多人在我們周圍，跟我們擁有同樣的想法和感受。這個情況始終沒有改變，從史前時代歷經了幾個世紀，千年來都是如此。我們需要一種印象：我們對世界的認知，我們的態度、行動、信仰和行為，都是對當下情況最正確、最有道德的適當反應。

　　「所以，如果我們能找到一種滿足這些需求的方式，而且是以不會引發黨派忠誠度問題、不會造成部落緊張關係、不會助長我們－他們心態的方式，那就是朝正確的方向邁進了一大步。」

　　當然，問題在於沒有人能夠真正達成這目標。有史以來都沒有人成功實現過。因為我們－他們的區分法，像山丘一樣古老，像海一樣遼闊，像天上的星星一樣耀眼。把「我們－他們」從我

們和他們之中剝離，就像把火中的熱或水中的濕抽離出來一樣，根本不可能。

此外，我們會想這樣做嗎？一方面，我們可能渴望擺脫那些狂熱者，那些有偏見、自大的基本教義派，但是想想在這個過程中會失去什麼。超級盃、披頭四、英國脫歐、歐洲歌唱大賽……我的老天。

藉由鑿開不屬於我們的部分，來雕塑我們是誰。

該如何區分那些患有「末期群體識別障礙」（Group Identity Disorder）[70] 的人，和那些具「可接受的偏見」者，即在光譜上位置較高、但不屬於臨床上有黨派傾向的人？就像在無限連續的色彩空間中，存在一細長列的基本和原色調，以及在標準音階中的七個主要音符譜表；在社會中，我們應該在哪裡設置我們的身分取景器，以便在無數的自我電波中，提供最佳的頻道數？我們怎樣才能取得那個難以捉摸的最高效打擊點，使部落數量達到最大，而混亂程度減至最小、衝突程度最低，對我們溝通能力的干擾也最少？

這是一個沒有答案的問題。誰該回答、誰該負責校準這些取景器設定，以確保任何特定核心人口統計網絡——性別、政治派別、性傾向、種族——的適當管道和頻率，它們的強度和數量，它們之間的區分程度，這本身就是一個問題。政府？法院？政令機構？如果歐威爾至今仍在世，並正在寫作《2084》，那麼人類

---

70 目前為止，這只是虛構的情況，但是臨床分類學家已經開始注意到了。

社會是否不僅有思想警察，還會有類別警察？

英國在 2020 年的新冠病毒危機中，幾乎面臨人類有史以來最嚴峻的取景器困境。我們是否把取景器放大，把自己當成個人，出門、拜訪朋友、去工作？或者為大局著想，顧全老人和弱勢群體？最後，政府為我們回答了這個問題。嚴格的社交距離規範（每個人應該保持至少 2 公尺的距離），工作（誰可以繼續工作、誰不可以），以及超市禮儀（對購物量施加限制）。換句話說，議會將我們的個人取景器國家化，並將其牢牢固定在景觀上。這些措施獲證是有效的，因為把「他們」靜音，激進的自我利益也隨之淡出，在整個電波中只剩下單一的、堅定不移的認同音符。

「我們」[71]。

但是，這些措施是否真的能喚起我們的優良人性，還是像我的著作《購物台專家為什麼能說服你？》所預測的，無意中發射出自我利益的影響力銀彈；這是爭論的焦點。在危機的早期階段、病毒開始流行的時候，多明尼克在肯特大學的同事吉姆‧埃弗雷特（Jim Everett）進行了一項研究，看看哪些類型的資訊，能夠最有效地讓人們遵守政府頒布的規定。結果發現，相較於明顯側重

---

71 請注意此處背景脈絡對於取景器的正確設定所發揮之作用。請回想第11章，那名英勇的英國上尉——他把受傷的德國士兵送回他在前線的同袍身邊，因而犧牲了生命。他的取景器，便是設置在特寫鏡頭。當我們不在同一陣營時，關注個人而非群體是好事；然而，當我們在同一陣線時——就像與新冠病毒的戰爭中——設定的實用性就會翻轉。縮小畫面，關注群體而非個人層面，構成了凌駕一切的道德要求。

於擁抱「新常態」的道德立場，或從功利的角度來看，如果不遵守「將對每個人的健康造成影響」的訊息，強調「維持朋友和家人安全日常之義務與責任」的重要性資訊最為有效。

但是，研究中明顯缺乏另一種訊息：能反映個人無視新措施之社會成本的資訊——羞辱、不認可、排斥[72]。我猜想，這應該是所有資訊中最有力，而且很可能是英國政府廣發簡訊背後的想法，即通知更嚴格的離家限制。每個人都參與其中，就不會有抱怨或藉口[73]。越多人是「我們」，「他們」要付的代價就越大。

多明尼克接過話頭。

72　2020年4月的一項研究，檢驗了政治修辭多年來的變化，發現與群體或團結有關的言語（如「民族」、「社區」、「團結」）從20世紀早期經濟大蕭條時期的某個時間點開始，取代與責任和義務相關的言語（如「法律」、「秩序」、「權威」）。政治說服力的敘述從強調遵守規則，轉為與團結和群體認同有關的論述，此一重大轉變幾乎完全以這三個因素為前提：西方民族主義在這個時期的崛起、真正的泛民族意識出現，以及人們從農業社會向城市社會的大規模移動。這項研究由維吉尼亞大學社會心理學研究生尼古拉斯‧布特里克（Nicholas Buttrick）領導，共分析了三個不同國家（美國、加拿大和紐西蘭）、700多萬字的政治演說、1,666份文件；其中最早的文獻可追溯到1789年。

73　值得注意的是，在啟動社交隔離措施後，德比郡的警員被批評過於「嚴厲」。他們使用無人機拍攝在峰區（Peak District）散步的人，然後將照片發布在社群媒體上——這個決定隨後導致人民呼籲各員警部隊在執行新規時，須保持態度一致。為此，政府與英格蘭和威爾斯警察聯盟、國家警察局長委員會以及警察學院合作，制定了一個常識性做法——「4E」原則——以確保人民遵守新的法規：參與（Engage，鼓勵主動守法）；解釋（Explain，指出不守法的風險）；鼓勵（Encourage，強調守法的好

「我當然不是想在這裡寫一首約翰・藍儂（John Lennon）的歌。」他極力指出。「我不是說，『想像一個沒有我們和他們的世界，只有我們』。我要說的是，在某些時候、某些背景和情況下，重要的是，我們必須非常注意如何管理自己的需求和歸屬感，以及它所意味的一切。

「這並不難，而且有科學根據，我們需要的只是意願。例如，我們知道，創造一個心理安全的環境，讓一個人的世界觀或自尊受到損害的風險減輕——藉由強調擁有好奇、好學探究，和不因為被批評或否定的證據而感到威脅的開放心態——這有利於創新和尋求新的解決方案，也滿足了我們對身分認同的基本需求。對於自主權、自決權以及自我正確的需求。

「同時，透過促進問責文化，讓個人對他們的錯誤或決策負責，藉此激勵不把事情搞砸的反向需求，也能達到同樣目的。」

多明尼克繼續說。研究還顯示，雖然我們傾向於推遲來自外群體的影響，以維護內群體的身分認同，但是導向更高一級身分認同概念的訊息和干預措施，如美國人、歐洲人、氣候變遷或新冠肺炎，以及喬治・佛洛依德之死[74]——人類，可以大幅減少與群體有關的偏見，並將所有人凝聚在一起。從最小、最偏遠的島

處）；執行（Enforce，勸導或驅逐人們回到住所，必要時得使用合理武力）。

74 正如當時推特上的迷因所說：「問題不是黑白對立，而是每個人都在對抗種族主義者。」

嶼，到最大、最喧囂的城市；從最富有、強大的億萬富翁，到經濟相對不穩定的單親家庭，全都在一個說服力的屋頂下。

2019 年年中，英國民眾就脫歐的看法分成兩半。離歐者的大隊人馬聚集在一邊，留歐派的軍隊在另外一邊。戰線劃得如此鮮明，以致於人們的關係因而嚴重分裂。六個月後，2020 年 3 月，疫情爆發，我們從未如此團結。

新冠病毒已經奪走許多人的生命，創下無數悲劇。但從國家的角度來看，這可能反倒拯救了所有人。

多明尼克告訴我一項研究。兩組各由四名參與者組成的小組（AAAA 和 BBBB）在不同房間裡，討論某個問題的解決方案。「冬季生存問題」：飛機在 1 月中墜落樹林，他們必須將從飛機上打撈出來的物品（例如：一把槍、一份報紙、一桶豬油）根據其對生存的重要性進行排序。兩組人圍著一張八角桌，敲定了一項聯合提案。但是，和以往一樣，有一個問題，跟座位排法有關。在這項研究的一個變異版中，各組仍然是完全隔離的（AAAABBBB）；在另一種情況下，他們是部分隔離（AABABBAB）；而在第三種情況下，則是完全融合的（ABABABAB）。

結果令人難以置信。這種初階心理音樂椅子遊戲，不僅大幅減少了完全融合的內群體偏見，而且還提高合作程度、友善評比與成員對共同解決方案的信心。

另一項研究中，他繼續說，在美國德拉瓦大學的足球場上，黑人與白人混合組成的採訪者——有些人戴著地主隊的帽子，使他們成為同樣的、明顯的內群體；有些人戴著客隊（西徹斯特州

立大學）的帽子，沒有賦予他們外加的親近性或更高階的共同點——調查白人地主隊球迷喜歡的食物。

研究人員最感興趣的，當然是黑人採訪者的表現。他們當中哪一邊讓球迷更有興趣回應？答案顯而易見，就在你眼前，但也不那麼明顯，以致於執行者和政策制定者沒有更加關注高階者掩蓋差異和偏見的力量。正如我們所料，戴著地主隊帽子的人贏得了球迷的回應。

「原因很簡單。」多明尼克解釋。「在足球場的小眾黨派氛圍中，種族這一文化龐然大物突然被體育忠誠的需求，擠到群體身分之特殊背景的啄食順序上。一時間，你現在支持誰，變得比你來自哪裡更重要。」

「所以球隊顏色勝過膚色？」我猜想。

多明尼克笑了。

「的確如此。」他說。「當然，如果你聽過我的演講，就會知道這一點。我敢打賭，你一定希望自己多年前就能注意到這件事，不是嗎？」

他是對的。我確實希望自己能更加注意，只是在過去的日子裡，「我們」和「他們」的重要性只比今天稍微薄弱了一點點。它當然還是存在的，仍然在四處遊走。在我的印象中，你不是「布勒合唱團」（Blur）就是「綠洲合唱團」（Oasis），而「辣妹合唱團」（Spice Girls）中有五個人可以吸住你的認同感眼球。事實上，如果 Spotify 加入另一個音樂標籤，稱之為「身分認同流行」，那麼高貴辣妹（Posh）、運動辣妹（Sporty）、猛辣妹（Scary）、

寶貝辣妹（Baby）和嗆辣妹（Ginger）都會有資格成為創始成員。
但當時 Facebook 上肯定沒有 70 幾種性別，因為，Facebook 根本
還沒有出現。

　　在矛盾和自我的內生荒謬性中，真相——很久以前在河流和
湖泊邊、樹冠和洞穴裡，在古老非洲的殺戮地點和篝火周圍出現
——和我們一樣，一直存在。而且，也和我們一樣，被戰爭、瘟疫、
碳排放分隔，再也不會離開了。

　　沒有「他們」，就不可能有「我們」。

　　是他們讓我們有了自己。

激進分子的智慧

顏色是一切，黑與白則更甚其上。
——多明尼克・魯斯（Dominic Rouse）

2016 年 6 月 29 日，41 歲的阿拉伯聯合大公國公民艾邁德・阿爾・門哈里（Ahmed Al Menhali）是阿布達比一家商業行銷公司的老闆，他站在俄亥俄州亞凡市的一家飯店外，用阿拉伯語講電話時，被一群武裝員警大聲吼叫，命令他趴在地上。三週後，在佛羅里達州的棕櫚海岸，兩名坐在車裡玩擴增實境遊戲《寶可夢 GO》（Pokémon GO）的青少年，被當地一名持槍的屋主開槍擊中。2017 年 2 月 23 日，在曼徹斯特的萊文舒姆火車站，員警用五萬伏特的電擊槍，電擊一名盲人。

三個獨立的事件，都有一個共通點。在每一個事件中，主要的受害者都位於一個惡意分類錯誤的端點，隨後導向其攻擊者對現實認知的怪異扭曲。

在阿拉伯聯合大公國商人的案件中，他穿著傳統的白色坎杜拉（及踝長袍），戴著頭巾，並用母語交談。這促使飯店職員打了 911，報案說「有一名可疑人士拿著一次性電話，他戴全套頭

飾……說著對伊斯蘭國宣誓效忠之類的話」。

在佛羅里達州《寶可夢GO》玩家的案件中，屋主在凌晨被「從家門口傳來的巨大噪音」吵醒。他看到兩名青少年坐在車上，當他走近車輛時，聽到其中一人說：「你有拿到什麼嗎？」這讓他相信他們是罪犯，隨後便走到汽車前面，命令兩名青少年靜止不動。但汽車加速向他駛來；他認為車子的前進不是出於恐懼，而將其理解為逃避，最壞的情況甚至是企圖殺人。

在盲人的案件中，他的摺疊式手杖被視為武器。民眾向警方報案，稱有人帶著槍枝在火車站徘徊。警察抵達時，早已將盲人男子歸入「槍手」這個錯誤類別——正如俄亥俄州警察將該阿拉伯商人歸為「恐怖分子」類別的一員。因此，當他們帶著泰瑟槍和警犬出現在月臺上時，他們「看到」的不是拿著摺疊手杖的盲人，而是拿著手槍的瘋子。

心理學家和大腦科學家已經關注分類的黑暗面一段時間了。雖然在上述事件中沒有人喪命，但所有受害者都遭受巨大的心理創傷。即便如此，他們也算幸運了。有時候，那些位在分類錯誤端的人，下場就沒那麼好了。在錯誤的時間，出現在錯誤的地點，可能會導致災難性的後果。

2014 年 8 月 9 日中午後不久，在密蘇里州佛格森（聖路易斯北郊）的坎菲爾德路上，達倫・威爾遜（Darren Wilson），一名 28 歲的白人警員，朝 18 歲的邁克・布朗（Michael Brown）射出六顆子彈。當時，這名黑人少年衝向他，右手模稜兩可地插在襯衫下面的腰帶上。幾分鐘前，威爾遜和布朗起了爭執；布朗是當

地一起便利商店偷竊案的嫌疑人。爭吵過程中，他曾多次對威爾遜施以拳腳，據稱他還搶奪威爾遜的槍，然後跑走，隨後在搏鬥中，槍枝意外走火。威爾遜下了車，開始追趕布朗，朝他開了一槍，但沒有打中，同時繼續大喊叫他停下、趴到地上。

最後，布朗確實停下來了，但卻沒有聽從警員的指示跪在地上，而是（據威爾遜所說）發出一聲「低吼」，開始向他跑來。威爾遜的最後一顆子彈打碎了布朗的頭骨，當場結束這個年輕人的生命。

邁克・布朗的槍殺事件登上全球新聞頭條，追悼會和燭光守夜很快地轉變為全面性的公民動亂。佛格森居住的社區以黑人為眾，當地居民多次與執法員警發生衝突——在 911 事件後，這些人就武裝起來，身著防暴裝備，用武力併吞該市的敏感地區。殺人事件發生後，目擊者聲稱布朗是在逃跑時背部中槍，還有人說他明明就有舉起雙手，種族問題才是這個事件的核心。

終於，曲折的法律程序告一段落，陪審團做出宣判。達倫・威爾遜不會因謀殺邁克・布朗被起訴。緊繃的氣圍再次爆發。聖路易斯郡檢察長羅伯特・P・麥庫洛赫（Robert P. McCulloch）認為，並沒有足夠證據來反駁威爾遜的說法，亦即他是出於恐懼而發射子彈。另外，鑑識證據與證人證詞都證實了威爾遜的事件報告。

「我們可能永遠不會知道真相。」當時的美國總統巴拉克・歐巴馬（Barack Obama）評論說。「但是威爾遜警官和其他犯罪嫌疑人一樣，都享有正當程序和合理懷疑準則的好處。」

關於佛格森事件中，正義是否得到伸張的爭論仍持續延燒。

2014 年 11 月，達倫‧威爾遜因擔憂安全問題辭去他在該鎮的職務，此後都沒有再工作。2016 年 5 月，邁克‧布朗的母親萊斯利‧麥克帕登（Lezley McSpadden）出了一本書，講述她兒子的故事。有一段錄影顯示，布朗在被槍殺前不久，到便利店交出一個可疑的包裹。走出便利商店時，他猛力推開一名似乎正在善意提醒他的店員。店員的謹慎可以理解。她寫道：「僅僅 18 秒……並不能夠說明一個人 18 年間的一切。」

　　歐巴馬是對的。我們永遠無法確定，當天在佛格森發生的事件真相。但我們可以肯定的是，依據種族，對於意圖、動機和行為進行主觀分類，會使人們看到不存在的東西；不管是槍、拔槍動作，還是舉手投降的意圖。

　　北卡羅萊納大學的心理學和神經科學教授奇斯‧裴恩（Keith Payne）比任何人都瞭解這點。早在 2001 年，達倫‧威爾遜和邁克‧布朗事件大約 13 年前，他就開始回答一個簡單的問題：我們對種族的分類方式，是否真的影響我們看到的事物，還是其實是分類的效果，更加微妙且更具「心理」特性？

　　為了找出答案，他進行了一項研究。他向參與者——通常是大學生——展示一張白人或黑人臉部的圖片，緊接著是一張手槍或手動工具（如鉗子、虎頭鉗或電鑽）的圖片（見圖 1）。任務很簡單：受試者須盡快識別物體——是槍還是工具。

① 白人參與者看到一張有白人臉部或有黑人臉部的圖片。

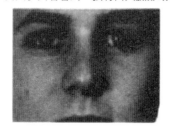 

② 看完臉部圖片後，參與者接著會看到下圖物品之一，並須儘快將其歸類為槍枝或工具。

▲圖1：白人與黑人；槍與工具。

他的發現對所有人都是一記警鐘。在一個經驗性的預感中，看到了大約15年後在西部各州發生的事件，不只是學生——他們在大多數人的種族主義、仇外心理的偏執者名單中幾乎不占首位——在看到黑人的面孔後，更容易將第二張圖辨識為武器，而在看到白人面孔後則將其辨識為工具。正如裴恩的報告，他們還「在看到黑人面孔時，比看到白人面孔更容易謊稱自己看到槍」。

但是為什麼？確切地說，「膚色」這個類別到底是什麼內容，導致這種膝跳式的錯誤判斷？

由心理學副教授喬許‧科雷爾（Josh Correll）主導的、科

羅拉多大學波德分校的神經科學家小組，在 2006 年的一項研究中，提供了答案。科雷爾和同事讓研究參與者玩一種稱為「武器識別任務」的電玩遊戲。遊戲中，他們會看到短小精悍、快速射擊的武裝與非武裝男人影像──有些是黑人，有些是白人；有些揮舞著槍，有些拿著錢包或手機──他們必須在瞬間決定是否開槍（見圖 2）。

▲圖 2：武裝及非武裝的人物影像。左圖──歐洲裔美國人拿著錢包；右圖──持槍的非裔美國人。

　　研究人員感興趣的是，種族是否對參與者完成任務的反應時間有影響；裴恩五年前報告的知覺偏見，是否真的轉化為一種明顯的攻擊性反應模式。但這並不是全部。他們還想知道，參與者在面對轉瞬即逝、生死攸關的決策，與在處理不同的突發事件時，他們的大腦中發生了什麼事。

　　為了做到這一點，他們讓參與者接上腦電圖儀器，測量「事件相關腦電位」（ERPs）──大腦電活性的波動，為接觸特定刺

激的直接結果。

如果裴恩的發現還不夠聳動，那麼科雷爾與其團隊的發現，會將事情推向另一個高度。參與者不僅在面對持槍的黑人和持槍的白人嫌犯時，前者讓他們拔槍速度更快，而且決定不向非武裝白人開槍的速度，比對非武裝黑人更快。

腦電圖揭示了原因。在參與者執行任務的過程中，研究人員深入探究他們的大腦，發現他們在處理各種情況時，沒有採用客觀、冷靜的二分法──武裝與非武裝，事實上，他們採用的分類框架，雖然是二元的，但並不客觀和冷靜。

黑與白。

更具體地說，參與者在面對武裝的白人和黑人時，很快就扣了扳機，這沒有問題；問題是，他們在面對**手無寸鐵的黑人**時也會扣扳機。唯一沒有引起警鈴大作的刺激物類別是非武裝白人。

科雷爾和共同作者們從進化論中得出的底線，似乎是不可避免的。「人類為了生存，必須善於偵測環境中的威脅。」他們總結道。「因此，注意力的過程，以及隨之而來的『事件相關腦電位』，應該區分威脅和無害的刺激物。在遊戲的背景下，武裝目標構成威脅：他們是『壞人』。但是，從文化的刻板印象來看，即使是手無寸鐵的黑人，也可能被視為威脅。」

裴恩和科雷爾的研究表明了分類過程潛在的三項基本原則，這在本書中已經過多次討論。首先，這種做法是生存的基礎。第二，這往往是無意識的。第三，它是會引起幻覺的。換句話說，我們不會把看到的東西分類，而是看到被我們所分類的事物。事

實上，這種分類的本能是多麼基本、無意識和容易引發幻覺，可以從匹茲堡大學心理學家在 1980 年進行的簡單研究中得知。研究人員向一群六年級學生展示一系列線圖，圖中描繪兩名學生在各種模糊的情境中互動的狀況。這些場景都附加了這些互動性質的口頭描述，例如，一個男孩在走廊上撞到另一個男孩，或者一個男孩跟另一個他並不熟悉的男孩索要午餐的蛋糕。

　　這個實驗雖然簡單，卻並不像它看起來那麼直接。那些線圖並不完全一樣，有一個微妙但關鍵的區別。圖中描繪的、在走廊相撞的兩人，或搶蛋糕的男孩中，有一半是白人，一半是黑人。此外，為了研究目的，六年級學生也被分成兩組：白人和非裔美國人。他們的任務很簡單，就是在七分制的量表上，評出他們認為該事件的友善或威脅程度。

　　研究人員想知道，圖片中描繪的人物種族，是否會影響學生的評分？此外，這是否也取決於孩子們自己的種族別？

　　第一種情況，答案是肯定的；第二種情況，答案是否定的。結果顯示，當撞擊者和搶蛋糕者是黑人時，評測者會將他們的行為視為比白人更惡劣、更具威脅性。但令人難以置信的是，無論評估者的種族為何，這種偏見都存在——無論是白人還是非裔美國人學生。他們都認為黑人演員的行為和舉止明顯更具敵意和攻擊性。這表示，分類行為不僅很早就開始，而且刻板印象的根源如此之深，以致於誘使群體表現出對自己的歧視性偏見。

　　但這個故事還有另外一面，很少被提及但是同樣重要的一面。刻板印象讓人類存活下來。

　　幾年前，我和朋友在非洲進行野外研究。一天傍晚，我們沿著一條泥土路漫步，他突然跳了起來，落在路的另一邊。當他終於恢復平靜時，他指著路的一側，在那裡，從灌木叢中盤旋而出的，是一根彎折、扭曲的樹枝，看起來就像一條蛇。對他來說很幸運的是，那不是蛇；他最嚴重的傷害，是自尊心受挫。但是看起來很呆，總比死了好。最好是偽陽性（以為樹枝是蛇，其實不是），而不是偽陰性（以為是樹枝，但其實是蛇）。換句話說，更好的做法，是把所有蛇形的樹枝都想成是蛇。

　　當然，差別在於，樹枝沒有感情。把所有樹枝都看成蛇，並不會威脅到世界上的樹枝民族，也不會引起歧視或壓迫。然而，搭乘地鐵時，將一名穿著傳統服裝，留著鬍鬚，拿著《可蘭經》，揹著背包的穆斯林男子視為恐怖分子，可能就會帶來麻煩，正如俄亥俄州亞凡市的警員那樣。

　　但是為什麼呢？兩件事不是一樣的嗎？你可能會有個模糊、不舒服的想法，想下車改搭下一班車。難道將樹枝誤以為是蛇，跟對疑似要拔槍的人開槍，兩者間有不同嗎？

　　寧可偽陽性，也不能偽陰性。

　　刻板印象的真相是，它讓我們迅速做出判斷。有時候這些判斷可能是錯的，有時可能是正確的，但重點是這些判斷出現得很迅速。而有時，快速判斷正是生活中所需要的。

　　作家寇特‧馮內果（Kurt Vonnegut）曾說過一段話：「人生發生得太快了，你根本來不及思考。要是能說服人們相信這一點就好，但是大家都堅持要累積資訊。」有很多關於刻板印象的負

面文字，不可否認，偏見是一個問題。但同樣的，有些刻板印象也可能救我們的命。這就是為什麼我們根據小資料做出重大決定的能力——重視效率而非準確性——在人類進化過程中首先演變出來。

再舉個例子。想像一下，你在一個陌生的城市，夜晚在人行道上行走，四個身穿連衣帽衫的青少年不知從哪裡冒出來，開始跟在你後面。你會如何反應？現在問自己同樣的問題，如果是四個穿商務套裝的男人呢？

多數人對這兩個問題的答案非常不同。刻板印象就像足球比賽中的守門員，表現好，事實上幾乎沒有人會注意到；守門員不像前鋒，很少得到應得的榮譽。但是，一旦你出現失誤，讓對方進球，就會瞬間成為千夫所指。

刻板印象已經被定型了，這不是件好事。但在很多時候，它讓我們能繼續待在遊戲中，問題是我們並沒有注意到。

我們在無知中瞥見否認和壓抑的幽靈。刻板印象是一種極端主義的行為，而極端主義的口碑很差。當你過馬路時，看到幾個穿連衣帽衫的人從轉角走過來，你就會向開放、包容的心靈廣場投擲炸彈，炸毀往好處想的機會。但這是一條我們每個人必須跨越的路、必須面對的真相。你和我，我們是極端分子。你、我、阿道夫·希特勒和奧薩瑪·賓拉登，我們都是極端主義者。你和川普、我和普丁，我們所有人都是極端主義者。從我們來到世上那一刻起，就展開了極端主義的生活，沒有人能夠免疫。因為如果我們不是極端主義者，我們就不會、也不可能成為任何人。

舉一個簡單的例子。你坐著，然後站起來。也許你已經在電腦前工作了幾個小時，決定去喝杯咖啡。無論你喜歡與否，就連這種基本的、站起來的動作，都是一種極端主義的行為。它可能看起來不是，但它是。它可能和將一架 757 客機開進世貿中心，或炸毀馬德里火車站的行為大不相同，但在基本生物學的層面，在深層神經學的層次上，全部都是相同的。我們要不就做這件事，或者就不做。在人類大腦的基石中，有共同的生理根源，差別在於這些不同類型行動的後果。一旦執行這些動作，會有什麼後果，以及預期這種表現的大量而複雜的偶然性、背景性資訊。

這些行動之所以基本上是相同的，要歸結於基礎生物學，也就是人類大腦做決定的底層機制。構成人類中樞神經系統的細胞（或神經元）透過電化學傳輸相互溝通。來自內部和外部環境的刺激——疲勞感、大廳傳來的誘人咖啡香——引起細胞化學成分的變化，從而使其產生電信號。

那麼，對於我們做的每一個決定——喝的咖啡、走的街道、要轟炸的火車站——神經元都會進行投票。開火——產生電信號——意味著它們贊成這個決定，不發射意味著不贊成。如果動議通過，我們就會去做；如果不通過，很簡單，我們就不做。

但與政治上的投票不同，例如，在眾議院或下議院的決議；棄權不是我們神經系統選民的選擇。一個神經元要不是啟動，就是不啟動。沒有電化學圍欄可以讓它把突觸的屁股停在上面。沒有緊張兮兮、刀口上的重新計票，或無止境的二次公投。它們是黑白分明的，是或否，不是接受，就是離開。我們的腦細胞和神

經細胞，根據神經生理學家所稱的全有或全無原則開展工作。這意味著，當涉及人類行為時，要不是起身去喝咖啡，要不就是繼續努力手上的工作。在這個過程中的任何時刻，我們在想什麼都不重要。我們很可能對休息感到「三心二意」，而且為之苦惱幾個小時，但在一天結束的時候，當我們做了什麼和沒做什麼的帳本被提交公審時，結果就再簡單不過了。

不是咖啡因就是累趴，不是雙塔就是毀滅。這是個非此即彼的問題，沒有兩種做法。

我們做的每一個決定都是在劃線，一條在我們做決定之前和之後會發生什麼事的線。這條線是時間上的（「當時」和「現在」）也是空間上的（「這裡」和「那裡」）。它可能只代表幾毫秒或幾公分的差異，但這並不重要；任何形式的行動都涉及選擇，任何種類的選擇都是關於這條路或另外一條路。跨越時間的路徑，跨越空間的路徑。如同我們也不可能在同一個時間點，出現在兩個地方。我們是顛倒的極端主義者。

我們的大腦是激進化的坩堝。當一個神經元做出決定，就不會更改。

這意味著我們有個問題：我們的大腦可能被一個「全有或全無」的莽夫中心所掌管，由狂熱、革命的神經元組成的激進民兵控制。但是我們的生活，是用不同的分類語言編碼和加密而成，屬於完全不同的形而上的一致性。我們生活的世界並非二元對立、黑白分明，而是連續的；我們居住的環境並非是或非、此或彼、這一個或另一個，而是充滿也許、可能性和灰色地帶。

　　這項矛盾既尖銳又難搞。如果大腦體現了一種不可估量的、迷宮般的論戰、基本教義、孤注一擲的指揮細胞集合體，那麼它們必須回應的行動指令就構成與其極端分子的電化學協定完全不相容的陌生任務。但我們還是會回應，因為我們需要做決定，需要區分蛇和棍子，搶劫者和非搶劫者，恐怖主義者和非恐怖主義者。這就是事情的真相。

　　在架構本書的過程中，我們一次又一次地看到界線為何是人類最大的保護機制。劃線會產生差異、創造類別，它將資訊叛亂、認知和感知混亂的威脅擊倒，將不守規矩、掠奪性的他者——如心理學家威廉・詹姆斯所述，近似的、附屬的、不斷侵襲的「待認識的現實完整性」刺激——逼到牆角，隔離在密封的心理現實圈中。這樣一來，蜂擁而至的一切都在概念上呈現為單一、分離和孤立的類別，並且是可控制和遏止的。

　　亞伯特・愛因斯坦曾說：「一切都應該盡可能地簡單，但是不能更簡單。」

　　界線就是我們簡單性的魔法杖。然而，問題是，簡單性位於一道光譜上，而且是不可測量、無限複雜的光譜。

附錄一

語言學與色彩認知

基本色彩詞彙（Basic Colour Term，BCT）

　　1969 年，美國人類學家布倫特‧柏林（Brent Berlin）和語言學家保羅‧凱（Paul Kay）提出一項概念：不同文化間的顏色感知差異，主要集中在該文化擁有的「基本色彩詞彙」數量差異。基本色彩詞彙是指用以描述各種物體的顏色單詞，在日常生活中被該語言的大多數母語者頻繁使用。

　　現代工業社會的語言包含數以千計的色彩詞，但基本色彩詞彙卻只有少數幾個。舉英語來說，有 11 個：紅、黃、綠、藍、黑、白、灰、橙、棕、粉、紫。斯拉夫語則有 12 個，其中淺藍色和深藍色有各自的基本詞彙。

　　各種原住民族語中，例如巴布亞紐幾內亞高地的達尼族語、納米比亞北部和安哥拉南部辛巴族（Himba）人的赫雷羅（Herero）方言，基本色彩詞彙的數量更少，有時只有兩到三個。相較於主流現代語言的基本色彩詞彙，其描述顏色空間的指針跨度就大上許多。

　　事實上，追蹤語言發展的過程中，會發現基本色彩詞彙的積累是漸進式的。典型的情況是，先發展出對狹小範圍內的物件和

屬性描述，其中包括顏色以外的物理特性用詞，例如毒性和成熟度。這些狹義的描述性參數，逐漸擴大至更普遍、抽象的意涵，最後形成一個純粹的顏色意義。

原色

原色是指經過組合，可用來創造其他色彩的顏色。人們普遍認為原色有三個──紅、黃、藍，綠色有時也會被列為第四個。

光譜色

光譜的顏色，或者說是彩虹的顏色，定義了共同構成白光的顏色──如艾薩克・牛頓首次透過稜鏡，對一束太陽光進行分解實驗所得證的。普遍的共識是，（可見）光譜由七種顏色組成──紅、橙、黃、綠、藍、靛、紫。有些評論家對「靛色」的認定很嚴苛，主張將其排除在外，理由是它與「紫羅蘭色」的區別不夠明確。

附錄二

認知封閉需求評估量表

做！決！定！這是我們日常中無法避免的事情。巧克力還是草莓？加勒比海還是希臘群島？孩子還是事業？有些人很善於下定決心和駕馭不確定性，但有些人卻要花上幾個小時，糾結於微不足道的事情。你屬於哪個陣營？不能下決定嗎？那麼，這個簡單的測驗可能會有幫助。要知道答案，請衡量你對以下每項陳述的同意程度。如果你非常同意，請給 3 分；同意，請給 2 分；不同意，請給 1 分；強烈不同意，請給 0 分。最後，請將你的分數加總，並對照量表檢查，以瞭解你對認知封閉的需求程度。

一、在餐廳裡，我通常是最快點餐的人。

二、如果打電話給別人，對方沒接，我會在響七聲之內掛斷電話。

三、我比較喜歡制定「行動計畫」，而不是「見機行事」。

四、一旦我下定決心，就很難被其他人說服而改變心意。

五、等別人的電話，會讓我發瘋。

六、我很遵守規則和例行規定。

七、我喜歡事情是黑白分明的；越是有灰色地帶，我就越煩惱。

八、如果我在看電影時不得不中途暫停，我比較希望有人告訴我結局，而不是之後再重看一遍。

九、我不擅長應對冗長的協談。

十、驚喜派對容易讓我感到害怕。

十一、我非常同意柯林‧鮑威爾（Colin Powell）的 40 ／ 70 規則：

> 一個人在做決定時，應該蒐集 40% 到 70% 的現成事實和資料，然後依照直覺判斷。掌握不到 40% 的事實就太冒險了。但是，**繼續蒐集到超過 70% 信心水準**的資料，意味著你可能錯過機會，其他人可能利用你的猶豫不決而得到好處。

你的分數為何？

0-11：思路全年 365 天、每天 24 小時開放。

12-17：大腦基本上屬全天候運作，但在特定期間會關閉。

18-22：思考和生活達成良好平衡。

23-28：需要一些思考的時間規範。

29-33：會考慮另類觀點和其他可能性，但僅限預約制。

框架簡史

　　18 世紀德國哲學家伊曼努爾・康德是最早寫到框架——最初被稱為「模式」——的思想家之一。在他 1781 年的著作《純粹理性批判》（*Critique of Pure Reason*）中，康德觀察到，人們使當下的感知和經驗具有意義的方式，是將感知、經驗與儲存在想像中類似情況的定型心理表現（圖式）進行比較。例如，我們把此刻太陽西下的經歷，與記憶中的過去經歷連結，這種過去和現在的時間互動，有助於我們理解——因此能度過——我們所處的社會和物理環境。換句話說，圖式，或「框架」、「腳本」、「場景」，代表先入為主的心理模型。這些模型對資訊的類別（如日落）及其之間的關係進行排序、組織和管理。

　　一旦形成，圖式就極難改變，並且對我們的信念、態度和判斷產生強大的影響。舉例而言，某個物體、觀點或現象與我們對該實體的圖解越契合，我們就越有可能注意、喜歡並認可它。因此，論點或訊息的「框架」，指的是一個過程。透過這個過程，說服性溝通可定位為最類似其影響目標腦中預先存在的模式。

　　「圖式」一詞最早由瑞士發展心理學家尚・皮亞傑（Jean Piaget）在 1923 年提出，用來描述兒童大腦中儲存的知識和資訊

類別。這些類別的存在和調整提供了人類一生中感知、學習和與世界互動的依據。幾年後，1932 年，英國心理學家弗雷德里克・巴特利特爵士（Sir Frederic Bartlett）將此概念納入對記憶和學習的研究——特別是模式的存在如何偏頗和影響回憶。

麻省理工學院的電腦科學家馬文・明斯基（Marvin Minsky）在 70 年代首次提出「框架」一詞。關於機器學習中的知識再現，美國認知科學家大衛・魯梅爾哈特（David Rumelhart）隨後對此概念進行擴充，並於 80 年代將其重新應用在心理學上，作為基於神經演算法模型的、人類複雜知識的心理再現藍圖。

「腳本」的概念是由耶魯大學的兩位心理學家羅傑・桑克（Roger Schank）和羅伯特・艾貝爾森（Robert Abelson）於 70 年代提出，描述特定情況下行動順序和行為程序的普遍、定型知識（例如，在餐廳用餐的腳本包括就座、瀏覽菜單和向服務員點餐）。關鍵機制之一，就是藉由滑稽地插入不協調或出乎意料的事件來擾亂這些腳本。例如，想想在用餐腳本的背景下，人們想到《非常大酒店》（*Fawlty Towers*）中「德國人」一集的著名場景。其中，瘋狂的酒店老闆貝西・法爾第（Basil Fawlty）最後在酒店餐廳的桌子上踢起正步，讓一群德國民眾笑到流淚。

柏克萊大學語言學家、哲學家兼認知科學家喬治・拉克夫（George Lakoff），對框架在說服力和影響力的作用進行了深入研究。拉克夫的專門研究領域是，語言和隱喻的使用策略如何巧妙地啟動儲存的知識類別，並形塑人們對特定問題的思考模式。拉克夫認為，每一個詞都是根據一個概念框架定義的，因此能夠觸

發習得的聯想和取得的意義網絡——無論它是好是壞。

　　例如，「減稅」這個詞語，意味著稅收是一種負擔，人們需要從這種煩惱中解放。與此相反，「支持生命權」這個詞，暗示了支持墮胎的人是「支持死亡」的，而那些尋求終止妊娠的婦女——無論她們是否有苦衷——都等同於殺人犯。

附錄四

貝林莫與英國色彩空間

當我們將某些色調和不同濃度的色塊呈現在英語母語人士面前，要求觀察者分別指出各個色塊的顏色時，得到的反應模式通常會與圖 X 所示的一致。

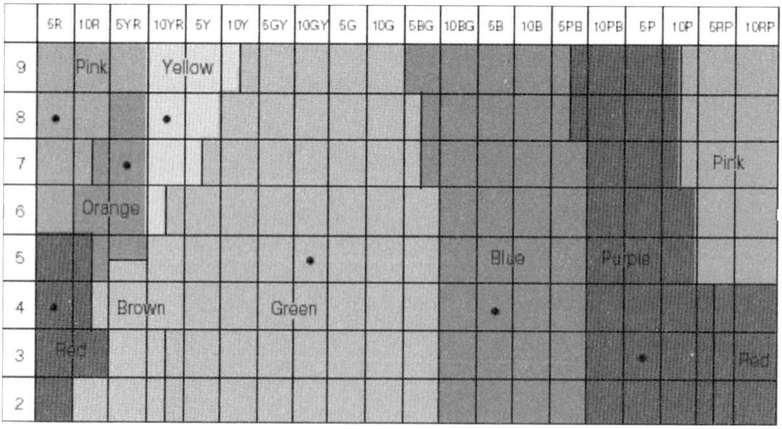

▲圖 X：英語母語者的顏色空間；黑點表示每種顏色的焦點——在該顏色空間中最容易識別的那一點。

在表格的左邊，垂直刻度 2 − 9 代表亮度強度升高的排序，而橫跨頂部的標籤 5R − 10RP 表示色塊的顏色，其中紅（5R）、

黃（5Y）、綠（5G）、藍（5B）和紫（5P）代表 5 種主要色調，
而附帶的詞語則對應於 15 種中間色調。例如，在紅色（5R）和黃
色（5Y）之間存在三種中間色調：10R、5YR、10YR（見圖 Y）。

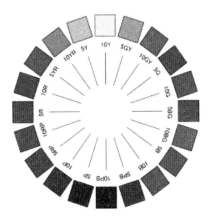

▲圖 Y：孟賽爾（Munsell）顏色系統；簡化版。

　　然而，當我們將相同的色塊拿給貝林莫語母語者（巴布亞紐
幾內亞東北部塞皮克河（Sepik River）附近的碧塔拉（Bitara）和
卡吉魯（Kagiru）村的語言），則會出現以下略有不同的反應模式
（見圖 Z）。

	5R	10R	5YR	10YR	5Y	10Y	5GY	10GY	5G	10G	5BG	10BG	5B	10B	5PB	10PB	5P	10P	5RP	10RP
9	3	2	5	Wap	2			1	1				Wap	1	5	12	6	3		2
8				9	6	2	3											1		
7			2	5	4	4	1	1		2										
6		Mah		2	1				2	3		1								
5	8	2			Wor	1			8	7	4	Nol	2	2					Mah	3
4		19							5			3								11
3	2		Kel								1		1		1					
2		1	1	3	4	5	12					2	1	4	3	4	4	Kel	2	

▲圖 Z：以貝林莫語為母語者的色彩空間。

　　英語和貝林莫語的顏色空間之間存在一些明顯差異。最顯著的差異圍繞貝林莫語的「藍色」和「綠色」兩個中心，合併為單一顏色類別「藍綠」（Nol）。

黑白思考的進化階段

時間（年代）	階段	描述
5 億年以上	戰鬥或逃跑	掠奪已經有很長的歷史了。早在驢子出現前約 5 億年，它就率先推動日益複雜的多樣生命形式發展——從寒武紀（約 5.4-4.85 億年前）的空前物種繁衍，到幾億年後出現的哺乳動物，以及最後出現的靈長類動物。但是，有捕食者就必定有防衛者。在進化過程中，這兩個對立的進程，始終在達爾文的軍備競賽中爭奪優勢。獵人捕食智慧的升級，導致生物對防禦戰略研發的投資增加。掠奪行為在複雜的脊椎動物中無所不在，且迅速、正確識別捕食者，是逃命行動的先決條件。因此，從我們國防部的研發實驗室中最早出現的藍圖之一，很有可能是在大腦中建立一個快速、無意義的「恐懼模組」：這種神經結構經過最低度的計算後，能夠自動並預先將經常性和廣泛性的生存威脅刺激物標記出來，進行分類，並立即分配優先順序。

時間（年代）	階段	描述
5 億年 － 600 萬年	我們或他們	社會性動物往往是群體行動，因為生存和繁殖的機會比單獨生活好。例如，我們最親近的生物黑猩猩，就生活在平均約 50 隻的分裂－融合[75]群體中。很可能我們的史前祖先於大約 600 萬年前，也是在類似規模的群體中生活，而且為了確保凝聚力，他們進化出一種內群體的不公平傾向。這種「新」社會認知軟體發展的底層機制尚未明朗，但它有可能搭上了一種古老的、更早期的——大約有 5 億年的歷史，並在許多譜系學的分類群中觀察到，包括魚類、鳥類、爬蟲類和哺乳動物——用於社會排斥／地域性的適應性。此外，有證據顯示，自從飼草時代以來，人類的大腦已經獲得精密的神經認知技術，明顯是為了偵測和追蹤群體環境中，不斷變化的聯盟和盟友。即使在今天，這也是狩獵採集者社群的必要條件（當然，包括社會狩獵採集者的線上社群）。

---

75 在行為學中，「分裂－融合」是指社會群體的規模和組成不穩定，並在一定期間內發生定期和持續的變化。例如，一群黑猩猩在天黑後的幾小時，可能在一個地方睡覺（融合），但是在白天可能會分頭行動，以小群體的形式覓食（分裂）。

時間（年代）	階段	描述
10 萬年	正確或錯誤	如前所述，最早的人類祖先生活在平均由 50 人左右組成的群體中。從現有的狩獵－採集者社群的規模推斷，可以合理地假設，更近的舊石器時代人類（生活在約 10 萬年前的人類）是在幾百人的群體中生活。隨著人類進化過程，這種社會「頻寬」會擴大，維持群體團結的壓力會增強，隨後天擇會選取那些最有效的適應性，並將其強化。因此，道德很可能在這些由 1、200 人組成的早期社群中，演變為一種社會控制工具：阻止廣泛偏差的自我利益、對衝突的管理和解決手段，並且最大限度地提高群體凝聚力。舉個例子，在過去和現在的文化中，美德的本質和必然結果，存在相當大的一致性：欺騙、侵略、報復和自私普遍不受歡迎，而勇氣、謙虛、領導力和團隊合作則備受推崇。這樣的規範和價值觀，早在公正和道德的上帝問世之前就已經存在了很長一段時間。而且，語言很可能也是如此。這顯示，其根源可能是在取得專門為保護群體完整性而設計的行為模式中發現的。簡而言之，好的習慣和品性不會永遠消失；因為如果它們不存在，人類也會消失。

附錄六

黑白思考的世紀流向

　　在西方思想傳統中，可能會發現幾個世紀以來，黑白思考的文化和歷史差異。這些差異似乎鬆散地遵循不斷重複的二元繁榮和蕭條模式。例如，中世紀的歐洲，社會結構中的雇主關係和地方性的社會階級制度——其經濟與人際關係結合的框架，形成了封建主義的交易基礎——普遍認為是不可改變的。每一個「存在之鏈」中的環節，都被視為平等且重要的——聖奧古斯丁認為，上帝為每個人在社會秩序中分配一個固定的位置——任何質疑他或她社會地位的人，都會被聖人的比喻提醒：一隻不滿的手指希望成為一隻眼。

　　相比之下，歷史學家認為啟蒙時代（1715－1789年）是一個智識和哲學的反叛時代。這個時期的定義，是追求個人自由和絕對君主制的消亡，當然，還有在意識形態的正統前擁護宗教寬容。相應的還有對邏輯、理性和經驗觀察的呼籲。作為學術調查和取得理解與知識的手段，科學方法在這一時期誕生，為一種不同的秩序鋪路，一種自然主義、還原主義的秩序，一直延續到維多利亞時代，其對收集和分類的偏愛既是此秩序的縮影，也使之被保留。在維多利亞社會的某些階層，主要是中上階級，甚至有一個

思想流派，認為家裡的某幾個房間最好只用於特定功能。例如，不能在臥室閱讀，只能睡覺；不能在廚房裡玩遊戲，只能做飯。

到了 19 世紀末，這種秩序被現代主義的變化、創新和實驗的信條取代。此信條是由對維多利亞時代的道德原則，和社會文化習俗的日益不滿所推動。不可避免的是，由於其在 18 世紀知識分子慣例中的古老哲學根基──思想雖然可能透過理性啟蒙，但根據現代主義者的說法，也可能透過不合理的方式實現──現代主義並非沒有自己的意識形態、著裝規定和概念家規。例如，它堅持藝術和大眾文化之間的明確分野，而現代主義者以他們自己的方式──儘管在不同的道德、心理和美學範疇內採用不同的方法論──就像啟蒙運動和理性時代的理性主義者與經驗主義者，都是為了探求統一的意義和普遍的真理。

隨著 1970 年代，從現代主義到後現代主義的轉變，以及隨之而來的社會建構主義和「對後設敘事的懷疑」興起，正如法國哲學家讓－弗朗索瓦・李歐塔（Jean-François Lyotard）知名的描述，知識探索的界線再次被模糊化，主觀主義、相對主義和多元主義的模糊精靈，從他們充滿煙霧的瓶子裡被釋放出來。

就像 20 世紀初的喜劇人物施篤姆將軍（Stumm von Bordwehr）在羅伯特・穆齊爾（Robert Musil）的作品《沒有個性的人》（*The Man Without Qualities*）中所說的：「無論如何，秩序一旦達到一定的程度，就需要流血。」

附錄七

本質主義的本質

　　從古希臘到新工黨，從甘地到成吉思汗，兩極分化和誇大其辭一直是政治語言裡的重要特點。但是，在英國公眾對東尼·布萊爾的篩檢策略反感中，可能還有其他與黑白二元思考相關的心理力量也發揮了作用。

　　你有沒有想過，名人拍賣是如何進行的？弗萊迪·墨裘瑞的太陽眼鏡，寇特·柯本（Kurt Cobain）的開襟衫，貓王艾維斯·普里斯萊（Elvis Presley）的藥瓶……這些物品都在最近幾年拍賣，價格甚至高達五位數。為什麼？柯本的羊毛衫又舊又髒，貓王的藥瓶甚至是空的。

　　這些物品的魅力何在？線索就在背面。我的學生曾經進行過一項研究，她問參與者，若接受約克郡開膛手的器官捐贈，他們的感覺為何。答案是不太舒服。同樣的道理，我們不再購買加里·格利特（Gary Glitter）的唱片了。人們汙染或注入──取決於我們如何看待它──無生命的物體，就像細菌可能會汙染門把，或者氣味會滲入房間一樣。「他們」的一部分，活在「他們的東西」裡，這些隨機的人工製品封裝並傳播了他們的本質。

　　這種對於不朽的心理靈魂之頑固信念，來自本質主義的哲學

概念。本質論認為，一切外在事物都有無形的特質，能賦予它「實體」。如亞里斯多德在 2,000 多年前發現的，這種實體——引用美國語言學家和哲學家喬治・拉克夫所說——「使事物成為它自身，若沒有它，就不會成為那種東西」。

　　但這種本質是折衷和普遍的，不僅潛伏在我們的穿著，也潛伏在我們的話語中。影響力理論有一個眾所周知的準則：一個有說服力的訊息，其力量存在於三個獨立的領域——訊息內容、目標受眾（訊息傳遞的對象）、訊息來源（誰在傳遞訊息）。

　　顯然，如果訊息不合適或者受眾不接受，那它就不太可能產生影響。如果訊息是好的、受眾是同理的，但訊息來源缺乏可信度，影響效果仍然可能大打折扣。訊息來自誰——誰以它的本色「戴著它」——會汙染或注入它的本質。

　　事實上，如果傳達說服力訊息的藝術充滿了本質主義，那本質主義也可能滲入語言結構本身。2020 年 2 月下旬，隨著對新冠疫情的擔憂升級，5W 公共關係公司（5W Public Relations）對美國 700 多名啤酒飲用者進行了一項調查，結果顯示，38% 美國人「在任何情況下」都不會購買和新冠病毒同名的可樂娜（Corona）啤酒，14% 的人說他們不會在公眾場合點可樂娜啤酒。另一項由 YouGov 進行的調查發現，消費者對該品牌的購買意願已經降至兩年來的最低點。另一方面，停工酒（Furlough Merlot）和隔離雞尾酒（Quarantinis）——用科斯塔斯和希臘群島假期剩下的烈酒原料，隨機混合而成的實驗性「封城雞尾酒」（Locktail）——銷售量卻一飛沖天。

國家圖書館出版品預行編目資料

終結黑白思考：跳脫「假清晰」認知，從灰色地帶覺察
真相、做出最佳決策／凱文·達頓（Kevin Dutton）著；
陳佳伶譯. -- 臺北市：三采文化股份有限公司，2022.05
面；　公分 . -- (Trend；75)
譯　目：Black and White Thinking：Escaping the
Tyranny of the Discontinuous Mind
ISBN 978-957-658-791-7(平裝)

1.CST: 社會心理學　2.CST: 二元論
541.7　　　　　　　　　　　　　　111002795

Trend 75

終結黑白思考

跳脫「假清晰」認知，從灰色地帶覺察真相、做出最佳決策

作者｜凱文·達頓（Kevin Dutton）　　譯者｜陳佳伶
主編｜喬郁珊　責任編輯｜吳佳錡　美術主編｜藍秀婷　封面設計｜李蕙雲
內頁排版｜顏麟驊　校對｜黃薇霓　版權負責｜杜曉涵

發行人｜張輝明　總編輯長｜曾雅青　發行所｜三采文化股份有限公司
地址｜台北市內湖區瑞光路 513 巷 33 號 8 樓
傳訊｜ TEL:8797-1234　FAX:8797-1688　網址｜ www.suncolor.com.tw
郵政劃撥｜帳號：14319060　戶名：三采文化股份有限公司
本版發行｜ 2022 年 5 月 27 日　定價｜ NT$450

Copyright © Kevin Dutton 2020
Traditional Chinese edition copyright © 2022 by Sun Color Culture Co., Ltd.
This edition arranged with PEW Literary Agency Limited acting jointly with Conville & Walsh Limited
through Andrew Nurnberg Associates International Limited.
All rights reserved.